政务礼仪与政务形象

GOVERNMENT AFFAIRS ETIQUETTE

靳斓——著

中国经济出版社
CHINA ECONOMIC PUBLISHING HOUSE
·北京·

图书在版编目（CIP）数据

政务礼仪与政务形象 / 靳斓著. -- 北京：中国经济出版社，2024.4

ISBN 978-7-5136-7736-3

Ⅰ. ①政… Ⅱ. ①靳… Ⅲ. ①公务员 - 礼仪 - 基本知识 - 中国 Ⅳ. ① D630.3

中国国家版本馆 CIP 数据核字（2024）第 075343 号

责任编辑 陈 瑞
责任印制 马小宾
封面设计 任燕飞

出版发行 中国经济出版社
印 刷 者 北京富泰印刷有限责任公司
经 销 者 各地新华书店
开 本 710mm×1000mm 1/16
印 张 24
字 数 275 千字
版 次 2024 年 4 月第 1 版
印 次 2024 年 4 月第 1 次
定 价 59.00 元
广告经营许可证 京西工商广字第 8179 号

中国经济出版社 **网址** http://epc.sinopec.com/epc/ **社址** 北京市东城区安定门外大街 58 号 **邮编** 100011
本版图书如存在印装质量问题，请与本社销售中心联系调换（联系电话：010-57512564）

PREFACE 前 言

2014年5月4日，习近平总书记在北京大学师生座谈会上发表重要讲话。他指出，每个时代都有每个时代的精神，每个时代都有每个时代的价值观念。国有四维，礼义廉耻，“四维不张，国乃灭亡”。

“四维不张，国乃灭亡”出自《管子·牧民·国颂》，大意是，如果不能厉行礼、义、廉、耻这治国的四大纲纪，国家就有灭亡的危险。

礼仪，已由最初的敬天祭神的仪式，演变成现在的尊重他人、与人为善，实现自身和谐、人际和谐、社会和谐的重要方式和途径。

国家的发展，需要社会文明程度不断得到提高，这就需要积极推进礼仪教育，不断提升人民的文明素养，推动全社会形成适应新时代要求的思想观念、精神面貌、文明风尚、行为规范。

公务人员是各级单位、政务工作中最基本的因素，是国家联系人民群众的纽带和桥梁，同时是社会风尚的引领者、捍卫者。

无论是政务交往、履行政务职责，还是外事活动，公务人员素养如何，是否有礼有节，都备受关注，其直接关系到人民群众的切身感受，影响政务形象、政府形象甚至国家形象。

所以，现代社会对公务人员的政务礼仪素养有了更多期待、更高要求。

政务礼仪，是指公务人员在政务活动中，用以维护个人形象和政务形象，对政务交往对象表示友好、尊重，在工作场合、各种政务活动中应遵循的礼仪规范、准则和惯例及国家明文规定的条文律令。简单地说，就是公务人员在政务场合适用的仪表形象、行为规范和交往艺术。它是职业礼仪在政务活动中的运用和体现，也是公务人员自身修养和素质的必然要求。

从某种意义上讲，政务礼仪既是推进精神文明建设的必要形式，也是政务文明现代化建设的重要标志。不但有助于全面提高公务人员的综合素质，规范行为，进一步树立和展示公务人员在社会公众中的美好形象，更有助于赢得人民的信任和支持；而且必将对转变政务作风，为中华民族伟大复兴，起到积极的推动作用。

对于公务人员来说，无论职位高低，都应把学习作为加强修养、提升境界的要求，坚持学以致用，始终做到心中有党、心中有民、心中有戒、心中有责，时刻绷紧纪律规矩这根弦。广大公务人员应了解并遵守政务礼仪，以塑造专业、干练、廉洁、亲民的良好政务形象，争做人民满意的勤务员。

老一辈领导人给我们公务人员作出了表率。《解放军报》（2004年6月23日）曾刊载周恩来总理的几则往事。一次，周恩来总理在东北一家钢铁厂视察，迎面遇到一个满身污垢、满手油渍的轧钢工人。他微笑着向这位工人走去，同他握手。工人一看，双手赶紧往身上擦，可怎么也擦不干净。周恩来总理明白工人的心意后抢步上前同他握手。工人连忙说："总理，我的手太脏！"周恩来总理立即说："不，工人的手最干净。"说着紧紧地握住了那双满是油渍的手。又一次，周恩来总理视察喀什棉纺厂后回到住所，有几个因当时在工作离不开而没有见到周总理的工人来看望他。周恩来总理热情地招呼他们进屋坐，并一个个同他们握手。其中有位工人干完活后没洗手就来了，见周总理伸过手来，赶忙擦手。周总理笑着说：“没关系！”一边说着，一边紧紧地握住了她的手。

面对群众满是油渍的、粗糙的手，周总理主动地、充满感情地去紧握，所以群众的心也紧紧地和他连在了一起。可见，握手动作虽细小而平常，但能否像周总理那样，把和群众握手这样的小事，都当成接触群众、联系群众的特殊渠道，是考验广大公务人员在政务往来中，是否改进思想方法和工作方法、密切干群关系的一块“试金石”。

所以，政务往来、窗口接待、内部交往、外事活动等各种场景中，不管是穿衣打扮还是举止言谈或用餐吃饭，都应做到符合身份、角色、场景，遵守规定和律令，尊重规则和惯例，以维护和塑造良好的政务形象。

在本书中，笔者把近20年的经典政务礼仪培训内容分享出来，希望能对大家起到一定参考作用。鉴于笔者的水平有限，书中不足之处在所难免，恳请大家批评指正。

靳娴

2024年1月

PREFACE 目 录

第一课

礼义廉耻　国之四维

THE
FIRST LESSON

他山之石

晏子，春秋时期齐国宰相，我国古代著名的政治家、外交家。作为古代的高级公务人员，他在很多方面堪称典范。

他身为高官，却克勤克俭，粗布缯衣，一件大衣能穿几十年。他拒不接受君主赏赐，还说，只要自己不受冻、不挨饿，就很满足了！他家平时只吃糙米饭，一荤一素两个菜，而且自得其乐。齐景公趁他出差，给他建了新居，他居然还给了原住百姓，自己回到了原来的房子。他上朝坐劣马破车。齐景公看不下去，送他好马好车，他不接受，并说，您坐好车，我也坐好车，上行下效，奢靡之风很容易在全国盛行，那时候就不好禁止了。

齐景公有个女儿，想嫁给晏子。齐景公亲自提亲。晏子拒绝了，他说，自己的夫人虽然现在老了，但当年很漂亮。我答应过她，此生不离不弃，我不能违背诺言。

晏子从政的廉洁、睿智，值得我们学习。

党的十八大以来，全国上下都在积极落实包括中央八项规定在内的各项规定、制度，公务人员在日常的工作、交往中怎样才能更符合公职身份，是值得包括国企干部在内的各级公务人员深思的问题。

“礼义廉耻，国之四维。四维不张，国乃灭亡。”

党的十八大以来，以习近平同志为核心的党中央对提升公民礼仪素质、文明素养，加强社会主义精神文明建设作出了一系列重要部署，以推动形成良好社会风尚。

新华社北京2023年10月15日电：近日，中共中央印发了修订后的《干部教育培训工作条例》(以下简称《条例》)。《条例》第一条指出：“为了推进干部教育培训工作科学化、制度化、规范化，培养造就政治过硬、适应新时代要求、具备领导社会主义现代化建设能力的高素质干部队伍，根据《中国共产党章程》，制定本条例。”第二十一条要求：“知识培训应当根据干部岗位特点和工作要求，有针对性地开展履行岗位职责所必备知识的培训，加强各种新知识新技能的教育培训，帮助干部优化知识结构、完善知识体系、提高综合素养。”

公务人员素质要求

习近平总书记提出了“四个全面”战略布局，协调推进“四个全面”战略布局，关键在党，关键在人，关键在于建设一支宏大的高素质干部队伍。全面深化改革、全面依法治国要依靠这支队伍来组织、推动和实施，推进国家治理体系和治理能力现代化，同样要有一支忠诚、干净、有担当的高素质公务员队伍作支撑、作保证。我们必须站在全局和战略的高度，充分认识加强公务员队伍建设的重要性、紧迫性，努力建设一支信念坚定、为民服务、勤政务实、敢于担当、清正廉洁的公务员队伍。

衡量公务人员素质的标准

公务人员必须具备一定的文化知识，掌握相应的专业技能，拥有强健的体魄、良好的心理素质和思想道德修养，等等，这些都是作为一名合格的公务人员不可或缺的。然而，具体到某一个岗位的公务人员，只有当他把上述各方面转化为其履行岗位职责的能力时，他才真正称得上是一名称职的公务人员。

也就是说，公务人员素质不是知识、技能、经验等的简单堆积，它具有综合性，是一个人知识、技能、思想修养、经验等的综合体现。同时，公务人员素质具有实践性，即他的知识、技能和修养等必须转化为能良好履行岗位职责的实践能力。

所以，衡量公务人员素质最重要、最基本的标准就是其履行岗位职责的实践能力。履行岗位职责，不仅需要专业技能，更要有与岗位身份匹配的仪表形象、与人为善的交往艺术和处事技巧，即政务礼仪。

这种能力从何而来呢？当然主要从学习和岗位实践中来，只有在特定岗位的实践中，在解决各种矛盾和问题的过程中，这种能力才能不断提高，知识、技能、思想品德、心理素质等才能逐步与其岗位的需要相融合。要立足岗位，通过不断强化岗位监督、管理，完善履职技能培训，以及政务礼仪培训，来提高公务人员的综合素质。

政务礼仪是公务人员提高素质能力的重要内容。学习、了解政务礼仪，能更好地和同事、领导相处，和兄弟单位交往，和群众打交道，还能提升个人形象、政务形象，提高服务质量、工作效率和群众满意度。

态度大于技能

我们都有这样的体会：当状态不好时，工作效率明显打了折扣；而当心情愉快、情绪高涨时，往往灵感不断、事半功倍。这是因为真正影响我们的是态度，态度决定状态。态度积极，状态就好，效率就高，超常发挥也有可能。态度消极，不情不愿，再强的能力也难以施展，再简单的工作也做不好。

所以，对于职场来说，相比能力，人们往往更看重态度。不是说能力不重要，而是相对于能力来说，积极态度更重要——技能通过学习就能拥有，而态度是后天能否学习的保障。态度有了，一切就都有了。

公务人员的素质是技能、知识、态度等的综合体现，应以“自重、自省、自警、自励”的态度严于律己，指导行为实践，这样才能清醒地认识并用技能和知识践行所肩负的责任。具体来说，体现在哪些方面呢?

做到自律形象。公务人员的态度首先体现在个人形象上。即使是一位孜孜以求、切切实实为群众服务的公务人员，如果他不注重个人形象、不修边幅，同样会让群众难以接受。

湖南省公安厅公布了对非工作时间穿警服到餐饮、娱乐等场所的民警，给予行政处分甚至辞退或开除的规定。

浙江省交通厅在省内首家发布的《机关工作人员行为规范（试

行）》中明确规定，工作中男士不能留胡须，女士不能穿露背、无袖等过于暴露的服装，上班不能穿拖鞋。

江西省委办公厅、省政府办公厅联合下发的《省直机关工作纪律要求》规定，上班着装严禁穿奇装异服、背心短裤。

这些规定突出了公务人员健康、大方、庄重、严谨的社会形象，因而受到普遍好评。

保持积极健康的心态。这是态度问题的重要体现，而积极健康的心态对公务人员的职业生涯至关重要。积极健康的心态一般具有这些特点：保持乐观而稳定的情绪，在工作中充满热情和活力；有较强的事业心和目标意识，能够把个人利益与组织利益协调一致，能够正确地认识自己，并能公正地评价别人，豁达宽容，自尊，敬人，建立和保持和谐的人际关系；随着工作及环境的变动，能主动认识到不足，并尽力、尽快地学习、弥补；积极进取，勇于追求，善于自我克制；能够坦然冷静地接受所发生的各种事情，并迅速作出积极的应变反应。

据研究，积极健康的心态至少可以：平衡生理和心理的健康；能轻松表达自我及完成工作，更容易带来成功环境和成功意识；更容易有和谐的内外部人际关系等。

现实中，仍有极个别公务人员心态不健康、工作态度不端正，已成为影响工作、影响政务形象和群众关系的重要因素；有的人工作形式主义、官僚主义较重，对待群众感情生硬，政策贯彻不彻底，工作推诿，过分计较个人得失，等等。

来自 2019 年 3 月 26 日湖北新闻的消息。近日，针对中央省市向官僚主义、形式主义“开刀”的部署，鄂州市纪委监委率先亮实招、出实策，开展整治工作。自月初以来，专项行动小组多次对市直机关部门展开暗访督查，发现少数党员干部确实存在工作作风问题，如在工作时间炒股、看电视剧、玩游戏等。

鄂州市纪委监委整治工作专班负责人表示：暗访督查是一种方式，是以小见大，发现深层次的官僚主义、形式主义。今年起，鄂州还将开展作风建设三年行动，再次释放“作风建设永远在路上”的明确信号。

心态不健康，态度不端正，所思所做难以真正符合国家利益、群众利益，久而久之就会失去群众信任。

只有端正态度、增强服务意识、提高工作效率，树立为民、亲民、务实、清廉的公务人员新形象，才能促使干群关系更加密切、组织内部更富效率、社会更加和谐。

保持主动上进的状态。是否愿意上进与态度直接相关。一个人的知识储备、技能掌握终究是有限的。而且随着工作内容的变更、社会的发展，也需要不断学习储备新知识、掌握新技能，这样才能胜任新岗位。主动学习上进，需要有正确的态度克服惰性、脱离舒适圈才能做到。“学者非必为仕，而仕者必为学。”有了态度，才能把学习作为加强修养、提升境界、提高能力的要求；才能坚持学以致用，从而增强工作的科学性、预见性、主动性，做到心中有党、心中有民、心中有戒、心中有责，时刻绷紧纪律规矩这根弦；才能把握规律性、富有时代性，让工作更富成效。

提倡政务礼仪的作用

孔子说："非礼勿视，非礼勿听，非礼勿言，非礼勿动。"对于广大公务人员来说，提倡政务礼仪有什么作用呢？

建设新时代中国特色社会主义要求

党的十九大、十九届六中全会提出的"十个明确""十四个坚持""十三个方面成就"，概括了习近平新时代中国特色社会主义思想的主要内容。党的二十大又提出"六个必须坚持"，概括阐述了习近平新时代中国特色社会主义思想的世界观、方法论和贯穿其中的立场、观点、方法。

其中明确提出："明确全面从严治党的战略方针，提出新时代党的建设总要求，全面推进党的政治建设、思想建设、组织建设、作风建设、纪律建设，把制度建设贯穿其中，深入推进反腐败斗争，落实管党治党政治责任，以伟大自我革命引领伟大社会革命""坚持以人民为中心，坚持全面依法治国，坚持全面从严治党""必须坚持人民至上……"

"思想建设、作风建设、纪律建设，从严治党，人民至上"是建设新时代中国特色社会主义的部分关键词。这些既是我们积极奋进的目标，又是防微杜渐的警钟。

在我国，公务人员依法履行公职，其行为具有突出的人民性，"热爱祖国、忠于人民，恪尽职守、廉洁奉公，求真务实、开拓创新，顾全大局、团结协作"的公务员精神，就是要求广大的公务人员要有崇高的理想、高尚的道德和严格的自我约束力。所以，从政治本质来讲，我国的公务人员是人民的勤务员，其职责就是“为人民服务”。

公务人员了解并遵守政务礼仪，就能做到政治明确，做事严谨，杜绝不良作风，严守纪律，尊重制度，时时处处考虑人民利益……那么，也就能更好地履行“为人民服务”的职责，践行建设新时代中国特色社会主义对公务人员的要求。

提升社会道德水准要求

哲学家康德有句名言：世界上有两样东西最能震撼人们的心灵，一是我们内心崇高的道德法则，一是我们头顶上灿烂的星空。

战国时期，司马错对秦惠王讲：“欲富国者，务广其地；欲强兵者，务富其民；欲王者，务博其德。”要成为强国，只有广袤的土地、强大的军队、富裕的生活是不够的，还必须有良好的道德，道德是治理国家之根本。

“人无德不立，国无德不兴。”道德是一个国家安定繁荣的保障，是一个民族发展的内在精神，是一个社会进步的公共财富。任何一个社会的有序与和谐、凝聚与强盛，都离不开一定的道德引导和约束。

2020 年 10 月 14 日，习近平总书记在深圳经济特区建立 40 周年庆祝大会上指出，要深入开展群众性精神文明创建活动，广泛开展社会公德、职业道德、家庭美德、个人品德教育，不断提升人民文明素养和社会文明程度。

而公务人员的道德水平，关乎社会风向、民心向背，关乎社会公平正义，关乎国家兴衰存亡。为政者以德修身，才能以德立威、以德服众。从革命理想高于天的信仰坚守到为人民服务的宗旨意识，从“三大作风”“三个务必”的严明要求到“德才兼备，以德为先”的用人标准，百余年来，其成就了立党兴党强党的卓越历史伟业，为党员干部加强政治品德修养提供了不竭的精神力量。

《中共中央关于社会主义精神文明建设指导方针的决议》指出："在我们社会的各行各业，都要大力加强职业道德建设，首先是党和国家机关的干部，要公正廉洁，忠诚积极，全心全意为人民服务，反对官僚主义、弄虚作假，利用职权谋取私利。"

提高公务人员道德素质，必须按照公务人员职业道德的要求强化每名公务人员的道德观念、道德修养、道德行为，养成"公仆意识"，一句话就是：社会主义国家公务人员必须全心全意为人民服务。一方面，表明社会主义国家公务人员的权力是人民赋予的，毛泽东指出："国家机关必须依靠人民群众，国家机关工作人员必须为人民服务。"另一方面，是我国公务人员与人民群众鱼水关系的集中反映。它表明公务人员既来源于人民，又服务于人民，是人民的勤务员，应处处严格要求自己，事事以身作则，培养高尚的道德情操，树立良好的社会形象。

在日常工作、生活中，政务礼仪是公务人员职业道德的重要体现，职业道德又是政务礼仪的重要内容。政务礼仪要求公务人员养成艰苦朴素、勤俭节约的作风，不讲排场，不摆阔气，不大吃大喝，不追求享乐，不为金钱所诱，不为物质所惑，反对奢侈和浪费的坏习气。

政务礼仪要求公务人员不得利用职务和工作的便利接受馈赠，不利用职权索贿、受贿、贪赃枉法、中饱私囊。要以人民利益为最高利益，使个人利益服从国家利益，做到为政清廉，不谋私利。

政务礼仪要求公务人员在行使国家权力、执行公务时，必须恪守职业道德，一切从实际出发，执政为民、用权为公、坚持原则、公道正派、奉法循理、正直无私、秉以公心，尊重客观真理，进行艰苦细致的调查研究，按照事物的本来面貌如实地反映情况。

政务礼仪中还要求公务人员必须坚持讲真话，不讲假话、空话、大话。无论是对成绩还是缺点，都要实事求是，既不虚报夸大，也不隐瞒缩小；要脚踏实地、不务虚名、扎扎实实地工作，老老实实地为群众办实事，不摆花架子、做表面文章，不弄虚作假、投机取巧；尊重群众，尊重同事，注意并维护政务形象；要言行一致，表里如一，随时为人民的利益坚持真理，修正错误，时时处处正确行使人民所赋予的权力。

提倡政务礼仪，是建设一支精干、廉洁、稳定、讲道德的公务人员队伍的需要，是“执政为民”的需要，是时代的需要。

转变公务人员工作作风的要求

部分公务人员在作风上暴露出来的问题，已成为影响工作落实和发展的障碍：有的颠倒了“公仆”和“主人”的关系，出现了“门难进、脸难看、话难听、事难办”的现象，无视群众的利益和感受；有的工作敷衍，推诿拖拉，政治敏锐性不强，政策掌握不全面、贯彻不彻底；有的工作漂浮了事，形式主义、官僚主义和自由主义较重；有的精神不振，对待群众感情生硬；有的私心较重，办事不公正，甚至吃、拿、卡、要等。

来自新浪新闻的消息。2023 年 6 月 26 日，有网友发视频称某市市场监督管理局下属某所办事窗口的一名女工作人员上班时间占用电脑拒办业务，值班同事和其协商让座反遭其怒斥。事后，该局党组依据有关规定，对涉事人员徐某给予党内警告、政务警告处分，并停职检查；对所长给予党内警告、政务警告处分，并免去所长职务……该市市场监督管理局负责人表示，“政务服务窗口是群众了解政策和认知政府的重要渠道，窗口服务质量的好坏直接影响到政府部门的形象。我局对窗口服务工作人员作风问题‘零容忍’，发现一起严惩一起”。

作风问题无小事。“政”者，正也。子帅以正，孰敢不正？作风正，干部强，事业兴。工作作风不正，就会失去群众的信任，国家的方针政策就无法在群众中得到有效落实。作风问题不解决，就会影响公务人员队伍的整体形象，甚至会阻碍建设的步伐。为此，必须下大力气解决工作作风问题。

要转变工作作风，就要树立“一荣俱荣，一损俱损”的观念和“群众利益无小事”的思想，牢记“权为民所用，情为民所系，利为民所谋”。在工作中，增强服务意识、大局意识和责任意识，革除推诿扯皮、“门难进、脸难看、话难听、事难办”的不良作风，切实消除不给好处不办事、给了好处乱办事的极个别不正常现象；切实做到微笑服务、主动服务、优质服务等。

这就要求广大公务人员学习政务礼仪，树立正确的权力观、地位观、利益观，工作中自尊、自重、自爱，从而提升人民群众的满意度，让人民群众对国家发展和改革成果有更佳的获得感。

小提示大道理

“上下同欲者胜”，只要我们和衷共济，只要永远同党和人民站在一起撸起袖子加油干，就一定能够走好我们这一代人的长征路。

第二课

政务仪表形象

THE
SECOND LESSON

他山之石

在某地开展政务礼仪培训前，该单位的培训负责人悄悄跟笔者说，一定要讲讲个人形象的问题。

他说，他们是政府单位，但有不少同志挺不在意形象：有的人肩膀上总有不少头皮屑；有的人经常顶着“枕头”就来上班；有的小姑娘夏天穿着清凉，不是露肩膀就是露小蛮腰；有的人牛仔裤上全是破洞；还有的人坐着的时候，不管是说话还是吃饭，都不停抖腿……领导说，多次听到群众嘀咕：这样的形象，哪像政府的人嘛！

信息化社会，公务人员更是处于“显微镜”下，一言一行都被社会关注，都在接受公众监督。不管是普通公务人员还是领导干部，都必须注意个人的仪表形象，容不得儿戏。

公务人员并不是代表着某一种文化，而是代表着最广大人民群众的利益及占最大多数人口的主流文化。所以体现在仪表形象上，就不能偏离主流，不宜个性化。

政务形象与头发

2023 年 5 月初，一张某地副区长前额一片白发的照片在网上热传，多数人质疑其作为官员，把前额一片头发漂染成白色，过于张扬个性，与其政务形象不符。最后官方回应，那不是染发，是正常变白，至此才结束纷争。

通过这则新闻也说明，政务形象务求严谨、大方，绝不应追求、张扬个性，头发也是，即使在国企中也不可以。

女士头发

短发。如长度刚好到脸庞，可以把发尾微卷，使其包围脸部轮廓，达到修饰脸型的效果。中分的短发，可以营造出成熟、冷静的感觉，是职场女性的完美选择。

把头发简单地别在耳后，刘海斜着梳，并且不要太厚重。这是一个百搭发型，基本上各种脸型都适合，能更显示公务人员的干练和专业气质。

将短发微卷，并将刘海弯曲而自然地顺到两颊前，可以将脸型修饰得尖尖的，达到瘦脸效果。这种发型能体现出时尚、典雅的气质。瓜子脸、圆形脸、方形脸都适合这款发型。

短发微卷时，可把发丝打散，从视觉上起到增加发量、增厚刘海的作用，从而突出蓬松感并营造出小脸效果，突出可爱气质。适合瓜子脸、鹅蛋形脸、长形脸、椭圆形脸。

将头发中分，并在其中卷一些小波浪造型，避免发型呆板。卷翘的发尾使发型更灵动，塑造出大气、优雅的气质。

束发。如果是卷发，可以把头发半束起来，将头顶的头发抓出蓬松感并到一定高度，这时蓬松而有束感的顶部头发及刘海，搭配卷发，既增加动感，又提升优雅别致感。同时，可以用适量定型发蜡揉抹在发尾，增加轻盈感。

把头发束成高马尾时，就把头顶和后脑部的头发适当处理蓬松，这样更显生气勃勃。

如觉得头发不够有动感，可以在扎头发之前用卷发棒把头发卷成大波浪，然后用手自然顺直，扎低马尾，在后脑的位置随意拽出蓬松状。

还可以把前额的头发做中分或侧分处理，把所有的头发顺直梳理好向后束起，在耳朵部位的头发应有弧度，这样才显得自然。当然，可以根据喜好，选择齐刘海或把刘海梳到左侧或右侧。

中长发。齐刘海向来非常有亲和力，也给人更年轻的感觉。穿职场衬衣时，披肩的直发搭配齐刘海，既能展现温柔体贴，也不失严谨。

齐肩中发，虽然没有长发的变化多样，但把发尾向外或向内微微翻卷，也能给人自然、清新的感觉。同时前额头发按 4 ∶ 6 的比例分出发缝，不管什么脸型都百搭。

中发也能打造出柔美的感觉。把前额的头发做弧度后别在额头一侧，盖住部分额头，起到美化脸型的作用。其他地方用卷发棒做卷发处理，使整体发型有蓬松感。这种发型特别适合长形脸。

自然披肩长发，发尾如能卷些波浪造型，不仅能修饰脸型，还能达到视觉减肥效果，对于肩宽者来说也可以有效调整身材。

盘发。脸型消瘦，可以用短斜刘海来平衡，让脸型恬静中又有亲和力。颧骨不高者刘海稍微宽一点效果更好。用细齿梳倒着梳头顶的头发，使其隆起并蓬松，也可以用垫发器垫高头发，然后在脑后盘一个利落的发髻，增加盘发发型的活力。

鹅蛋形脸，刘海部分向右上方蓬松收起后用夹子别好，露出额头，配合低低的发髻或自然垂落耳发，展现清纯而温婉的东方女性气质。

头发少或中等长度的女性，既想优雅又想显得年轻，可以选择辫子盘发。用编辫子的方式收拢面颊两侧的碎发，让发型看上去更加利落、精致，同时达到视觉上增加盘发发量的效果。个别容易散落的短发，用发胶或强度定型的啫喱固定。

可以借助发饰，如使用盘发器、“U”形夹子或发簪来盘发。把头发握拢，将簪子斜压在头发上。把簪子头部向下压，尾部向上翻转，翻转 360 度后挑起下面的头发插进去。头发不长时把余下的头发散开或环绕一下用夹子固定。用橡皮筋先扎个马尾，把头发朝上或朝下翻一下，再扎一次。将剩余头发围着橡皮筋环绕并盖住橡皮筋后用发卡固定，刘海自然在前额梳好即可。

高位的盘发显得简洁大方。先在后脑高位扎上马尾辫，然后把发束围着发髻根部不停盘卷，最后将发尾绕进小夹子卷几下别好。也可以把前额的刘海向斜后方用黑色的“U”形夹子别住。

注意事项。肩膀宽厚者，不宜留短发。臀部大者不宜把头发削得很薄。头型偏扁者，头发应适当蓬松。两颊宽者，卷发时卷度不宜从脸颊开始。身材偏矮者，头发长度不宜超过内衣肩线。不管是长发还是短发，都应保持头发的整齐整洁，不可以像“鸡窝”似的出现在工作场合。不可以烫夸张的发型，可以将白发染黑或染成栗色、棕红色等与黑色接近的颜色，不可以染艳色。公检法等单位要求更严格，不可以染彩发。

男士头发

男士头发，最理想的状态是一个月左右理一次，确保发际线始终整齐。最佳长度：前不遮眉，左右不盖耳，后不及衣领。

注意随时保持头发的整齐、清爽。办公室里或包里放一把小梳子也未尝不可。蓬乱、有明显的头皮屑或者油光发亮，都是政务形象的禁忌。两三天洗一次头发，油性头发应清洗得再勤些。

中国国民党原主席马英九2023年4月初来大陆进行祭祖。在某工厂参观结束，摘下安全帽后，可能怕弄乱了头发，随即双手往后捋了捋头发，或许还是不放心，随后从口袋里掏出一把小梳子，边走边梳了几下，以保持整齐的发型。这一幕也被海峡两岸媒体拍了下来。

不宜剃成光头，除非发量太过“坎坷”或没有头发。

不应染发，白发染黑除外。

公务人员不是艺术工作者，所以怪异或个性化的发型不是男士应该拥有的，包括烫发、卷发（自然卷除外）。

政务形象与妆容

女士妆容

即使不喜欢化妆，但如身处对外交往或接待的部门或岗位，条件许可也应化工作淡妆，这是对他人尊重的体现。

工作淡妆力求自然、淡雅、精致。应该用不明显的色彩，以淡雅为宜，体现一种自然的美感。工作时间不用浓妆。

首先选择一款比自身肤色亮一度的粉底或 BB/CC 霜等。用粉底刷或海绵快速将粉底涂抹打匀，然后定妆。定妆时采用拍按的手法，下眼睑、唇角、耳际等细小部位也应用粉扑拍按到位。细节处的处理，可以用三角形海绵或葫芦形海绵点按。

眉毛是平衡脸型最关键的部位，颜色不宜太浓，只需用眉粉或眉笔淡淡描出形状即可。用睫毛夹定型睫毛：把睫毛完全放进睫毛夹里，先夹睫毛中部，再夹根部，使睫毛有自然的弧度。

涂抹睫毛膏时先横着涂，以增加睫毛的浓密度，然后再拉长。下睫毛可以不打睫毛膏或用睫毛膏轻刷一两下。睫毛如有粘连，在睫毛膏没干之前用小梳子梳开。

扫腮红时，把腮红扫在笑肌处。圆形脸应斜向上扫；长形脸应呈圆状扫，再横向扫几下；颧骨高者，扫在笑肌偏下一点的位置。

在唇部涂上唇膏、唇彩或唇蜜，在下唇中部适当涂一些唇彩，使唇部更立体饱满。

最后用粉扑将脸部和颈部做一下过渡。一个自然、淡雅、精致的工作妆就完成了。

工作妆，不应用假睫毛。

手指甲的适宜长度，以伸开手指从手心方向看，看不到明显的指甲为宜。工作中不用有色指甲油，可以选择透明色或半透明无色指甲油。

男士妆容

无论什么季节，保持面容清洁、无异物，都是基本要求。

眼角、鼻孔、耳朵，都是清洁的重点区域，不要在公共场合做这些部位的清洁工作。

男士使用适当的护肤品保护皮肤非常有必要，特别是干燥的季节，一定要保持皮肤的湿润，避免起皮。

除非想改行，否则男士不应打鼻钉、唇钉或者戴耳饰。

除因宗教信仰必须留胡须外，应养成每天剃胡须的习惯，确保没有胡碴儿。

注意经常修剪鼻毛，避免其在鼻孔外显露。

唇部应始终保持滋润，尤其在干燥季节，应该随时准备润唇膏。一个唇部干裂的人，还时不时地舔舔唇部，以这样的状态站在他人面前说话，总会让人产生莫名的烦躁。

口腔卫生

口腔卫生不仅要求牙齿清洁、洁白，还要有清新口气。早晚科学地刷牙、餐后漱口是应有的卫生习惯。

很多人都有饱受他人口腔异味的困扰。所以笔者一直提倡：上班前及工作时间不应吃容易产生异味的菜，如韭菜、生蒜、生葱、生洋葱等。

感觉自己口腔有异味时，可以采用一些去除异味的方法，如喷口喷、嚼口香糖、嚼茶叶等。当然，这些都不应当着他人的面进行。

政务形象与服装穿搭

衣冠不正，则宾者不肃。虽说“穿衣戴帽，各有所好”，但作为公务人员，穿着绝对不能只凭“所好”。

据《京华时报》2014年9月5日的报道，某地法院在赴成都执行一起民事案件时，一名法官穿着背心短裤，引起当事人对其身份的质疑，以致当地警方怀疑这几名法官的身份，从而将他们控制。根据最高人民法院《人民法院审判制服着装管理办法》的规定，法院工作人员在依法履行法律职务时，应当穿着审判制服，佩戴法徽。

女士着装

如工作单位没有制服或没有特殊穿着要求，工作场合裤装、裙装均可穿着。

穿裤装时，裤长一般到鞋面。不宜穿紧身裤。

套裙是工作装首选。套裙即上衣是女式西装，下衣是裙子，西装内搭衬衫。也可以是连衣裙外加西装上衣。两件套裙装时，上衣和裙子可以是一色，也可以采用上浅下深或上深下浅两种不同的色彩。穿着同色套裙，可以用不同色的衬衫（纯色）、领花、丝巾、胸针、围巾等饰品点缀。同时，一套套裙的主要色彩不应超过两种，其主体图案不宜是大型花卉、宠物、人物等。公务人员的裙长不应短于膝盖的一拳距离以上。夏天应内穿衬裙，衬裙颜色可以接近或浅于外裙的颜色。

夏季，裤装或裙装，都可以搭配纯色衬衫。

上班时间的工作场合，不管是长袖衬衫还是短袖衬衫，下摆可以均匀地掖到裤腰或裙腰内。即使天气再热，衬衫的袖管也不可以撸起来或卷起来。

黑色、浅灰、浅棕色等单色丝袜可与同色裙子搭配，肉色袜是工作场合的常规选择，袜子不露袜口。网眼、镂空或印有时尚图案的袜子不适宜工作场合穿着。

工作场合最合适的鞋，应是黑皮鞋或和裤子、裙装颜色协调或一致的高跟、半高跟的船式皮鞋或盖式皮鞋，前不露趾、后不露脚跟的皮凉鞋也可以选择，只是正规程度稍次于前面几种。如果没有严格要求，不搭配套裙时，平时也可以穿凉鞋、皮靴等。但在正式接待、宴请、会议、签约等正式场合，应穿正式的鞋。

旗袍，是一种中式礼服，体现的是东方女性的知性之美。但在政务接待、隆重的会议等和工作相关的场合，不宜穿旗袍。隆重的晚宴、舞会，可穿旗袍。

当然，如果不用穿统一制服，女士还可以根据自己的身体条件如脸型、体型选衣服。比如圆脸型的不宜选带圆圈图案的高领或横开的窄领领型或领口太小的衣服；方脸型的不宜选方形、横向圆领口的服装；而长脸型的不宜选长形或狭长形等容易在视觉上夸大脖子和脸型长度的领式的衣服。而体形较胖的女士不宜穿有夸张花色图案的衣服，穿短上装时尽量避免短裙；短脖的不宜选高领衣服；腰粗的最好穿深色上衣，选择和衣服同色或近色的腰带。

男士着装

西装。政务场合一般穿单排扣西装。藏蓝色是首选，灰色或棕色也可以考虑。黑色是礼服色，平时穿太过严肃。不宜有图案，但可选细的条纹西装。

一般场合穿两件套西装，即西裤加西装上衣。西装上衣可另配西裤，另配的西裤质地应和上衣接近，不能比上衣单薄，颜色应接近或深于西装上衣。亮面西装不宜作为正装。

西装上衣的最佳长度，是手臂向前伸直，衬衫袖子能露出西装外套袖口 1~2 厘米。

穿新西装之前先拆除上衣袖口处商标或质地的标志。

单排两粒纽扣西装，只系上边那粒；单排三粒纽扣，只系中间一粒或上、中两粒。

西装上衣外胸袋只放丝质口袋巾，内侧胸袋放轻薄物品，外侧下方口袋不放物品。

就座后，上衣的纽扣可以解开，起身后再系上。

西裤裤线保持笔挺，以站立时裤长能盖住鞋面、不露出袜子为宜。裤腰腰头平贴腰部，系好搭扣，不能卷曲翻转，不露出内裤边。

西装口袋可以放不影响裤型的小件物品。后侧口袋不放任何物品。

当需要出席隆重的场合，如晚宴或会见外宾，应穿礼服。礼服应是深色，最好是黑色西装，配黑色皮鞋。当然，也可以穿民族服装作为礼服，如中山装，深色中山装配黑色皮鞋即可。穿时系好扣子和领钩，衣领处可稍许露出一道白衬衫领。参加外事活动，当主办方要求穿正式礼服时，公务人员穿中山装赴约是庄重且符合礼仪的表示。

按照我们的传统，没有制服的单位或不穿制服的场合，可以穿夹克，但自配的夹克应是深色、单色的夹克，杜绝艳色，且应和裤装颜色接近或浅于裤子颜色。穿夹克时，应拉上拉链。在仪式、重大接待、晚宴等场合，不宜穿夹克——毕竟偏于休闲。

衬衫。衬衫也是公务人员必备。春、秋、冬三季，搭配外套（如西装或夹克）的衬衫应是长袖，衬衫可选单色的浅色，白色最佳。正装衬衫是白色最佳。衬衫不应有夸张图案，较细小的几何图形衬衫除外。

正装衬衫的领型多是方领、短领和长领。衬衫领型大小应和本人的脸型、脖长相协调，它们之间反差不要过大。立领衬衫配西装不能作为正装。

衬衫衣领的最佳高度，伸直脖子的时候衬衫领口能外露于西装领口 1~2 厘米；衣领的宽度，以扣上第一粒扣子后能自然地塞进自己的一只手指为宜。

正式的政务交往，尤其外事活动中，长袖衬衫不宜单独外穿。

打领带时衬衫所有纽扣都应系上。不打领带则应解开领扣。

上班时间的工作场合，不管是长袖衬衫还是夏天穿的短袖衬衫或 T 恤，下摆都应均匀地掖到裤腰内。即使天气再热，衬衫的袖管也不可以撸起来或卷起来。

衬衫内一般不穿除薄背心之外的其他内衣，且其颜色应浅于衬衫，并确保不外露。

西装和衬衫之间不应穿毛衣。寒冷季节必须加毛衣时，以单色 V 领薄型为主。

男士政务场合用的皮带质地须是皮质，首选黑色；穿棕色皮鞋时，宜选棕色皮带。皮带上除了本身纹理或压制的商标，不应有其他装饰。皮带最好选择没有奢侈品品牌标志的，皮带扣应造型简洁以金属质地为主。

同深色西装配套的鞋子，只能选择深色、单色的皮鞋。黑色牛皮鞋和西装最搭配，棕色也可以选择。磨砂皮鞋、翻毛皮鞋不是正装皮鞋。

正装皮鞋除本身的商标外，不应有任何图案、装饰。系带皮鞋是常规选择，三截头皮鞋最正式。鞋跟在 2 厘米左右，不钉金属鞋掌。船形皮鞋、盖式皮鞋、拉锁皮鞋、皮凉鞋都不是正装皮鞋。

袜子颜色一般是深色、单色，其中黑色最理想。不要选择白色袜、彩袜、花袜或发光、发亮的及浅色袜。袜筒的长度，以坐下不露出袜口为宜。

不需要穿正装的场合，有领 T 恤也可以选择。

本单位没有制服且对着装没有严格要求时，穿着上可以适当休闲。简单做法就是在正装内搭配自己喜欢的服装、裤装或皮鞋。内穿的服装可以是 T 恤或亮色衬衫、牛仔布衬衫、半高领羊毛衫、Polo 衫等休闲式装束。裤装质地可以和西装上衣接近，或者是卡其布。也可以用休闲款式的西装作为商务休闲装。这时皮带可以是黑、棕之外的颜色，也可以是针式皮带扣；裤子可以是卡其布裤、牛仔裤，可以穿商务休闲式皮鞋等。

注意事项

工作时间最好不穿名贵服装，尤其是有明显奢侈品品牌标志的服装。

不穿奇装异服、运动服、居家服，不穿背心、短裤、艳色装；女士不得穿低胸装、露背装、露肩装、露脐装、透视装、吊带装、紧身装，超短裙；不穿拖鞋。

有的制服配有制式衬衣和制式领带，这时当然以制式规范为准。同时，穿制式服装时不得混穿。

无论是穿制服还是西服或其他长袖、长裤服装，都不得披衣、敞怀、挽袖、卷裤腿。

有帽子的，必须戴端正。

穿西裤或职业裙装时，忌穿运动鞋。

女士不得穿超高、带响声的高跟鞋。

在民族地区工作或去出差的，不得穿戴有悖民族习俗的服饰。

去一线基层尤其是与基层群众打交道时，可以穿得适当休闲，如夹克、风衣、休闲西服，以拉近和人民群众的距离。而当下乡尤其是去农村时，穿着上应以方便行进、与基层群众日常穿着接近为宜，如夹克、运动鞋，而不是西装革履，显得和人民群众格格不入。

有些部门鉴于规范管理及方便工作的需要，对鞋有自己的规定，这时就应严格遵守。比如，《最高人民法院关于印发〈人民法院司法警察着装管理规定〉的通知》（2019）明确规定，除工作需要或者其他特殊情形外，应当穿制式皮鞋、胶鞋或者其他黑色皮鞋。非工作需要，不得赤脚穿鞋。男性司法警察鞋跟一般不得高于3厘米，女性司法警察鞋跟一般不得高于4厘米。

政务形象与女士饰品

适宜的饰品可以使女士既符合政务形象要求也更有品位；不适宜的饰品，反而可能是糟点甚至带来尴尬。尤其是政府部门的女士，饰品务必简单、低调、杜绝奢靡，以体现严谨、务实、勤俭的政务形象。而穿制服的公检法等单位，工作中一般不应戴首饰。

来自《潇湘晨报》的消息。2022年某地一场新冠疫情防控新闻发布会，将发言人推向了舆论风口。这种特殊的发布会上，该发言人佩戴的耳钉、丝巾，疑似两种不同的著名奢侈品牌。新闻评论道，她的装束的确是败笔。在疫情防控发布会的严肃场合下，打扮过分精致，和整体氛围很不协调。

耳饰选用

公务人员尤其是政务场合戴的耳饰务求简洁、大方。夸张的几何图形、粗犷的木质耳环、吉卜赛式的巨型圆环，不适合佩戴。

另外，还要注意其造型应和脸型相得益彰，起到扬长避短的效用。

瓜子脸是相对完美的脸型，好选耳饰。方脸型宜佩戴圆弧形耳饰；长脸型宜选择圆形耳饰；尖下巴者适合佩戴圆形吊坠式耳饰；圆脸型适合佩戴吊坠式、三角形或四方形的耳饰。

耳饰色彩应与着装色彩相协调。耳饰和着装为同一色系，能产生和谐的美感。反差比较大的色彩搭配要恰如其分，使人充满动感。耳饰色彩应和肤色互相陪衬。肤色较暗者不宜佩戴过于明亮鲜艳的耳饰，可选择银白色。如用珍珠耳饰来掩饰肤色的暗淡，皮肤白嫩者适合佩戴红色和暗色系耳饰以衬托肤色的光彩。

长发和耳坠搭配更能凸显淑女风范；短发和精巧的耳钉搭配能衬托出干练；不对称的发型和不对称的耳饰搭配能使人赏心悦目；古典发髻搭配吊坠式耳饰看起来更加优雅高贵。

戴眼镜的女士不宜佩戴过大的耳饰尤其大圆环。可选择小巧玲珑的耳钉、耳包，美而不媚，雅而不俗。

项链

颈部粗短的女性应选细而长的项链。颈部细长的女性应佩戴稍粗的贴颈短项链、带状颈圈或大圆珠宝石项链。

佩戴的项链应与服装相协调。身穿柔软、飘逸的丝绸衣裙时，佩戴精致、细巧的项链。项链的颜色和服装的色彩形成对比色调为好。如穿着单色或素色服装，宜佩戴色泽鲜明的项链，使首饰更加醒目；而在项链的点缀下，服装色彩也显得丰富。

色彩鲜艳的服装宜佩戴简洁的项链，使服装色彩产生平衡感。领口造型复杂的上衣，最好不佩戴项链，否则会有累赘感。

胸针

胸针的质地、颜色、位置，要考虑和服装的和谐。穿正装可选择大点儿的胸针，材质也应好一些，色彩要纯正。穿衬衫或薄羊毛衫，可佩戴款式新颖别致、小巧玲珑的胸针。

夏季宜佩戴轻巧型胸针；冬季宜佩戴较大的、款式精美、质料华贵的胸针；而春、秋两季可佩戴与大自然色彩相协调的绿色和金黄色的胸针。

胸针最传统的佩戴方式是扣在外套的翻领上，戴在左侧；无领的衣服，则戴在右侧。发型偏左，胸针可以戴在右侧，反之则戴在左侧。如已戴团徽或党徽，就不应再戴胸针。

丝巾

丝巾是最富变化的女性配饰，一套普通的服装会因丝巾的点缀而更显品位，有了亮点。

丝巾的搭配要和衣服协调，素色衣服搭配素色丝巾可采用同色系对比搭配法，如黑色连衣裙配中性色系丝巾，整体感强，但搭配不慎会造成整体色彩黯淡。另外，采用相同颜色、不同质感的搭配方式也很协调。

衣服和丝巾上都有印花时，搭配的花色要有“主”“副”之分。如衣服和丝巾都是有方向性的印花，则丝巾的印花应避免和衣服的印花重复出现，同时要避免和衣服的条纹、格子同方向。简单条纹或格子的衣服比较适合无方向性的印花丝巾。

印花衣服搭配素色丝巾时，可挑选衣服印花上的某一个颜色为丝巾色，或选择衣服上最明显的一个颜色，用这个颜色的对比色去挑选适合的丝巾。

素色衣服搭配印花丝巾时，丝巾上至少应有一个颜色和衣服色彩相同。

丝巾用法多样，除在脖子上有不同系法外，还可以系在头发、手上当装饰，系在包上、腰部或穿过衣扣搭配衣服，还能作为内衣搭配西装。可以在包里常备一条丝巾，万一用餐不小心弄脏衣服可以遮挡一下；应急时可以系在腰间当裙子以防尴尬；忘记拿包时还可以把丝巾对角打结用来装东西，变成临时的手包……

需要注意的是，如穿制服或有明确着装要求时，就不宜再画蛇添足地加丝巾了。

戒指

如允许戴戒指，公务人员的戒指应简单化。

除大拇指外，其余手指都能佩戴。戒指戴在不同的手指表达出不同的含义，国际流行的寓意是，左手食指表示未婚，中指表示热恋中，无名指表示已订婚或结婚，小指表示独身或终身不嫁 / 不娶。而一些花式戒指，很多人喜欢戴，完全是为了装饰，没什么特殊含义。

如果不是仪式需要，或为彰显个性与财富，一只手上不要戴两枚及以上的戒指。

女士包

上班用的皮包面料应是真皮质地，牛皮、羊皮制品最合适。当然，从环保角度考虑，一些新型环保材料制作的、有质感的包也可以用，而且其往往更耐用。肩挎式、手提式都可以，样式不宜显得过于男性化。款式和细节上可以有鲜明风格，可以有一些流苏、铆钉、金属链、镶嵌等。颜色上，黑色、咖啡色、棕色、茶色、白单色系或者深色格纹最多，一只包不超过两种颜色，单色最佳，并与穿着的服装颜色相配套。除商标外，皮包在外表上不宜带有太多的图案、文字。

注意事项

除工作需要或有眼疾外，工作中不得戴有色眼镜。

全身佩戴的饰品不超过三件，讲究小而精巧、同色同质。

不戴和公务人员身份不符的饰物，包括有特殊意义或宗教含义的图案的饰品。

不宜带悬垂的夸张长耳坠。

不戴大耳环、粗大项链。

忌戴夸张的耳饰或一只耳朵戴多件耳饰。

忌戴有怪异图形或文字的链坠。

项链上有链坠时，仅限一枚链坠。

上衣领口时尚、成为衣服亮点时，不宜再用胸针。

不戴手链、脚链。

公检法等执法部门穿制服时，不宜戴任何饰品。

政务形象与男士饰品

调查显示，近60%的女士认为适当的饰品能有效增添男士魅力。适合公务男士戴的饰品包括领带、项链、手表、戒指等。

领带

政务场合的领带，从样式上说，一般选用下端为箭头的领带。领带的宽窄应和腰围、西装上衣的衣领成正比。

领带最合适的长度，应该是打好后下端刚好碰到皮带扣。

领带夹是起固定作用的，而不是做装饰的。如使用领带夹，不应暴露在外，最好夹在衬衫自上而下的第四粒到第五粒纽扣之间。

领带的搭配。上班时避免用颜色太浅的领带；深色西服可配颜色较华丽的领带；配淡色西服的领带也要相应素雅一些；当衬衫色调强、花纹多时，领带应相对素雅。

一般来说，素色、斜纹、圆点等的几何图案领带能够和任何款式的西服或衬衫搭配，但在穿直条纹西服或衬衫时避免选直纹或横纹的领带，最好用斜纹、圆点或草履虫形等没有方向性图案的领带。不要选择大型象征图案、故事图案及黑色、紫色的领带，也不要盲从流行图案。同类型的图案不宜相配，如格子的西装不要搭配格子的衬衣和格子的领带。有多种颜色图案的领带，如果图案中的任何一种颜色和衬衣或西装颜色一样，则能起到锦上添花的效果。

秋冬季节的领带一般以暖色为主，如深红色、咖啡色之类的暖色调，其在视觉上会产生温暖的感觉；而春夏季节可以以冷色调为主、暖色调为辅，给人以凉爽的感觉。

年轻男士适合色彩鲜艳、对比强烈的领带，以加强青春朝气；年长者宜选择暗色、花型简洁的领带；个子高的选择外观朴素、雅致大方的领带；个子不高的适合系斜纹细条的领带；面色红润饱满的宜选丝绸料的领带，颜色以素净为主；脸色苍白、晦暗的可用明亮色调的领带。

需要注意的是，即使衬衫两三天穿得不脏不想换，也要换一条领带。而不是每天都是那一件衬衫，那一条领带。

项链

工作时间不宜戴粗项链，特别是金项链。项链宜长短合适，工作时间外露是大忌。

手表

公务人员的手表，造型应庄重、保守，避免怪异、新潮，尤其位尊者、年长者。颜色上宜选择金属色。表带应是金属或真皮质地。手表上除数字、商标、厂名、品牌外，没必要再出现其他无意义的图案。怀表、广告表、卡通表、运动表，不适合公务人员在工作场合戴。即使经济条件允许，公务人员在工作场合也应避免戴名贵手表。

在装束上被抓住把柄的公务人员历来有之，“表叔”是其中一个。2012年8月，一辆双层卧铺客车在某高速段发生特大交通事故。这起交通事故造成36人死亡3人受伤。时任某省安监局局长的“表叔”挺着大肚子，面带笑容，站在烧成框架的大客车前。

他微笑的表情与现场悲伤的氛围形成了巨大反差。微笑不违纪，也不违法，愤怒的网友开始在他身上下“功夫”。他的名牌手表、名牌眼镜，被一一曝出来，简直“浑身是宝”。最后，“表叔”因严重违法被判刑。

戒指

如戴戒指，一般只戴一枚。造型简洁且没有任何镶嵌的戒指最适合公务人员戴。如果同时戴项链，戒指质地应该首先考虑和项链同质、同色。

戒指和手指粗细成正比，手指粗，戒指也应粗点；手指较细，戒指也要相应细些。

大拇指一般戴的是扳指而不是戒指。其余四指戴戒指公认的寓意，参考本书女士戒指的内容。

公文包

公文包面料应该是黑色或棕色的真皮质地。除商标外，公文包外表不要带有多余的图案、文字。

手提式的长方形并且薄薄的公文包是最标准的。箱式、夹式、挎式、背式等其他类型的皮包，都不适合当作公文包。

按照商务礼仪惯例，男士的公文包应该和皮鞋、皮带颜色一致，这也称为商务礼仪的“三一定律”。如果你的皮鞋大部分是黑色的，那么公文包最好也选黑色。这个惯例在政务礼仪中一样适用。

注意事项

不戴和公务人员身份不符的饰物，包括有特殊意义或宗教含义的图案的饰品。

喜欢戴手串的，不是正装时，可以戴非昂贵或不显眼类别的手串，如金银或彩色手串。不宜戴手链。

穿制服的岗位或部门，最好不戴任何饰品。

小提示大道理

根据中央深入整治“四风”的要求，公务人员工作时间提倡不戴奢侈型饰品或有奢侈品标志的饰品，包括但不限于耳饰、领带、丝巾、戒指、手表、皮带、包等。

第三课

迎来送往

THE
THIRD LESSON

他山之石

来自光明网2017年11月19日的消息。2017年11月17日，北京人民大会堂里记下了一段暖人场景：全国精神文明建设表彰大会现场，习近平总书记高兴地和大家热情握手、亲切交谈，代表们纷纷向习近平总书记问好。当准备全体合影的时候，习近平总书记看到站在代表们中间的93岁的黄旭华和82岁的黄大发两位道德模范代表年事已高，便握住他们的手，微笑着问候说："你们这么大岁数，身体还不错。你们别站着了，到我边上坐下。"两人执意推辞，习近平总书记一再邀请，最后两人在习近平总书记身边坐下。

细微之处见真章。习近平总书记"让座"的这个小小细节感动全场，大家长时间热烈鼓掌。之后，"挪椅子，扶老人，坐身边"的一连串动作持续在网络空间刷屏，让网友们直呼"太帅了"。人们也在习近平总书记的举手投足之间，深深感受到他尊老敬贤的满满情怀。

公务人员是政府形象的代表。在政务交往中，不管什么身份，我们都应表现出良好的修养，表现出对中华传统美德的坚守、对交往对象应有的尊重，以更好地维护个人形象和政务形象。

所谓让礼一寸，得礼一尺。公务人员在政务交往中，不管是和他人会面还是接待或用餐，都应做到有分寸、讲礼仪。

称呼礼仪

一般情况下的政务交往中，首先就是称呼问题。称呼礼仪总的要求是“称呼得体、有礼有序”。

得体称呼

在政务交往中，选择得体、适当的称呼，反映着自身的教养、对对方的尊敬，甚至体现着双方关系发展程度和社会风尚，所以不宜过于随便。

可以以对方的职业相称，也可以以对方的身份相称。而在对方身份不明的情况下，可以以性别相称，如“某先生”“某女士”“某小姐”；政务场合且对方也是公务人员，则可以称呼“某同志”。若对方从事文化教育、艺术工作，可以称呼“某老师”；有高级职称者，可直接以高级职称相称，如教授；对年长者称呼要恭敬，不宜直呼其姓名；对于有较高身份的年长者，可以把“老”字和其姓氏倒置作为尊称，如“钱老”“王老”。

已经知道对方的职务，如科长，并且姓陈，称呼“科长”和称呼“陈科长”，其效果是大不相同的。在你面前的“科长”可能不止一位，但“陈科长”只此一位。

用职务称呼时，如对方是副职，如副部长，那么在有他人在场尤其部长在场时，应严谨地称呼其副职“杨副部长”。如称呼“杨部长”，反而令杨副部长尴尬了。其他场合，则可以把“副”字去掉来称呼。

称呼时可以借助声调、热情的笑容和谦恭的体态表示尊敬。对同辈人，可以称呼其姓名，有时甚至可以去姓称名；称呼时态度要诚恳，表情自然，体现出你的真诚。

在称呼对方的同时应眼神关注对方并保持微笑。即使把对方的身份称呼得再高，但在称呼他的同时看向其他地方，只能让人感觉你在敷衍。

可以通过提前做功课的方式，让我们在政务交往中能准确地称呼对方，让对方感觉你认得他或记得他。比如马上要见什么人，务必提前了解；要见的人以前是否见过，并将姓名、职务提前了解一下。双方一见面，你能主动具体地称呼出来，如果是第一次见面，说明你提前做了功课，能让对方感受到你的真诚、认真、重视；如果是许久未见，一见面能准确地称呼，同样能让对方感觉你重视他、记得他，你当然是“老铁”。

注意事项

我们每天都要和很多人打交道，要记住对方名字确实不易，但可以通过提前做足功课来弥补。如果对方给了名片或加过微信，再次见面时除可以提前温习、熟悉之外，还可以将对方的名字和此次见面所谈事项结合起来，或者以谐音、自己熟悉者的名字、名人名字联想来帮忙记忆。

当临时见到打过交道的老熟人，却忘记了名字，确实有点尴尬，但这种情况谁都难免。笔者是这样做的，并且效果还不错：从容地、像老朋友般亲切地微笑，伸过手说："你好，靳斓，咱们又见面了。"这时对方会不由自主地和我一样做："你好，××。"

我们还要注意什么呢？

以绰号称呼。在任何情况下，当面以绰号称呼他人，都是不尊重对方的表现。

地域性称呼。有些称呼，如"师傅""小鬼"等，具有地域性特征不宜不分对象地滥用。

简化不当的称呼。在正式场合，有不少称呼不宜随意简化。例如，把"范局长"称为"范局"就显得不伦不类，把龚工程师称为"龚工"（公公）难免让人啼笑皆非。

以生理特征称呼。公务人员在工作中，特别是在和群众打交道的时候，如果以生理特征相称呼，是不尊重对方的表现，如称呼胖子、瘦子、瘸子、四眼等。政务交往中必须杜绝此类现象。

注意称呼的严肃性。公务人员尤其在政务场合的称呼，应该有其规范性和严肃性，如不应称呼自己的领导为老大、老板，或使用哥、姐、叔、姨等亲属性称呼。

问候礼仪

问候，也就是问好、打招呼。就是在和他人相见时，以语言向对方致意的一种方式。问候时要注意次序、态度、内容三个方面的问题。

问候次序

同时遇到多人，特别是正式会面时，宾主之间的问候要注意一定的次序。

一个人问候另一个人。一个人和另一个人之间的问候，通常是“位低者先问候”，即身份较低者或年轻者首先问候身份较高者或年长者。

一个人问候多人。这时候既可以笼统地加以问候，如“大家好”；也可以逐个加以问候。当一个人逐一问候许多人时，既可以由尊而次、由长而幼地依次而行，也可以由近而远地依次而行。只能以一种规则进行，不能这几个人按照由近到远的顺序，其他几个人变成由尊到次的顺序。

问候态度

问候是敬意的一种表现，态度上需要注意：

要主动。问候别人要积极、主动，尤其是熟人之间、同事之间、上下级之间，切不可看到时当作没看见绕着走、临时仰望天空或赶紧低头翻手机。而当别人首先问候自己之后，应立即礼貌地予以回应，不理不睬或摆架子是失礼失态的表现。

要热情。问候别人的时候，应表现得热情、友善。毫无表情或者表情冷漠地问候，不如不问候。

要自然。问候别人的时候，应保持主动、热情的态度，必须表现得自然而大方。矫揉造作、神态夸张，或者扭扭捏捏，反而会给人留下虚情假意的不好印象。

要专注。问候时微笑注视对方的眼睛，以示口到、眼到、意到，专心致志。不要在问候对方的时候，眼睛看向别处，让对方不知所措，很难感受到你的真情实意。

问候内容

问候在内容上有两种形式，各有不同的适用范围。

直接式。所谓直接式问候，就是直截了当地以问好作为问候的主要内容。它适用于正式的政务交往，尤其是宾主双方初次相见，如“很高兴认识您”“好久不见”“久仰大名”。

间接式。所谓间接式问候，就是以某些约定俗成的问候语，或在当时条件下可以引起的话题。比如，“忙什么呢”“您去哪里”“今天路上不堵车吧”“这么大热天赶过来，辛苦了”“吃饭了吗”等，来替代直接式问候，主要适用于非正式、熟人之间的交往。

介绍礼仪

介绍是初次会面时双方交往、沟通的出发点。政务场合，不同的场景有不同的介绍规则，但国际公认的规则就是让更受尊重者享有优先知情权。

工作场合，以个人身份职务为出发点，即把职务低的介绍给职务高的。客人在主人办公室时，应把客人介绍给主人，这是为了方便主人知道对方是谁，以方便接待。在其他主方场合下，应把主人介绍给客人，以示对客人的尊重。

如果是下班之外的场合，则一般把年轻的介绍给年长的、把辈分低的介绍给辈分高的、把未婚的介绍给已婚的、把男士介绍给女士、把身份低的介绍给身份高的、把本国人介绍给外国人。

介绍他人

给他人介绍前，应先了解双方姓名、身份。介绍中注意突出双方的身份、职务，特别是有值得骄傲的头衔或身份时，应该重点突出，这也是被介绍双方都希望的。人数众多的场合，如果大家年龄相仿、身份类似，则按一定次序，如从左到右、从右到左或者从近到远的顺序逐一介绍。

为他人作介绍，不要用食指来指指点点，那样极不礼貌。应伸出右手至齐胸高度，拇指微曲，其他四指伸直并拢。比如把张三介绍给李四认识时，上半身及面部转向李四，把右手伸向张三："李四，请允许我向您介绍，这位是张三。"相对随便一点的场合可用"让我介绍一下"或"我来介绍一下""这位是……"的句式。然后把上半身及面部转向张三，同时把右手伸向李四："张三，这位是李四。"不要一会儿伸左手、一会儿伸右手，左右开弓，显得忙乱、难看。

给他人作介绍的时候，被介绍的双方才是主角。在给双方的介绍中不要开玩笑，不要介绍后还和其中一方不停聊天。记住：介绍完毕你的使命就结束了，剩下的时间交给他们。

被人介绍

自己被介绍给他人时，应面向对方，显示出想认识对方的诚意。等介绍完毕，可以握手致意并说"您好""很高兴认识您""久仰大名""幸会幸会"等客气话，必要时还可以进一步作自我介绍。

社交场合，男士被介绍给女士时，男士先向女士点头致意，然后等候女士的反应再握手回应。女士不伸手时，男士不宜主动伸手。

被介绍的过程中，面带微笑，举止大方，热情应答、问候。原本是坐着的，当被介绍时应该站起来，且左手不可以插衣兜或背于身后。

自我介绍

某些特定场合想认识某人，但没有熟人介绍，这时可以作自我介绍。自我介绍时必须站立，主动向对方打招呼并点头致意："您好！"或"××（具体称呼），您好"以引起对方注意，然后说出自己的姓名、身份。也可以一边伸手和对方相握，一边作自我介绍。

自我介绍的具体形式有以下几种。

应酬式：适用于某些公共场合和一般社交场合，这种自我介绍最简洁，往往只包括姓名一项："您好，我是××。"

工作式：适用于政务场合，应包括本人姓名、供职单位及部门、职务或从事的具体工作等："您好，我叫××，我是×××局人事教育科长。"

交流式：适用于社交活动中，希望和交往对象进一步沟通。内容应包括本人的姓名、工作、籍贯、学历、兴趣及与交往对象某些熟人的关系："您好，我叫××，是礼仪教育讲师，是××的同事。我工作之余喜欢看书、旅游。"

礼仪式：适用于讲座、报告、演出、庆典等正式而隆重的场合。包括姓名、单位、职务等，同时应加入一些适当的谦辞、敬辞："各位来宾，大家好！我是××，是××局人事教育科长。欢迎大家光临我们的座谈会，希望……"

当自己的名字中有不常见或易认错的字时，可以把字具体说一下，特别是要使用正面人物或大家都知道的正面事物来说明，这样更能加深印象。笔者的姓名两个字都不常见，因此遇到年长者笔者会这样介绍："靳，是靳开来的靳。"对于中青年或时尚人士，笔者会说："靳，靳东的靳。"如果对方还显示出迷茫，笔者会继续说："左边一个改革的革，右边一个四两拨千斤的斤。斓，是五彩斑斓的斓。"如果笔者说"左边一个改革的革，右边一个半斤八两的斤"就显得欠妥了。某次笔者见一位先生自我介绍说："我叫陈光强，陈世美的陈，光棍的光，小强的强。"结果把大家笑翻了。

也可以借用经典或好记的词句，加深他人的记忆。笔者在参加某档电视节目的时候，就以"静以修身，五彩斑斓。大家好，我是靳斓"作为开场向观众作自我介绍。

介绍多人

当被介绍的双方其中一方是一人，另一方是多人时，把个人介绍给集体就行了，不必再把集体中的每个人逐一介绍给个人。

当被介绍的双方都是多人时，由主方负责人首先出面，依照主方在场者具体职务的高低，由高而低地依次对其作介绍。接下来，由客方负责人出面依次介绍。代表团来访时就会出现这种情况。

握手礼仪

1972年，可以说，是在世界外交史上有着重要影响的一年。当美国总统尼克松走下飞机，与中国总理周恩来的手紧紧握在一起时，周恩来总理说："你的手伸过世界上最辽阔的海洋来和我握手！"随后，中美关系掀开了新的一页。

握手是世界上最通行的致意礼。积极热情的握手，表达的是礼貌、友好及交往的诚意。

怎样握手

握手时，双方相距约一步远，上身稍向前倾，两脚立正，伸出右手，四指并拢，与对方的虎口相交，拇指自然接触对方手指，向受礼者握手。这是平等而自然的握手状态。

掌心向下握住对方的手，被认为是傲慢无礼的握手方式，显示着强烈的支配欲，表示处于高人一等的地位。

如果不是表达谦恭备至或者特别热情的场合，一般不要主动伸出双手和对方相握。

握手时双方互相注视、微笑、问候，此时不要看第三者或显得心不在焉。

除关系亲近的人可以长久地把手握在一起外，一般握两三下、三五秒足矣。不要太用力，但漫不经心地用手指尖“蜻蜓点水”般去点一下，时间过短，好像在走过场，又像对对方怀有戒意，显得失礼。而时间过久，特别是拉住女士或初次见面者的手长久不放，显得有些虚情假意，甚至会被怀疑“想占便宜”。

如果要表示自己的真诚和热情，也可相对较长时间握手，并上下摇晃几下。

握手时注视对方的眼睛，以示诚意。同时不妨说一些问候的话，语气应直接而肯定，并在加强重要字眼时，紧握着对方的手，来强化其对你的印象。

当上级、长者表示对下级、晚辈的关心、鼓励或信赖时，握手的同时，左手可以轻拍对方的肩膀。

握手表达的是友谊、善意和真诚，所以当和多人握手时，要注意掌控其中的细节，如热情程度、握手主动性、握手时间长短等。尤其对方几个人身份差不多，和你熟悉程度差不多时，要避免给人造成厚此薄彼的误解。

来自新闻网 2017 年 11 月 13 日的消息。美国总统特朗普刚刚先后访问日本、韩国，在与日、韩两国总统握手时主动程度不同，被外界解读为美国政府对待两国关系“亲疏有别”。甚至其中一国的媒体还以《我们赢了》为题报道此事。我们在政务交往中，如不想给他人留下对我们不利的想象空间，就必须注意包括握手这样的细节。

冬天握手时经常出现尴尬的情况就是手很凉。怎么办呢？笔者建议（笔者也是这样做的）在重要会面之前做点小功课，准备暖宝之类的东西热热手，或提前在别人看不到的地方搓热手。外面寒风呼啸，冷得打哆嗦，而在室内却握到一双温暖的手，必然会给对方留下深刻印象。

握手顺序

上下级之间，上级先伸手。同等级别的男女之间，女士先伸手；如果男士为年长者，男士先伸手。

和多人握手，顺序是由尊而次，即先上级后下级，先年长者后年幼者，先女士后男士。

人数较多时，可以跟每个人都握手，也可以只跟相近的几个人握手，向其他人点头示意。

接待中，当客人抵达时，应由主人先伸手，以示欢迎；客人告辞时，应由客人先伸手，如果由主人先伸手，则有赶撵客人走的嫌疑。

自己是尊者、长者或上级，而位低者、年轻者或下级抢先伸手时，出于个人修养，应该伸手给予回应。

握手禁忌

握手时眼睛看向第三方。

以左手和他人相握。在有些宗教信仰者看来，左手是不干净的。

两人握手时与另外两人相握的手形成交叉状。基督教信徒认为这种类似十字架的形状很不吉利。

面无表情、不置一词或长篇大论、点头哈腰，过分客套。

将另一只手插在衣袋里或背在身后。

2023 年 4 月，国内某电影节上，最近很受关注的一位男演员与第五代某知名导演现场互动的视频在网上广为转发。视频中该导演见到这位男演员后，笑着迎上前，伸手相握，但另一只手一直插在裤兜里。绝大多数的评论认为该导演的举止看起来有点摆架子。

戴着手套或墨镜。在社交场合只有女士戴着薄纱手套握手被允许。

跨门槛握手，即一只脚在门里，一只脚在门外。

拒绝握手。即使有手疾或汗湿、弄脏了，也要和对方解释：“对不起，我的手现在不方便。”以免造成误会。

仅握住对方的手指尖也是失礼的。

抱拳礼

2007年8月9日，国际奥委会“掌门人”罗格来河南参访，在郑州四十七中观看中国武术队的功夫表演，赴洛阳欣赏了卢舍那大佛，并冒雨赶到登封少林寺，用一个“正宗”“左手掌，右手拳”的中式抱拳礼向中国武术表示敬意。

2008年，电影《功夫熊猫》热映。细心的观众在海报中挑出了一个硬伤：主角阿宝把抱拳礼“弄反了”。海报上的阿宝左手握拳，右手打开成掌顶住左手，而正确的抱拳礼应该是“左掌右拳”。

近年来，外事场合中经常可以看到我国的抱拳礼。

抱拳礼是由中国的传统作揖礼和少林拳的抱拳礼（四指礼）加以提炼、规范而来。如今，经过长期的发展，抱拳礼已经具备了新的、特定的礼仪内涵。

抱拳礼的具体含义是：左掌表示德、智、体、美“四育”齐备，象征高尚情操；屈指表示一个人很谦虚，不自大；右拳表示勇猛习武；左掌掩右拳相抱，表示“勇不滋乱”“武不犯禁”，以此来约束、节制勇武。

左掌右拳拢屈，两臂弯曲成圆，表示五湖四海。出拳就是要动武的意思，左掌就是要挡住右拳不要动武，把它放在胸前，表示武术礼仪。

很多民俗学家认为，中国古代的礼节，如叩头、作揖、鞠躬、万福等，只有抱拳礼最适合成为当代中国的民族礼节，因为与这些礼节相比，抱拳不问尊卑，更符合自由平等的当代精神。

当代交往中一般采用握手礼，在出席较大场合时，与所有来宾一一握手会浪费很多时间，如果不小心遗漏了某位来宾，会显得很失礼。而抱拳礼一个动作就能向所有人行礼，两人即使相隔一定距离，或中间有障碍物（如大型会议桌、餐桌），也不会妨碍行礼。既可以节省时间，又可以提高效率。

抱拳礼的形式也比较简练，无论身穿西装还是休闲服或民族服饰，都适宜用抱拳礼。从卫生角度来看，避免了与他人产生皮肤接触，卫生又亲切；从文化角度来看，抱拳礼是中华优秀传统文化的一部分；从舒服的角度来看，抱拳礼避免了一些不必要的尴尬，如男女之间、关系较疏离者之间；从实用的角度来看，当人数太多时，抱拳礼可避免重复握手。所以，抱拳礼可谓一种科学而文明的礼仪方式。

行抱拳礼要遵守一定的礼仪规范才能表达出特定的意义。按照传统习俗，抱拳不能乱抱，男子尚左，也就是男子用左手抱右手，称作“吉拜”，相反则是不尊重对方的“凶拜”，多用于吊丧。

具体怎么行礼呢?

行抱拳礼时应并步站立，男士左手四指并拢伸直成掌，拇指曲拢；右手成拳，左掌心掩贴右拳面，左指尖与下颌平齐；右拳眼斜对胸窝，置于胸前曲臂成圆，肘尖略下垂，拳掌与胸相距 20~30 厘米；头正，身直，目视受礼者，面容举止自然大方。

女士行抱拳礼时，两手和男士相反，即右手成掌在外，左手成拳在内。

拱手礼

和抱拳礼类似，拱手礼也是我国一种传统的、极具中国特色的会面礼，是人们表示祝贺、祝愿的一种施礼方式。

在中国传统文化中，拱手礼已经有两三千年的历史，从西周起，拱手礼就开始在同辈人见面、交往时采用了。古时，这种手势有模仿带手枷奴隶的含义，意为愿做对方的奴仆，后来逐渐成为相见的礼节，以自谦的方式表达对他人的敬意。

《礼记·典礼上》记载："遭先生于道，趋而进，正立拱手。"《论语·微子》篇中记载孔子的学生子路在行走途中向一老者询问孔子去向时不行礼，老者曰："四体不勤，五谷不分，孰为夫子。"子路遂拱手而立。可见，古代行拱手礼是不期而遇或相见后比较简便的礼节。

一些学者认为，中国古代，在很长时间里或在一般情况下，人们比较崇尚左，以左为大。

而且多使用右手来持兵器，用左手压住右手表达了热爱和平的意愿。因此，通常情况下的拱手礼应该是左手在上右手在下，即左手压住右手。

《说文解字注·手部》记载："谓沓其手，右手在内，左手在外。男之吉拜尚左，女之吉拜尚右。凶拜反是。"

也就是说，按照传统习俗，拱手有吉凶之分，吉事为阳，凶丧之事为阴；男为阳，尚左，女为阴，尚右；行吉礼时，男子左手在外，女子右手在外；行凶丧之礼时，男子右手在外，女子则左手在外。

哪些是吉事呢？现在的乔迁、开业、庆功、团拜、婚礼、升学、生子、寿辰等喜庆场合都是。

具体怎么行礼呢？

行拱手礼时，双腿站直，上身直立或微俯。两手略为弯曲，男士右手虚握成拳，左手把右手抱住（拇指不要凸出来或伸出来），两者相叠于胸前或偏上，形成一个“拱形”，目光注视行礼对象。

女子则相反，并且不抱拳，只压手。

古代行拱手礼，身体和手都不动。现在行拱手礼，双手形成拱手，可以自上而下或由内而外地进行有节奏的晃动。当对方拱手时，受礼者也应同样拱手以表示友好。

拱手致意往往和寒暄语同时进行，如“恭喜、恭喜”“久仰、久仰”“请多多关照”“节日快乐”“后会有期”等。

现在，拱手礼常用于一些非正式场合或气氛比较融洽的场合，如为欢庆节日而召开的新年团拜会上，大家欢聚一堂，互相祝愿，常以拱手致意。婚礼、生日、庆功等喜庆场合，来宾也可以以拱手致意的方式表示祝贺。开业典礼祝贺“生意兴隆”“财源茂盛”等，也常以拱手为礼。双方告别，互道珍重时可用拱手礼。而向对方表示歉意，也可用拱手表示。

新闻节目中，新春团拜会上经常可以看到领导们使用拱手礼，以拱手礼为形象的照片也经常在媒体上出现。

政务场合举止仪态

曾任美国总统的老布什，能够坐上总统的宝座，成为美国“第一公民”，与他的仪态表现分不开。1988 年的总统选举中，老布什在选民中的形象不佳，民意测验一度落后于对手十个百分点。不料两个月后，老布什以光彩照人的形象扭转了劣势，反而领先十多个百分点。原来老布什的演讲不太好，手势及手臂动作总显得死板，身体动作也不优美。后来，老布什接受了专家的指导，经过刻苦训练，纠正了不良的习惯，从而改变了人们对他的评价。

在交往中，一个人的举止往往客观地体现出一个人的修养、阅历和对他人的态度。

很多人认为，自己是“久经沙场”的老手；或作为领导，站、行、坐、走不值得自己费精力关注。然而，无论是笔者的亲眼所见，还是在电视上看到或者媒体的评论，很多人的举止仪态素养确实不敢恭维。一些人的仪态不自觉地透露出某些让人难以忍受的失礼甚至粗俗。

手势礼仪

指引过程中，站在被指引物品或道路旁边，自己面对指引对象，右手手臂自然伸出，五指并拢，掌心斜向上，手背和地面约呈 45 度指向所要指引的方向。以肘部为轴，朝一定方向伸出手臂。指示道路方向时，手的高度大约齐腰；指示物品时，手的高度根据物品来定，手臂、手掌和物品呈直线就可以了。无论是指人还是指物，都不宜只用食指。

为他人作介绍，站在两位被介绍者中间，自己右手五指并拢、手心向上，手背与地面呈斜切约 45 度，齐胸高度。当把 A 介绍给 B 时，右手指向 A，但面朝 B；而把 B 介绍给 A 时，右手指向 B，但面朝 A。介绍的时候切忌左右手都用，也尽量不要用手拉扯其中一人。

无论是递物还是接物，都应该用双手，至少用右手。递带有文字的物品时，正面朝向对方，以方便对方阅读；递带尖、带刃等物品时，则应把尖、刃部分朝向自己，同时语言提醒对方注意安全。

还有一些手势很让人反感，如用一根手指指自己鼻尖或指向他人，对着他人竖中指等。

表情管理

政务交往中，把眼神集中在对方面部区域就可以。而初次交往，最好把注视区集中在以两眼为底线、额中为顶角形成的三角区域。

对方头顶、脖子以下区域都是注视禁区，特别是异性之间。

一般和对方目光接触的时间占相处总时间的 1/3 比较适宜，每次看对方眼睛三秒左右会让人感觉比较自然。

同时和多人沟通时，应用环视加点视的方法表示对他们的真诚、重视和一视同仁。

当双方都沉默不语时，应该把目光移开；当他人说错话或拘谨的时候，避免正视对方。

初次见面，在向对方问候、致意、道别等时应面带微笑，同时用柔和的目光注视对方，以示尊敬和礼貌。

交谈时，听的一方多注视说的一方，经常保持双方目光的接触。长时间回避对方目光、左顾右盼、直勾勾地盯着、上下打量、长久注视异性等，都是非常失礼的表现。

另外，也需要根据不同场景，适当管理自己的表情，正常情况下应保持微笑，但有时也需要肃穆的表情，如升国旗时。还有发生让人难过的重大事件时也应是肃穆而不是东张西望甚至微笑的表情，这一点，我们公务人员尤其身为领导干部务必注意。

来自 2019 年 1 月 14 日澎湃新闻的消息。某地在“紧急召开过期疫苗会议”时区领导的一个“表情”，在网络上热传。照片显示，一位领导模样的男子，扭着头在笑呵呵地记录着什么，其旁的另一位领导则一脸凝重。该名领导事后对澎湃新闻说，发生“笑容”事件后，他也在反思，“以后我会注意的”。

不当表情引起争议的例子有很多，我们熟知的还有前几年的“表叔”。在重大交通事故现场，“表叔”挺着大肚子，面带笑容，站在烧成框架的大客车前。于是愤怒的网友开始在他身上下“功夫”。他的名牌手表、名牌眼镜被一一曝出，简直“浑身是宝”。最后，“表叔”因严重违法被判刑。

得体站姿

良好气质的站姿应该是目光平视，挺胸、抬头、收紧腹部、两肩平齐，双手相握、右手放在左手上、叠放于小腹前，或双手自然下垂。两脚跟并拢或两脚呈“V”状分开，男士双脚分开时宽度不超过肩宽。

不得体的站姿：垂头耸肩，含胸驼背，双腿大大叉开，趴伏或倚靠在其他物体上，抖腿，以及双手抱在胸前而站……

坐姿礼仪

我们经常看到有些不好的坐态：两腿叉开，抖腿，脚跷得太高。

男士坐的时候膝部可以分开，其宽度不要超过肩宽；身体不能半躺在椅子或沙发里面。而女士坐时应尽可能双膝并拢，腰背挺直。

一般坐椅面的 2/3 左右。沟通时为表示重视，交谈时不仅应面向对方，上身也应朝向对方。

坐姿状态禁忌：双腿直伸出去，抖腿、以鞋底示人或脚尖抬起指向他人，把手夹在腿间或压在臀部下；双腿分得太开，两膝之间宽度超过肩宽。

走姿礼仪

不好的走姿使人看起来无精打采，没有自信心，更谈不上气质与风度，也很难让人想象什么淑女与绅士形象。

行走时，抬头，目光平视前方，双臂自然下垂，手掌心向内，以身体为中心前后自然摆动。上身挺拔，腿伸直。

摆臂幅度前后自然，手掌朝向身体；起步时身体稍向前倾，重心落前脚掌，膝盖伸直；脚尖向正前方伸出。良好的走姿能体现我们的精气神及自信的精神风貌。

1954 年 4 月，为了解决停战后的朝鲜问题，以及和平解决印度支那问题，周恩来率代表团前往瑞士日内瓦出席国际会议，这是新中国成立之后在国际上的第一次亮相。

4 月 24 日，中国代表团抵达日内瓦。当周恩来出现在机舱门口时，记者们纷纷向前拥。作为新中国成立后第一次向西方派出的大型外事代表团，中国总理端庄的风采和潇洒的举止成了西方新闻记者抢拍的镜头。镜头中，周总理穿着风衣、锃亮的皮鞋，坚毅的目光看向前方，迈着自信、坚定而洒脱的步伐，引得现场的各国官员纷纷注目。这一幕成为经典，这张照片也走进了历史课本中。

走姿应避免：不抬脚、蹭着地走，耷拉眼皮或低着头；避免在狭窄的过道里慢慢地走，影响他人通行；避免在杜绝噪声的场合（办公场所、会场、医院等）制造大声响的走动。

蹲姿礼仪

我们在工作场合使用蹲姿时，只要注意避免“不分场合地下蹲，蹲时臀部向上撅起，女士两腿分开下蹲”就可以了。作为女士，尤其要注意下蹲时应遮挡、拢裙，并一腿高、一腿低地靠紧两腿。

名片礼仪

名片现在用得相对比较少，其方寸之间体现的不只是个人姓名、联系方式，还有个人修养。

内容要求

政务场合用的名片，应内容简练、版面简洁，材质大众化，杜绝奢华。

前几年《新民晚报》报道了一则新闻，关于网传的某市国税局“黄金名片”情况。上级调查后公布称，“黄金名片”其实是镀铜，每张 2.6 元。制作这批名片花了 260 元钱，虽然不算多，但这样花冤枉钱也说不过去。而且，一盒名片尚且如此，那是否存在其他浪费甚至腐败行为呢？

按惯例，名片由归属单位、本人称呼、联络方式三项基本内容构成。

具体归属单位由所在单位名称、部门名称等内容组成，二者要正式全称。即使身兼多职，在一张名片中体现两个至三个就足够了。如果确实有两个及以上的供职单位和部门，或同时承担着不同的社会职务，可以印制不同的名片，并根据交往对象、交际内容递交不同名片。

本人称呼由本人姓名、行政职务、技术职务、学术头衔等几部分构成。但后面两项内容，尤其学术头衔往往可有可无。但如是高级职称或博士学位，可以列上。名片上的行政职务一般不宜多于两个。

联络方式通常由单位地址、联络电话、电子邮箱、微信二维码等内容构成。至于单位网址、微信公众号等内容可以根据需要决定是否列出。

如无特殊原因，字体应用汉字简化字，且字体方便辨认。从事民族工作或外事工作的可以酌情使用少数民族文字或外文。汉字和少数民族文字或外文同时印刷时，要把汉字印在一面，把少数民族文字或外文印在另一面。

递交名片

掌握适宜的递交名片时机。一般选择刚认识或分别的时候。不要在社交活动中途递交名片，如用餐中、欣赏演出中。

递名片前先向接受名片者打个招呼，让对方有所准备。既可以先作一下自我介绍，也可以说"可否交换一下名片""这是我的名片""这是我的名片，常联系 / 请多指教"之类的提示语。

交换名片，应由位低者向位高者递交名片，再由后者回复前者。但在多人之间递交名片时，一般由近而远、按顺时针或逆时针方向依次发送。

名片不是传单，也不是扑克牌，不要见人就散；也不要一手拿名片夹，一手递名片。

接受名片

他人递过来的名片，无论有多忙，都要暂停手里的事情，并起身站立相迎，双手接过名片。至少要用右手，而不得使用左手或者用手指夹。

接过名片后，先向对方致谢，然后以欣赏的姿态把名片默读一遍，遇有显示对方荣耀的职务、头衔应该轻读出声，以示尊重和敬佩。遇有不认识的字当场请教，避免读错出糗。

接受名片后应回赠自己的名片。名片用完或者没带，应向对方作出解释并致歉。如有必要可以在一张干净的纸上写上相关信息给对方，或询问是否方便加微信。

双方同时递出名片时，最得体的方式就是先放下自己的名片，接过对方名片后，再拿起自己的名片递上。

名片存放

名片放在名片夹里，也可以放在上衣内侧口袋、公文包以及办公桌抽屉里，忌放在裤兜、提包、钱夹里。

接过他人名片并看过之后，以小心翼翼的姿态放进名片包或名片夹，也可以看了之后先放在桌子上。随手乱丢、拿在手里把玩或在名片上面压其他物品，都是失礼的。

为便于以后能详细了解现在的情况，可以在名片上写下供自己参考的资料，如收到名片的时间、地点、交际结果；名片上没有的信息，如对方是哪里人；自上次见面后，对方单位、部门、岗位的变更；等等。这些应该在事后记录，而不是当面。

添加微信礼仪

微信作为更加便捷、多功能的社交工具和通信工具，在内外交往中“加个微信”的频率已远远超过交换名片了。政务往来中添加微信应注意哪些礼仪细节呢?

怎样加微信

现在见面“加个微信”俨然成了口头禅。想加对方微信，怎么说呢?

和主动索取名片是一样的思路。见面寒暄之后可以说“以后怎么联系您呢”“以后怎么请教您”，如对方没有主动加微信的意思，则可以接着说“方便加您微信吗”。

微信是相对私人的沟通工具，所以很多人并不希望见人就“扫一扫”，特别是不认识的异性交往对象之间或身份有差距时，或认为你将来可能有求于他时。如果我们主动提议过一次，对方没有回应或找其他借口不给，那么在这次会面之中就不应再提此事了。

如果是碍于情面不得不加，但加上之后马上删掉显然失礼，何况三十年河东三十年河西，双方的身份可能随着时间的推移会发生变化。我们可以在微信的“朋友权限”里，选择“仅聊天”，还有“不让他看我”“不看他”这两个选项，根据需要作相应选择，尽可能减少打扰。

一般是下级（身份低者）扫上级（身份高者）的微信二维码，为的是让对方少一些操作。如果对方找不到二维码，这时可以请上级（身份高者）扫我们的二维码，或向对方要微信号，主动添加对方好友并现场请求通过。

微信备注

很多人有这样的经验，加上微信几个月后不知道对方是谁、怎么回事。为什么会这样？主要是加上后，没有及时在微信的“设置备注和标签”里做好相应处理。“好记性不如烂笔头”，做好相关备注就是方便将来还能知道一些必要的信息。

“备注”不能添加太多文字，可改成对方单位简称和姓名、职务，“电话”里填上对方手机号、办公室电话。在“描述”里，可以加上相见的时间、地点，何事见面以及所知道的其他情况。而“标签”可以对所加的微信进行分类管理。做好管理后，下次会面之前看看微信“设置备注和标签”里面的信息，告诉对方，自从上次在哪里的一别，已经多久了……对于你的用心，对方当然会更高兴，认为你很在意他，你是认真而严谨的人，从而更愿意与你交往，更愿意支持你。

后续跟进

好不容易加了微信好友，尤其是加了比自己的身份高者或好不容易争取来的重要人士的微信，接下来怎么办呢？如不尽快适当说几句话，时间一久，对方可能对你就没有什么印象了。最好是加了微信、双方道别之后的当天就进一步跟进。

怎么开口呢？先称呼对方，应是姓氏加职务，即使想套近乎，也不要上来就“哥”“姐”地称呼，毕竟这是因公交往。把自己的信息以文字的形式发给对方，如姓名、单位、职务及电话，或将之制作成名片的格式。再说客套话，但要点到为止，不要没完没了显得太虚，如“周局长，很荣幸今天能见到您，今天一席谈话，受益良多。以后还请多多支持”，这时可以再发上握手的表情。加上微信之初包括以后的沟通中，微信表情都不要滥用，避免给人留下不稳重的印象。

如果工作方面事宜还需继续联络沟通，那么在加微信之后，就可以及时进行了。微信沟通礼仪，会在本书第四课中的“手机和微信礼仪”一节专门介绍。

日常政务接待礼仪

日常政务接待，是区别于重要政务接待而言的。就是指平时经常性有的，普通的因公往来接待，如日常性的有关单位、群众来办事。

迎客与接待礼仪

接待人员对来访者，条件允许时应离座起身相迎，至少应微笑看向对方、点头致意并说：“您好。”

如果有事暂不能接待，最好协调其他同事代为接待，尤其是相关单位来办事时。不能冷落了来宾或无人对接。

发现来宾找同事而同事不在，情况允许时应帮忙联系同事并告知情况，根据同事反馈的信息，判断是把来宾请到休息室或休息区暂坐休息等候还是礼貌送客并请来宾改时间再来。

相对重要的来宾，应提前几分钟到办公室门口、楼梯口或电梯口等候。电梯门开启后，迎上一步，一手挡住电梯门，另一手做邀请动作，请来宾出电梯。然后主动和主宾伸手相握并问候。对其他随行人员可以逐一握手；对方人多时，也可以对其他随行人员点头环视微笑致意。

认真倾听来访者的叙述。政务往来都是“无事不登三宝殿”，来宾都是为了谈或办某些事情而来，所以应尽量让来访者把话说完，并认真倾听。

对来宾的意见和观点不要轻率表态，应思考后再作答复。答复或解释过程中，应有基本的礼貌，包括得体的语气，且应答复或解释清楚，杜绝不耐烦。对于不能立即答复的，约定一个时间再回复，而不是遇事推诿怕麻烦，不敢担当。

来自《环球时报》2023年10月13日的消息。近日有网传视频显示，某市区人社局一名男性工作人员嚼着口香糖拍桌子，怒斥办事群众“有事说事”，引发热议。10月13日，区人社局就此事发布一则通报：10月10日，该局工作人员在向办事群众做政策解释过程中发生言语冲突，造成不良影响。经会议决定，对该工作人员作出清退处理。

对于能够马上答复或立即能够办理的，应当场答复，迅速办理，不要让来宾、办事人无谓等待或再次来访。当场无法办理，需要向上级申请或协调的，应给予来宾、办事人明确期限，并在期限内回复或办理，绝不可以不了了之。本单位或本办公室无权办理的，应明确、礼貌告知；最好告知对方能办理的单位或部门，而不是简单地说“办不了”“不知道”。

来自2018年12月5日《中国纪检监察报》的消息。某地纪委监委通报了一起党员干部不作为、慢作为的典型案例。经查，2007年8月，某地不动产登记中心在发放林地确权登记证时，将该区排上镇东村村民陈学治三兄弟的名字误登。2016年5月，陈学治发现错误后，多次到区不动产登记中心申请更正，该中心接到问题反映后，主任肖宇对此既没有及时答复也没有想办法解决，造成群众来回跑了41趟也没能解决。一气之下，三兄弟将此事举报到当地纪委监委，之后在跑第42趟时终于拿到了填上自己名字的林权证。随后，当地纪委监委给予区不动产登记中心相关人员不同的处分。

正在接待来宾时，有电话打来，应尽量请其他人接。非接不可的，先向现场的来宾致歉，然后简短地结束电话，注意在电话中的礼貌和风度。如果又有新的来访者，可以先让其他人代为接待。

对来宾的越权要求、无理要求或错误意见，应当即有礼貌地拒绝，同时避免态度或语言上刺激来宾，使其尴尬。

双方预定事项已沟通好或事项已办完，如想结束接待，可以婉言提出借口，比如“对不起，我要参加一个会，看来今天只能谈到这儿了”等，也可用起身的身体语言告诉对方就此结束谈话。

当然，如不是常规性、日常性的接待，且担心接待太久会耽误后面的工作，也可以在见面之初或预约时就委婉告知对方，比如“我9点40去开会，不知道几点结束。您9点到？可以……”

敬茶礼仪

只要不是日常性、几分钟就能完成的接待，现场条件如允许，应考虑给来宾、办事人敬茶。

如用到茶具，应是成套、干净、完美的。

重要的接待场合一般用瓷质盖杯，也可以用瓶装水。人数少的重要会议或有主席台的会议，给主席台提供瓶装水时，还可以给每人放一个空玻璃杯（最好同时给玻璃杯加纸质杯盖），以方便大家自行倒进杯中饮用。

而日常性的接待，可以用一次性纸杯接水或用没开封的瓶装水。

同一次接待中，瓶装水应使用同一品牌，包装、容量也应相同。

如提供茶水，接待对象人少，且有多种茶水可供选择，可以用封闭式提问方式，即具体列出有哪些茶水，请来宾选择。

取放茶叶时，不应下手抓。最好用茶匙/茶夹取茶，以便掌握茶叶量。也可以将适量茶叶先倒进茶叶筒的盖中，再从盖中倒进茶杯。

为达到最佳口感和色泽效果，注意不同茶叶对水温的要求。绿茶尤其是新茶，一般以80~90℃的水温为宜。合适的水温，茶汤才会嫩绿明亮，滋味鲜爽，茶叶维生素C也较少被破坏。泡红茶、乌龙茶、白茶、黑茶，可以用100℃的沸水冲泡。

常言道“茶满欺人”。倒茶时，一般倒水杯的差不多七分满就可以了，留下三分是主人对客人满满的情谊。

现场条件允许的情况下，应从客人右侧上茶。上茶前先轻声说“打扰一下”。

接待重要的宾客时，可以先给每个座位放好茶杯，杯内放好茶叶或茶包。待客人到达坐定就应为其加水，每隔15~30分钟再次续水。

有盖的杯子，用右手中指和无名指夹住杯盖上的提钮，轻轻抬起，大拇指和食指将杯子拿起，侧对客人，在客人右后侧方，用左手持水壶将水倒好，放在对方右手上方的5~10厘米处，有杯耳的把杯耳转至对方方便拿取的位置。上好茶后轻声说“请用茶”。

奉上倒好茶的茶杯时，从贵宾右侧奉茶，右手将茶杯放在贵宾就近的桌前，杯耳转至贵宾右手方便拿取的位置，然后轻声说“请用茶”，同时配合手势示意。

有主席台和观众席时，顺序是先主席台、后观众席。

己方领导或客人的人数少时，应先客人后主人；先一号领导、后二号领导；先领导后下属。

己方领导或客人的人数多时，敬茶或续水应以顺时针或逆时针方向依次进行。

敬茶或续水结束离开时，注意举止的得体、优雅，首先后退一两步再转身离开。转身时尽量向人多一侧或离出口近的一侧转体，不要给贵宾留个背影。离开现场时，注意走路轻、操作轻、开关门轻。

“客来敬茶，客走倒茶”，客人没走不能倒残茶，否则无异于下逐客令。我国以前还有以再三请茶及“端茶送客”作为暗示客人应当离开的做法，所以在招待老年人或海外华人时务必注意，不要一再劝其喝茶或端起茶杯但不喝。

送客礼仪

政务日常性的接待中，来宾告辞时，应等来宾起身后，主人一方再起身相送。不要来宾一说要走，主人就立即站起来。送客一般应送到办公室门口或电梯口。

重要政务接待准备

笔者在给某单位培训时，单位领导跟笔者介绍了培训的原因：他们经常有重要接待，包括接待省部级甚至更高级别的领导。但在接待中出现不少小问题，虽然谈不上大错误，却暴露了接待人员的素养不足。比如，司机送领导离开酒店去机场时，领导习惯要打开车窗向欢送人员挥手道别但好几次司机都忘了开领导位置旁边的车窗，而领导又对车辆不熟悉，打不开；还出现过将领导下车的一侧紧靠墙停，导致领导无法下车，只好挪到另一边下车……政务接待中没有小事，训练有素地做好每一个接待环节是公务人员的责任。

所谓重要政务接待，必然是来者相对本单位来说极重要，或来者身份高、社会影响较大。这种情况下当然要更加严谨地做好接待工作。所以要做好接待前的准备，对来宾接待工作进行具体规划和安排。接待工作的指导思想和总体要求从具体上讲，要符合规定、互相尊重、平等相待、礼待宾客、主随客便等。

接待身份不同的来宾时又各有侧重。例如：接待中央首长要强调安全保卫和保密工作；接待少数民族来宾，应注意尊重其风俗习惯；接待宗教界人士，应遵守国家宗教政策；而接待外宾，则要注意外事规定。

了解来宾情况

做好接待工作，首先就要了解来宾的有关情况，包括来访的目的要求，会见、参观的要求、意愿，前来的路线和交通工具，抵离时间，来宾饮食爱好及禁忌，职务、性别、民族等。

确定接待规格

接待规格是准备工作中的重要环节。由谁迎接、陪同、接待，采取哪种规格接待，需要慎重确定。规格不当，直接影响接待效果。规格过高，影响日常工作；规格过低，影响相互之间的关系。

国家级、省部级等高级干部接待中的迎送、陪同规格有明文规定，本书不再介绍。

一般有三种接待形式：一是高规格接待，就是采取陪同人员比来宾职务高的接待形式。上级领导派一般人员口授意见和要求，兄弟单位派人员商谈重要事宜，下级人员汇报重要事项，需要高规格接待。

二是低规格接待，就是采取陪同人员比来宾职务低的接待形式。

上级领导来了解情况、调查研究，外地参观旅游团到访，老干部故地重游或领导顺道路过本地，可以低规格接待。

三是对等接待，就是采取陪同人员和来宾职务、级别大体相同的接待形式。对重要来访者，来宾初到和临别时，一般采取对等接待。

制定接待方案

接待需要制订具体的接待计划。计划内容应包含：接待规格，接待规模的大小、隆重程度及由哪些领导出面，接待方的领导要不要讲话，安排迎送、宴请、会见、座谈、参观、食宿和交通工具等。有关用餐住宿的规格、经费方面必须严格遵守国家及所在地区的最新规定，符合规定不超标，杜绝违规接待。

公款姓公，一分一厘都不能乱花；公权为民，一丝一毫都不能私用。公务人员尤其领导干部唯有胸怀理想、心系人民、心存敬畏，坚决抵制享乐主义、奢靡之风和低级趣味，自觉追求健康的工作和生活方式，始终做到公私分明、严格自律，政务接待才能“规矩”起来。

重要的接待方案要报有关领导批准。

外事接待方案必须由外事部门和主管外事的领导审批。

需要去机场、车站迎接时，安排经验丰富的司机，车辆出发前再次检查车况、车貌、油量、车上用品等。

做好接待准备

接待准备工作还有其他大量的工作，包括组织迎送人员，布置会谈、会见和座谈场所，安排接见、安排宴请菜单，还有安全保卫等。特别重要的政务接待还要做好宣传报道工作，需要提前索取来宾的照片。事无巨细，细心细心再细心，才能做到精益求精。

政务接待迎宾礼仪

中央要求，国内的政务往来务必轻车简从、廉政务实。不举行仪式，不搞跨地区迎送，不拉横幅，不铺红毯，不献花。同系统的上下级之间的往来，更不能铺张浪费，搞形式主义。较隆重的迎宾仪式，只适合于外交、外事场合和涉及统战、宗教界等方面的迎来送往。所以在政务接待中一定要谨守分寸、符合规定。

电梯口迎宾

对于相对重要的客人，应提前一两分钟到电梯口等候。如果没有电梯引导人员，我们就可以在电梯门开启后，迎上一步，一手挡住电梯门，另一手做邀请动作，请来宾出电梯。然后主动和主宾伸手相握并问候。对其他随行人员可以逐一握手；对方人多时，也可以对其他随行人员点头环视微笑致意。

大门口迎宾

获知到达的时间后，提前到大门口等候。即使对方因堵车迟到，中途也应避免长时间离开。车辆到达并看到车中的来宾时，向来宾挥手致意。可以为主宾打开车门，请其下车，随后主动伸手相握并称呼问候。

对于特别重要的来宾，应该主动为来宾开车门。车辆停稳后，快步走向主宾车门位置，左手打开车门，右手挡在车门上框位置。如果有专人负责开关车门，负责接待的领导直接与客人握手即可。

酒店迎宾

到酒店接客人，出发去酒店前先沟通好时间，以便客人做好准备。

比约定时间提前 5 分钟到达，并在酒店大堂等候。如果是不认识的客人，要告知对方你具体在什么位置，在车边或车内等候时还应告知车型、车牌号等信息。约定时间还未见客人，可以电话联络，不可以鸣笛催促。

车站 / 机场迎宾

确认好车次 / 航班及到达时间，并提前告知对方接站 / 接机人姓名及联系电话。接机最好用航班软件关注相应航班动态，准确把握相应航班到达时间并提前 10 分钟到达。无论对方是否按时到达，接待方应做到守时。出发前，确保自己的手机电量足够，遇上阴雨天气应备上雨具。

炎热或寒冷的天气，注意提前调好车内的温度、准备好饮品。天热时，最好能准备饮用水、湿纸巾或面巾纸供客人使用。

到达之后，到了车次 / 航班到达时间，再给对方发短信或微信告知已在什么位置等候；互不认识，还可以准备接站牌。接站牌的制作要美观、大方、醒目，如果是用纸书写的形式，可以用红纸写上黑字“欢迎 ××”。没有接站牌时，可以告知接站 / 接机人衣服的颜色等易辨认的特征。

见面后主动握手问候，如“××，一路辛苦了”“××，欢迎您到 ×× 来”。此时不必交换名片。双方不认识的，先自我介绍，说出单位名称、自己是谁，再问候。可以帮忙提拿客人的大件行李。

上车时，打开车门请客人先上，并用手示意。有专门的司机开车时，请客人坐在后排座的右侧，自己坐左侧。客人入座后，关好车门再从车尾绕到另一侧车门入座。有比自己职位高的领导一起接站时，则由领导陪同客人，请领导坐在客人左侧，自己坐副驾驶座。

当然，如为让宾客顺路看清本地的名胜风景，也可以说明原因后，请客人坐在左侧。

接客人去酒店途中，可以介绍一下沿途的景致。感觉客人有倦意时，在简要介绍日程安排之后就不应再打扰。

下车时，自己先下，然后为客人或领导打开车门，请他们下车。

特别需要注意的是，接待要注意国家的相关规定，包括不跨地区迎送，不张贴悬挂标语横幅，严格控制陪同人数，不得层层多人陪同，等等。

迎宾仪式

在和涉外、统战、宗教界人士的政务交往中，我们还是需要迎宾仪式的。

迎宾仪式的地点宜开阔、清洁、美观，使主宾双方便于相见，一般选择在宾客旅途的终点，如车站、机场等。迎宾仪式的程序和地点应事先通知来宾。仪式如安排宾客讲话，也应事先通知。

一般来说，到现场迎宾的人员在职务和级别上应和来宾相当，或稍低于来宾。同级的主方可以在驻地迎接，不必亲自到迎接地点。初次相见，宾主要相互致礼，所致礼节，要随宾主的身份和亲密程度而言，一般为握手，也可以相互拥抱（国内来宾限同性宾主间）。来宾方如果是夫妇同来，迎接的一方最好也是夫妇。

需要有献花仪式时，献花者应选择儿童或女青年，献花者先献给女主宾或同时献给夫妻二人。来宾方对献花者要有答谢礼节，可以亲吻儿童的脸颊、立正接受其敬礼。接花时要郑重庄严，双手接花放入怀中，再转给随行人员。如果对方献的是花环，就要低头让对方给戴上。相互行礼应认真到位，不能匆匆忙忙。认真聆听对方的问候语，并致答谢词。

主方要热情大方。如果安排有致辞仪式，应该事先有所准备，由引领员把主宾双方致辞人引入致辞场地的麦克风前。一般由主人先致辞，然后由来宾方致答谢词，双方都要有演讲稿，以示郑重和重视，在迎宾的场合不宜发表即兴讲话。

也可以设欢迎队伍。欢迎队伍的设置要视情况而定。可以是一定范围内的工作人员、中小学生或群众团体的代表。迎宾队伍可以手持鲜花或小型彩旗，也可以共同手持横幅，横幅上写“欢迎 × × × 来访”等字。嘉宾到来时，可以用鼓掌的方式向嘉宾致意。这时，嘉宾一方应该向欢迎队伍致意表示感谢。

引领员主动引领嘉宾走向欢迎仪式场地的出口或接来宾的车辆旁，这时应有专人打开车门，护卫嘉宾坐进车内。

如果来访的嘉宾是多位，要在仪式现场相互介绍。一般先由嘉宾的负责人向主方负责人介绍客方人员，以职务高低为序，分别和主方负责人握手或拥抱致礼。然后，由主方负责人介绍欢迎的队列。主客双方负责人对每一个人的礼节要一致，不要有亲有疏，在每位来宾的面前停留的时间要大体相等，不宜长短不一，也不能因为是熟人、老朋友等就格外亲热，而冷落了其他同级别的宾客。

需要说明的是，如是正式因公来访，除非本单位的正门出现不可抗力因素，否则不应带来宾走偏门、后门。即使因不可抗力因素无法走正门，也应先向来宾解释。

政务接待待客礼仪

重要的政务接待，我们更应在符合相关规定的前提下，认真严谨地做好接待的细节工作。

住宿地的选择

为来宾选择一个适宜的住宿地点，是周到待客的重要举措。

选择住宿地点的物质基础，就是接待地的基本条件。对于外事往来，外宾住宿应严守国家相关规定，按照国际惯例选择；对于国内来宾，严格按照国家的相关最新要求，不得超标。

选择的住宿地要考虑交通、环境、卫生、饮食、朝向及酒店装潢等因素。当然，还必须要考虑宗教信仰或生活习惯。

另外，在条件允许的情况下，安排住宿时最好不要出现让来宾尤其领导住边房或紧邻电梯间的房间。

迎接之后，安排来宾到住宿地。如果是参会来宾，应把来宾领到报到处，请来宾按程序报到。

安排住宿，多位来宾时，如需要共同组合住双人房间，应尽量由来宾自由组合。

接待人员应把来宾直接送进房间，简单说几句，如“您先好好休息一下”“祝您入住愉快”“祝您在 ××（地名）一切顺利”等，即可离开。如是异性客人，则可以送到房间门口，由客人自行进入房间。如是少量来宾，来宾入住后，接待人员应记下房间号汇报给领导，把来宾到达、入住的情况交接给本单位有关部门或负责人员。

安排探望

来宾入住后，有关部门在来宾稍事休息后尽快去探望，这一点也应提前告知。从来宾入住，到主人方前来探望的时间不宜太长，太长显得不礼貌；太短了，也许来宾还没来得及放下行李，女宾还要洗漱换衣施妆。一般在来宾入住后两小时左右探望比较合适。对于这一点，也应事先让来宾知道，以便其有所准备。不过，如是晚上到达，则当天就不宜再去打扰。

陪同引领礼仪

陪同时，主人走在客人左侧，以示尊重。当作为主陪时，则应并排与客人同行，其他随行人员走在客人和主陪后边。而当负责引导时，应侧转身体走在客人左前方一两步远的地方，同时和客人步速保持一致。

遇到路口或转弯、道路不平、路滑、上下楼梯等特殊位置时，用规范手势示意、语言提醒。

乘坐电梯，有电梯司机时，请客人先进；没有电梯司机时，接待人员先进，到达时请客人先出。进门时，外开门则请客人先进；内开门则自己先进，扶好门后再请客人进。

乘车时，应由陪同人员先打开车门，请客人上车，并以手挡车门上框，提醒客人避免磕碰，待客人坐稳后，再关门开车。如司机已经这样做了，陪同人员则示意请客人上车，然后陪同人员再上车坐到自己的位置上。车停后陪同人员先下车打开车门，再请客人下车。

同时接待两位贵宾时，主人或接待人员应先拉开后排右边的车门，让尊者先上，再迅速从车尾绕到车另一侧打开左边车门，请另一位客人从左边上车。只开一侧车门让一人先挪进去的做法是失礼的。

在陪同过程中，注意适当和客人聊天，避免冷场，使客人尴尬。在车上应随时留意，客人在休息或者表现出疲惫状态时不应再打扰。

陪同时，带客人去哪里、大概多远，去见什么人，都应提前告知，以方便客人了解，做到心中有数。

考察（视察）调研与参观接待

考察（视察）调研与参观接待，是政务工作中经常有的重要接待，尤其是一些特殊场馆、标杆单位、示范单位或部门。

接待安排

根据对方来访目的、时间计划、本单位或国家的相应规定，可以提出建议；也可以将对方提出的参观要求、诉求上报主管单位或领导，主管单位或领导同意后予以安排。

接待中需要考虑的因素有：对方对此次活动的特殊要求，起止时间、接待陪同与讲解人员、项目的资料准备、休息地点、餐饮安排、交通工具、其他安全措施（如安保或特殊行业、特定部门所需的防护服、消毒程序等）、拍照录像人员等。当然，根据来访者身份级别、现场场地大小及所需时长的不同，要考虑的因素也不同。

不管考虑什么因素，接待工作都不应该违规、超规。否则不仅影响本单位，也会影响来访单位、来访领导。

对于国家级、省部级领导干部及城市之间的考察（视察）、调研或参观，接待规格、要求有明文规定，本书不再介绍。

对于贵宾，一般由部门领导或主管领导甚至单位负责人亲自接待陪同。一般情况下由单位专门负责讲解的职工来讲解接待，或相应项目的负责人亲自讲解；而当来宾身份很高时，甚至可以由本单位负责人亲自讲解。笔者给很多单位展厅、展馆接待人员培训、讲解过接待礼仪——他们专门负责讲解工作，既能讲解专业，又可接待到位。

考察（视察）调研、参观前，应提前将大致概况告知来宾：项目情况和大致内容、活动流程、所需时间、特别注意事项、陪同人员、讲解人员等。

陪同考察（视察）调研或参观过程中，行进速度应照顾来宾的速度，并随时注意关照来宾。讲解介绍中，应有相应的致意和语言来开场和收尾。讲解开始时，注意把来宾引领到一定方位，讲解人员面向来宾并保持适当距离，既方便大家看现场呈列、内容，又方便自己讲解介绍。场景转换、多人接力讲解应有提示语、前后承接语；而在特殊场景如有楼梯、台阶、地滑、地不平或头顶上方有障碍物等情况时，应做到随时提示。语言和表情方面，务必注意语速和适当的停顿，语音语调注意抑扬顿挫，根据内容应有表情上的变化、眼神上的交流，尽量做到语言、语气、表情、仪态的干练利落，不做作。

面对来宾提出的问题，在不涉密的情况下，讲解人员应面向来宾礼貌、准确、简要地回答。

站位与座次

考察（视察）、调研或参观时的站位（座次）安排既是工作要求，又是礼仪要求。一般应从三个方面考虑：一是主要领导应始终居于中心位置或最佳位置；二是陪同的一号、二号领导分别位于主要领导左手位和右手位；三是突出考察调研对象（突出地陪、突出基层）。在这个基础上，站位与座次的问题涉及以下三种情况。

第一种情况是行进位置。行进中主要领导居中，地陪领导分居左右。如有人讲解介绍时，则讲解介绍人员在前，边走边介绍，地陪领导稍后。如是主要领导和陪同人员并行，主要领导居右侧，陪同人员居左侧。

第二种情况是现场站位。这时主要领导应居中、居前。其他人员的站位有两种情况，其一是参加人员都是考察（视察）调研与参观成员时，站位按职务高低，分别站在主要领导的左手位和右手位，并稍后于（约一步远）主要领导，以突出前者。其他人员根据工作需要分别居于其后或边位。其二是参加人员除考察（视察）调研与参观成员外，还有地陪人员，这种情况的站位应根据工作需要而定。通常是主要角色在前（如听地陪领导汇报、听讲解介绍、与基层一线人员交谈），次要角色稍后，其他陪同人员再往后或站在边位。站位时，主要领导靠前，地陪领导位居其左右两侧，以便随时回答主要领导的询问。另外是按“主左客右”进行行走或站位，主要用于党政机关各类代表团相互间学习、考察、参观时的礼宾站位。东道主主要领导居左、客方主要领导居右，并在位置上适当靠前。其他人员按照职务级别，高者靠前、靠中，低者靠右、靠边。

第三种情况是考察（视察）、调研或参观期间座谈会的座次。这时又分两种情况，其一是上下级领导工作性质的座谈，其席位按上下级关系安排，即上级领导位于面门一侧（或背靠主席台），下级负责人位于背门一侧（或面向主席台）。座位按居中为上、先左后右排列（这种安排也可用于工作汇报）。其二是亲民式的座谈交流，形式相对灵活。座次安排时突出一线人员，重在深入群众，使基层群众能更近距离地和领导交流。这种情况下主要领导居中，主要领导左右两边安排一线人员，地陪主要领导左右各一位。其他一线人员按顺序依次就座。有关领导的座位可以安排在边位的旁听席上。

接待道别与送行

我们说，政务接待应有始有终，切忌虎头蛇尾。那么，最后的道别或送行，怎样做才更得体呢？

日常接待道别

政务接待中，除非有十万火急的事必须马上亲自处理，否则不宜主动结束或暗示结束接待——端茶送客无疑是极其失礼、失态的行为。

当客人起身告辞时，作为主人应婉言挽留至少不要立即起身。不要客人刚说要走，主人马上站起来相送，或者起身来挽留，这都有下逐客令的嫌疑。应等客人起身后，主人再起身相送。

即使是日常接待普通客人，出于礼貌也应送到门口，并站在门口，等客人身影即将消失时再返回。不要当客人走了两步想回头再次致意时，发现连主人后脑勺都看不到了，这样很难让人相信主人刚才接待的诚意。把客人送到门口时，返回房间后关门一定要轻，那种在客人刚出门就听到身后“砰”的一声响，让人听起来难免心寒，感觉好不容易才盼走似的。

对于重要客人或年长客人，应送得稍远一点，可以送到电梯口、楼梯口或大门口。送到电梯口时，替客人按下电梯，等客人进电梯、关上电梯门后再离开。送到大门口时，等客人身影行将消失再转身离开。

对于非常重要的客人，可以送到交通工具旁。开车来的，送到车边，等车开出一截路后再转身离开。打出租车来的，可以帮助叫好出租车（当然，现在可以用手机 App 软件叫车，省事、快捷）。这时可以挥手道别，等车开出一截后再返回。

送别时的握手表示“就此别过”“就此留步”的意思。所以这种场景下拥有握手主动权的是客人。客人没有主动伸手，主人不宜先伸手，否则就有催促客人赶紧离开的意思。

重要接待送行

对于重要的远客，一般应送行，且事先做好安排。出于礼貌，直接询问来宾尤其主宾离开的时间是失礼的。可以根据其访问日程的安排，再通过对方有关人员进行确认。在这之前，要着力安排好回程的交通问题：协助订飞机票、火车票或安排好送行车辆等。

送别的仪式要安排在来宾去机场或火车站之前，并留出一定时间，一般送别要和来宾约好，可以事先打好招呼，如“明天早上 8 点，我们领导要来为你们送行”。

送别仪式也可以和告别宴一起举行。

送客的主要人员应当是主人一方接待时的主要领导，以示对来宾的重视。

送行来宾的人员，一般由主要领导带领负责接待的其他人员共同组成。

送客的时间一定要严格掌握。送行人员到达的时间要恰当，要给来宾留出打点行装、办理酒店退房的时间。来得太早，不但会影响来宾收拾行李，而且有催来宾走的嫌疑；来得太晚，可能造成赶飞机或火车时间的仓促，让来宾着急。

送别仪式，简单的也要双方握手，表达几天以来结下的友情，希望下次在适当的时机再来。这时已经没有迎接时的陌生，主人一方可以谦虚地说："招待不周，请多原谅。"主方可以说"祝您旅途愉快""一路平安"等，乘飞机则不宜说"一路顺风"。

而来宾一方要表示真诚的谢意："这么多天，感谢你们周到的安排。给你们添麻烦了！"

送到机场、火车站的，如条件允许，最好等对方安检之后再离开。即使机场或火车站不好停车或接下来还有其他事需要马上赶回，也应提前告知客人，恳请其理解，并将车辆停在客人方便下车且方便进入候机楼或候车室的位置。

公共交通礼仪

有修养、有风度的公务人员，即使在公共交通工具上也应始终如一地约束行为举止，注意自己的形象。

乘电梯礼仪

公共场合乘电梯先下后上是必需的。和年长者、领导、客人同乘电梯时，如果无人驾驶电梯，讲究先进后出。自己先进，以方便控制电梯，进去之后，按住开门按钮，等年长者、领导、客人进入后先按楼层按钮，再按关门按钮；出去的时候按住开门按钮，请长者、领导、客人先出。如果有人驾驶电梯，要“后进后出”。同行时，主人要为客人开电梯，下属应为上级开电梯。

不要站在电梯口挡住别人进出，也要避免与他人面对面站立，尤其是异性。在电梯拥挤时，一旦电梯门开启，站在最外面的未到楼层者应主动让开，以方便里面的人出来。

当电梯人数超载，自己又是最后进的人时，应主动下来。当有人驾驶电梯时，应主动告知目的楼层；乘坐自动电梯，拥挤且离电梯按钮较远时，应礼貌请人代按楼层按钮。快到目的楼层时，提前站在电梯门旁，不应等电梯门打开时再匆匆忙忙往外挤。

乘坐自动扶梯时，则应遵循“右侧站立，左侧急行”的原则。

坐小轿车礼仪

工作中当和客人、女士、长者同乘车时，应协助他们上下车，并为其开车门。等客人坐好后关上门，主人再从后左侧门上车。

尽可能地少和司机说话，以保证司机能够集中精力开车。

乘车时，很多人只注意到了车内的卫生，而把吃完饭的餐盒、饮料瓶统统直接往车外扔，这种行为不道德，也会给后面的车辆带来安全隐患。

上车时最忌讳头先钻进去，给人一种“狼狈逃窜”的感觉；下车时也忌讳先伸出头。下车前应注意观察后方是否有车辆驶来，确保安全再开门，避免“开门杀”。

乘火车礼仪

高铁的普及，给公务人员的交通出行带来极大便利。

有序进入车厢找到自己的座位并放好行李。较大行李放在行李架上或车厢两头放行李箱的位置处，不应放在过道妨碍他人。

坐下时可以向旁边的乘客点头示意。如果对方没有想和你聊天的意思，不要再去打扰。

在座位上不要把脚放到对面座位靠背上，即使对面座位没有人，也要考虑你的脚味是否会影响他人。

可调节的座椅，想调节座椅时，应先和后面的人打招呼，并尽量不要调得太低，以免影响后座乘客。

有吸烟习惯的人，到列车的吸烟区或两节车厢间的过道处吸烟。对于全面禁烟的火车，只能忍耐。

上下卧铺的时候，尽可能轻一点，不要影响他人休息。

播放音乐、电影，特别是休息时间播放时，应该戴上耳机。

餐车座位有限，为方便其他人就餐，应尽可能节省用餐时间，用餐完毕即刻离开。

不随地吐痰，果皮纸屑、废弃物品统一放进垃圾袋。

对于列车员查票、核对座位、重新摆放行李等要求，必须无条件服从、配合。

如购买的是无座票，可以找空座先坐下，一旦有人凭票“认座”，应无条件离开。在自媒体如此普及的今天，任何无礼的行为，都有可能让你成为尴尬的“网红”，尤其身为公务人员。

乘坐飞机礼仪

带齐证件，保证充足的时间到机场办理登机手续。如有液体物品或要办托运，到机场还应再提前一点。而乘国际航班还需再提前一些时间到机场，因为还有过海关的时间。

现在可以通过手机 App 软件提前办理值机选座，又方便了很多。登机后，要把随身携带的手提箱、衣物等整齐、安全地放进上方的行李舱中。起飞前空乘人员检查行李是否放好时，应积极配合。在座位上坐好后，系好安全带，等待起飞。可以向身边乘客点头示意，感觉对方没有想和你聊天的意思，点头示意之后就不要再打扰对方了。不想被打扰时，可以说："对不起，我想休息一下。"

在飞机上要服从空乘人员的安排和指挥，不能无理取闹，更不应提出不合理要求。包括及时关闭手机网络。

机舱内通风不好，所以不要在登机前过多使用香水。

不要把乘务人员当成私人保姆，也不要故意刁难。如果有意见，可以向航空公司有关部门投诉，不要在飞机上与乘务人员大吵大闹，不仅影响自身形象，更影响旅行安全。

飞机上两排座椅之间的距离通常比较短，如果想把座椅靠背向后放下，应先和后面的人打声招呼，看后面的人是否方便。进餐时要将座椅靠背调直。

保持卫生间清洁。占用卫生间的时间不要过长，不要在卫生间内没完没了地梳妆。

在飞机没有完全停稳前不要快速站起，这样很不安全，等信号灯熄灭后再解开安全带。

不管是电梯里，还是火车车厢或飞机上，都应自觉控制音量，包括说话声、电话声、视频或语音播放声等。公共场所考虑他人感受是尊重他人，更是尊重自己。

政务沟通礼仪

来自2014年3月31日《人民日报》的消息。某省一位厅长下基层，问了群众“家里几口人”“收入怎么样”“有没有什么困难”等几个简单问题后，就不知如何继续交流下去。对诸如此类不会说话的干部，群众的批评入木三分：与新社会群体说话，说不上去；与青年学生说话，说不进去；与困难群众说话，说不下去；与老同志说话，给顶了回去。

可以说，不会说话，从一个侧面折射出一些公务人员的能力不足。这里的“说话”，不是指套话、官话。

有些公务人员工作中动力不足，但热衷于讲套话、官话，就是缺少实际的话。当中央要求转变工作作风并严厉监督时，某些公务人员就变得很不适应。当需要和群众真正地沟通时，交流不畅、出现尴尬在所难免。

俗话说“三寸不烂之舌，可敌百万雄师”。有时我们虽巧舌如簧，也难做到“敌百万雄师”。但可以通过熟悉沟通规律，掌握沟通技巧，使我们的政务工作更加从容、自在、高效。

注意因人而异

选择怎样的话题，是事关双方能否良好交谈的重要前提。言为心声，语为人镜，政务交往中，根据不同交往对象，选择合适的话题才是有效的沟通方式。

需要特别注意的是，政务沟通应因人而异，所谓“到什么山唱什么歌、见什么人说什么话”。不同的人有不同的成长环境、身份立场、教育背景、性格喜好，以及对本次沟通的不同期待。沟通因人而异无疑会有更好的效果，而不是和所有人的沟通都死守固定套路。

这就需要对对方进行提前了解或根据见面后的现场判断并不断调整。当对方是个特别严谨的人时，沟通就应少一些“或许”“大概”这样的话；对方是繁忙的领导，就少在细枝末节上转悠，对方兴趣点不在这儿；对方问了问题，那么沟通应围绕其所问问题展开，而不是说了半天就是没说对方关心的结果；脾气暴躁的人，往往直来直去，或许语气让人不舒服，但并不表示对方真的不礼貌，围绕对方的关注点沟通，不啰嗦，同时避免模棱两可的话，多一点耐心；与话少的人沟通，语速不要快，过程中注意停顿，多一点微笑眼神关注对方，且多以请教的方式“您觉得怎么样”“对吧”等，以引导对方参与；对待年长者，不仅需要一点耐心，说得慢一点，还应把沟通尽可能简单化、口语化，尽量不说书面语、术语名词。只有因人而异的沟通，才能达到高效沟通的目的。

小赵来街道办事处的第一天，被安排去搞人口普查。让一个大学生做这种没有技术含量的工作！小赵不情愿地拿着人口登记表和街道李大妈出发了。

第一户是位没有文化的老太太。小赵拿着表格问：“您有配偶吗？”老太太愣了半天，才奇怪地问：不是人口普查吗？没说要搭配藕呀。小赵重复说：“不是配藕，是配偶。”

“是呀，你事前没说呀！”“是配偶，您怎么听不懂啊！”小赵这回有点儿急了。

李大妈在旁边赶紧解释说："就是说，您有老伴吗？"

老太太赶紧说"哦，有。这个小伙子怎么把老伴和藕扯上关系！"

只有因人而异的、和谐的沟通，才能达到沟通的目的。

注意沟通场景

会场上。当然只说和会议主题相关的内容，要求精练，即使适当引申，也必须注意控制时间，引申只为说明主题。同时会场上不应直接粗暴地否定他人意见，即使认为对方的观点不合理，也应保持基本礼貌，对事不对人，至少先在一定程度上肯定再间接且语气礼貌地否定。

汇报工作时。事先做好事项梳理，根据汇报主题有条理地分列开；对于还不清楚的就提前做好调研，不能把问题简单地踢给领导。汇报时做到简明扼要，细枝末节没必要在汇报中主动提。而当领导正忙时，即使让你汇报，也应做到提纲挈领式地汇报各项重点。汇报中，报喜的同时也不避忧。

有第三方在场时。这时同事间必须注意相互圆场，不可以相互说气话、带刺话而产生难堪。同事明显有情绪时，和他们说话就应注意语气，无关紧要的事情可以先不沟通。即使对方和我们说话带有情绪，这时也没必要针锋相对，而要以大局为重。

沟通发生冷场时。这时要避免的是不能长时间的沉默。可以提议先休息一会儿再继续；或者开个适当的玩笑，让大家放松心情，也就能继续开始了；或者建议继续后面的话题，等大家都放松时再转回这个话题；也可以借用寒暄的内容和方式，聊一会儿其他内容，如“大家休息一会儿再聊吧”。

沟通遭到误解时。这些情况都是经常遇到的，谁都不是圣人，不可能对每一次沟通的内容都能及时了解，或许是主观原因，或许是客观原因，或许是对方有其他目的而故意为之。作为主动沟通者，实在没有必要报之以“摔门”“甩脸”，而是需要理性、礼貌地对待，表现出专业和素养即可。

注意语言技巧

政务沟通不是学术交流或工作报告，当然要注意语言技巧。

知道对方的姓氏、职务，沟通中要随时运用，不时地以此来称呼。这既是表达一种尊重，又在潜意识里使对方集中注意力。

注意措辞委婉、贴切、得体，尽可能把“硬邦邦”、不中听的话，说得委婉得体、中听。比如，在建议、要求或者有求于人时，应该多用祈使的语气，让对方从情感上、心理上觉得他是重要的、占主动地位的，“明天下午材料发给你”和“材料我们最迟明天下午就发给您，好吗？”这两句话虽然基本意思一样，但从感情色彩、心理接受度上看完全不同。

注意措辞、语气，学会换位思考，避免说容易让人误解的话。所谓“话里有话，弦外有音”，造成他人的误读，可能是措辞不当，说了不该说的；可能是举例不当，论证有明显漏洞；甚至是语气和语调不当，同样能有截然不同的意思。

某演员获得第十届首尔电视节亚洲之星演员奖，其在发表获奖感言时说：“作为一个中国内地的演员，我觉得文化的交流比奖项更为重要，有一句古话，‘师夷长技以制夷’，我希望中国的电视剧文化能够引领亚洲。”一句“师夷长技以制夷”引发争议。大多数网友认为去别人地盘说“制夷”很不合适，显得“没文化”“不礼貌”。

注意积极倾听

倾听是政务沟通中最强有力的一环。善于说是一种天性，而认真倾听是一种修养和沟通策略。如何让倾听达到最佳的效果呢？

摒弃不良习惯。听得越多，才能越懂得他人想要表达的内容，才能理解得越清楚、越深刻。在这一过程中必须保持灵敏、主动，克服不良的倾听习惯。比如，只听你希望听到的、自己感兴趣的内容，这时的表情仪态都很积极；而对不感兴趣的内容，明显表现出思想分神、两眼发呆、困倦；等等。

专注。专注的神情是认真倾听的基本表现。谈话的时候多和对方目光交流，还可以运用点头、微笑及其他身体语言，并发出“是”“对”“哦”等应答，让对方体会到你的专注。甚至表达出同理心，比如说到难处，可以说“是啊”“可以理解”“的确不容易”等。沟通时如果不专注，在举止、仪态、眼神上很快就会流露出来，表现得东张西望、心神不宁，身体动作频频，从而让人失去与你继续沟通的兴趣。

耐心。对方长时间发言、不认同对方观点、对话题不感兴趣、语言缺乏感情或者因有听不太懂的口音而不由自主产生情绪，这时要学会控制自己的情绪，不要使之表露出来，耐心听对方把话讲完，这是对发言者起码的尊重。特别是对方在表达意见的时候，不管这个意见对你来说有没有用、意见本身对或不对，都应表现出耐心的样子听完。优秀的倾听者一定是能控制自己情绪的人。

为使信息接收得更准确，对一些重要意见以自己的语言简练地向对方重复一下，以得到认可，比如“如果我没听错，您的意思是说……”“我理解你的意思是……”如果正是对方的意图，便会得到首肯。如果不符，对方会给你解释。这样也给对方留下了严谨、认真的好印象。

避免沟通禁忌

哪些是公务人员在沟通时应避免的呢？

高高在上。不管你级别、职务有多高，政务往来尤其在和人民群众打交道时必须放下身段，以平等的姿态交往，绝不能盛气凌人、高高在上，这些都有损本单位及政府形象。

嘲弄对方。即使沟通对象说话时出现了不妥、失误或者尴尬的场景，也不应有嘲笑的语言、动作，在人多的场合尤其不能这样，否则会伤害对方自尊。

以训斥的口吻反驳对方。每个人的立场不尽相同，对事物自然就有不同的见解，所以对方说的话不一定都对或都客观。公务人员在政务交往中可以提出不同意见，但不能因此以训斥的口吻反驳。否则，即使我们正当在先，也会给人留下“蛮不讲理”的印象。

谈对方不懂的话题。政务往来中，说的话题如果对方听不懂，沟通的意义就大大减弱了。要么是话题选择有问题，要么就是表达上有问题。尤其面对人民群众，这样的沟通方式，只能说明你对这次的沟通不用心、不耐烦。即使是这次政务交谈的内容有些专业，但也应尽可能浅显、简洁地说明，还可以用打比方的方式作形象生动的解释。

小道消息。政务交往中，他人的私生活、没有正式披露的消息，都不应主观臆断，妄下结论，当作政务往来的谈资。这样的“多嘴婆”，是公认的不严谨、喜欢没事找事型的人，而且和严谨的政务形象不符。

轻易下断言。如果双方交谈的问题较为复杂，往往各自都会有一定的想法。这时候要把对方的话听完，听一听对方对所谈问题的意见后再说，不要只听开头，就以自己的思路、见解轻下断言。等对方把话讲完，这既是基本礼貌，也是为了全面了解对方的真实意图。要知道，世事变化无常，事事错综复杂，甚至看到的也不一定是真实的。

失礼的话。“良言一句三冬暖，恶语伤人六月寒。”政务交往中避免说气话、过激话、影射的话甚至脏话，以及推脱的话。比如，面对对方的提问，不能出现“这个我哪知道”“那件事不归我管”“抓紧时间”“胡说”等用语。对方说错话时，直接说“你错了”，也显得唐突、失礼。即使说者无心，但往往听者有意，从而造成隔阂。

来自2019年9月6日观察者网的消息。某网络平台上出现一段短视频，画面中身穿“××运政”的男子转过身说：“骂你要搞哪样！”画外音：“你是哪个？”身穿“××运政”的男子回答：“我是你家爹……”这段短视频一经发布便被大量转发。

经初步调查，当时身穿“××运政”的男子正在该市某地打击黑车非法营运时与一名骑着电瓶车路过执法现场的男子起争执，其中一名现场协勤人员没控制住自己的情绪，用非常不理智的态度回应。现在智能手机普及，对于影响政务形象的沟通或行为，很容易就被他人拍下并发到网络上，从而给单位造成不良影响。所以我们在政务交往中务必控制情绪，杜绝失礼、冲动地说有损政务形象的话。

谈论不宜话题。常见的有非议他人的话题。吹灭别人的灯，并不会让自己更加光明；阻挡别人的路，也不会让自己行得更远。非议他人，不一定表明你有多高明，相反，可能带来对方的敏感、反感。另外，个人隐私、非议国家的话题、社会敏感话题及低俗的话题，都是不宜的话题，公务人员也应注意。

插嘴、抬杠。这两种方式，不管哪一种，都会让人反感、讨厌。或许本意是急着说明所谓真相，但这种不礼貌的方式，让人反感到不会有兴趣再听你的其他内容。

不良仪态。在政务交往中，很多仪态会给沟通对象留下不好印象，比如，用食指指指点点、抖腿，边沟通边手里摆弄东西、挖鼻孔或耳朵、打哈欠、伸懒腰、倚靠而站、坐时躺靠在椅子里、对方说话时自己在看手机，等等。

政务礼品礼仪

六项禁令规定，各地各部门各单位一律不准以任何理由和形式向上级部门赠送土特产，包括各种提货券。各级党政干部不得以任何理由，包括下基层调研等收受下属单位赠送的土特产和提货券。各级党政机关要严格纪律要求，加强管理，杜绝在机关收受和分发土特产的情况。严禁违反规定收送礼品、礼金、有价证券、支付凭证和商业预付卡。各级领导干部一定要严格把关，严于律己，要坚决拒收可能影响公正执行公务的礼品、礼金、有价证券、支付凭证和商业预付卡，严禁利用婚丧嫁娶等事宜借机敛财。

政务往来不同于普通人情往来或商务往来，特别是对于礼品问题更敏感。俗话说“自重者人重，自律者人敬”，作为公务人员如何处理礼品，绝不是简单的问题。

礼品选择

礼品选择的第一要素是礼品的赠送对象，礼品的价值应和赠送对象的身份相称，这主要是从价值上考虑的，给尊贵来宾的礼物显然不应和给一般来宾的礼物价值相同。把礼物与赠送对象的身份相背离，是不礼貌的。

同时，政务往来必须控制礼品的价值，不能超过国家及本地区、本系统的具体规定。礼品超过一定的价值界限，就会失去礼品的固有性质，形成礼品的严重异化。

尤其是在外事活动中，礼品选择更应慎重，除了要考虑符合规定，还要考虑对方的宗教信仰和习俗问题，比如手帕和刀具，很多国家或地区不宜赠送，即使这是本地区特产。又如熊猫玩偶或熊猫形象制品，在绝大多数国家或地区大受欢迎，但仍有一些地区因信仰原因，将其视为禁忌。

礼品的使用价值最好能和赠送对象的需要一致。这一点，送礼者要格外注意。给病人送礼，是希望他早日康复，只能有针对性地送适合他使用的食品或物品，而不宜送其他东西。送礼没有针对性、盲目送礼是没礼貌的行为；而有些不合时宜、与民风民俗相悖的礼品会招来反感。

送礼要考虑当地的生活习惯和风俗，要“从俗”。比如，很多地方不能给病人送梨，因为“梨”与“离”发音一致，病人忌讳“离去”。不能给老人送钟表，因为“送钟”和“送终”同音。

选购礼品时，破损、沾污了的商品不能当成礼品，仿品、次品也不能当成礼品。礼品要经过认真包装，这当然也是礼貌的问题。

送礼时机

不讲究时机的送礼会让对方莫名其妙、心生疑虑，反而使双方关系尴尬起来。

节假日，是比较喜庆的日子，大家都放假，相互拜望是十分正常的。在看望时顺便带上不违规的礼物也在情理之中。即使平时不大来往的朋友，互相送一点小礼品也很正常。中国人有过春节的传统习俗，春节期间送些实用的、不贵且符合规定的礼品，也是正常的。但绝不能借机变相收贿、受贿。

有重大的喜庆之事或举行庆祝活动，亲朋好友受邀参加时，带上礼品是礼貌的表现。比如，对方过生日、庆祝结婚纪念日或者得到升迁、搬入新居等，可以以亲朋好友的身份去参加。带吃的、用的或符合规定的少量礼金都可以。但有些地区对公务人员参加婚丧嫁娶有严格规定，这一点公务人员务必注意。

遇到丧事，亲戚朋友或同事可以送礼。这时的礼品，要经过严格选择，一些喜庆的、具有纪念意义的东西切忌赠送，要选一些适合办丧事的礼品。礼品的形式因送礼人的身份及当地的习俗不同而不同，也可以送上少量的慰问金。单位可以由领导出面送上一些政策允许的补助金。好朋友也可以送一些黑色的绸布做成挽幛。丧事中的礼品是对主方的安慰和劝导，是对死亡之人的怀念，这时的关怀是真诚而珍贵的。

别人遇到病痛或困难，是最需要关怀的时候。看望病人，带些小礼品，水果、鲜花都可以作为探望病人的礼物。这时的礼物表达的是深深的祝愿，祝愿患者恢复健康，解除病痛。突然遇到了困难，也是需要关怀的时候，礼品虽然不一定能从物质上帮助其摆脱困境，但可以送去精神上的安慰，表达对他的关心和鼓励。

公务人员务必谨记这些送礼雷区。比如个人直接向领导送礼。身为领导干部务必尽量少宣传自己的私人婚丧嫁娶事件，以免有动员送礼的嫌疑。尤其在有人要入党、提级、评职称时。还要避免使礼物庸俗化，如有的同事之间本来并不经常来往，但突然有一件事情相求，那么就马上带礼品去拜望，拜望的目的也很明确，就是要求对方在办理那件事时给予帮助，事情办完了，再也不登门。这种送礼当然应免除，其已成了赤裸裸的利益交换。

送收礼举止

不管是送礼，还是收礼，都要表现得落落大方、亲切友好。

赠送他人礼品时，应双脚并拢，身体略向前倾，面带微笑，注视对方，然后用双手捧着礼品送到对方面前。对方接受礼品后要与其热情握手，并致谢。切忌单手递给对方或神情怪异，让对方不敢接受。送礼时注意态度、动作和语言表达。平和友善、落落大方的动作并伴有礼节性的语言表达，才是受礼方乐于接受的。

我们习惯在送礼时谦虚地说“区区薄礼！”“只有一点小意思”或

“很对不起……”对于现在社会，这些说法最好避免，可以说“这是为您准备的一点心意”等。

不能为表示自己的“礼物轻”，就大大咧咧地朝墙角一丢，然后说：“收着吧，这点东西不算什么，反正也是别人送的，我放在那儿也没用，给了你倒挺合适。”要知道这样“自轻自贱”地对待自己礼品的同时，也会伤了对方的自尊心。还有的人在送礼时只怕对方不收，就说：“这些东西都是别人送的，我也不抽烟、不喝酒，就只好送你了，只当你帮我处理。”这话本意可能是怕对方不收而找的“好听”的托词，但让人听了怎么都高兴不起来。

当然，如果在赠送时以一种近乎骄傲的口吻说“这是很贵重的东西！”也不合适，给人一种嘲笑对方没见过世面的感觉。因此在对所赠送的礼品进行介绍时，应该强调的是自己对受赠一方所怀有的好感与情义，而不是强调礼物的实际价值。否则，就落入了重礼而轻义的境地。

送礼应大大方方。既然没超出规定的范围尺度，又不是行贿，为什么要鬼鬼祟祟？有的人送礼不讲场合，在大庭广众之下提着、抱着一大堆东西往领导的办公室里闯，其实也不过是几十元的普通水果，但弄得满城风雨，反而造成不好的影响。

对于有些礼品，送礼人还有必要简略地介绍一下礼品的名称、性质和出产地及用法。比较沉重的礼物要征求对方的意见，以帮助对方把礼品放在合适的位置。

在接受他人赠送礼品时应起身站立，表情自然大方，面带微笑注视对方，然后双手接过礼品，并握手道谢。切忌在对方赠送礼品时不直接接受，而是你推我让、相持不下，以使赠送礼品之人感到为难。

当接受他人赠送的礼品后，当着对方的面打开并进行赞美这种方式，现在也越来越为人们所接受，但不宜当面问其价格，以免让送礼者尴尬。接受礼品后，将礼品放在适宜的位置上，以示重视。

礼品的处理

公务人员在国内因公交往中，不得收受可能影响公正执行公务的礼品馈赠。但在日常的公务往来、接待、参观、访问工作中，难免会收到礼品。特别是在涉外或隆重的政务交往场合、异地政务交往中，礼品互赠已成为一个程序。如何处理这些礼品呢?

按照规定，收到送给集体的物品应当上交，然后根据相关规定进行处理；而送给私人的价值很低的纪念物品，可以归个人所有。

一般来说，下级的礼不能收，所管辖范围内工作人员的礼也不能收，平时经常因公打交道人员的礼也不能收。

怎样拒礼

古语有云“修齐治平”，就是指修身、齐家、治国、平天下。“法乎其上，得乎其中”，志向立得高远，拒绝腐败的能力才可能增强。历史告诉我们，无欲则刚，像胡长清、成克杰等典型的腐败分子，往往就是从某一次没有拒绝送礼开始，演变成以权力为工具，追求享乐、谋取私利，致使国家财产严重损失，造成重大不良影响。

面对送礼人，不受礼受贿是刚性原则，但怎样拒礼是艺术。

当场拒绝。就是直截了当地向赠送者说明你难以接受礼品的原因，并予以拒绝。比如在政务交往中，可以说：“对不起，按照规定，你送我的这件礼品，必须登记上缴。”

当下级或者陌生人来送礼时，完全可以拉下面子，晓之以道义、纪律、法规，当场予以拒绝，态度诚恳，立场鲜明，柔中见刚，使送礼者没有回旋余地。

委婉相拒。也就是用委婉的、不失礼貌的话，向赠送者暗示自己难以接受对方的好意。我们往往会碰到送礼人是亲朋好友的情况。不收，他们会埋怨你不讲情面，甚至可能会结下怨仇；收下，又违反工作纪律和法律，这种“两难”局面在一定程度上不好处理。

宋代有位叫刘温叟的官员，一次家乡亲戚为求其办事送给他一车粮草，他回赠了一件价值高昂的衣服，送礼人感觉十分惭愧，于是就把粮草带回去了。刘温叟的做法，既不得罪送礼人，又让送礼人明白送礼也是白搭，反而要让受礼人多贴出东西。这样送礼的意图就难以实现。

案例示人。送礼人往往无所不用其极，在送礼的方式上具有很大的隐蔽性，总是以亲情、友情、老乡感情等理由进行掩盖，往往令人防不胜防。遇到这种情况，要头脑冷静、态度鲜明地拒绝。对方既然谈感情，那么不妨举一些系统内发生的案例来作为“挡箭牌”，可以说：“最近我们系统发生过这样的案子……他们为此丢了职位，既然你为我好，就应该为我考虑，不要让我为难。”

上交组织。刘少奇同志当年在淮北开展革命斗争时，有一次紧急军事转移，依依不舍的房东大娘趁他不注意，将一些红枣等干果塞进他的行李包中。途中休息时他才发现。当时的形势已不可能退回，于是，他便将东西上交组织。

一代伟人就是如此在细微之处严于自律。当然，房东大娘送干果并不是对刘少奇同志有所图，但他这种做法仍然可资借鉴。对于无法拒收的钱物，将其上交组织，保持自己的“一片冰心在玉壶”，丢掉心理包袱，照样坚持按原则办事。上交组织后，还可以正告行贿人，使其丢掉幻想。

事后退还。有时候，送礼者会把礼品趁你不在的时候送来。遇到这种情况，千万不要拆开包装。应尽快把礼品原封不动地物归原主。如果是快递，可以直接拒签。退还礼品的时间不要拖延过久，最好在24小时之内。

电视剧《狂飙》中，临江省扫黑督导组组长徐忠在京海市的工作即将取得关键突破时，违法分子为了阻挠，设计陷害徐忠，往徐忠家快递了一件十分贵重的礼品。徐忠妻子不明所以，拆开了包装，遂被举报受贿。

政务宴请的组织

宴请活动是机关单位、团体组织出于一定目的安排宴饮聚会，它是政务交往中常见的一种礼仪活动。通过宴请活动，达到讨论问题、酬谢祝贺、联络感情、增进友谊的目的。不管是请还是被请，在各自角色中都有很多事项需要注意。

党的十八大以来，各地认真贯彻落实中央八项规定精神，党员干部作风明显提升。公务人员在宴请吃饭这样的事情上也应警钟长鸣，作风建设永远在路上，永不松懈。

宴请的形式

因工作而举办的宴请活动种类很多，从规格、时间、餐别、目的、形式上划分有不同的宴会。各类宴请形式不同、规格不同，组织要求也就不尽相同。

宴会。正式宴会包括庆贺宴会、欢迎宴会、欢送宴会、答谢宴会、招待宴会等。机关单位组织的正餐宴会，一般是主宾双方致辞、祝酒，演奏或播放席间音乐。对位次、餐具、菜肴、酒水的安排也有一定的规定。

酒会。酒会是不备正餐的宴请形式，又称鸡尾酒会。以酒水为主，备有简单食品、小菜，不设座席，客人可以随意走动。酒会备置多种酒品、饮料，给来宾提前发出的请柬上要注明起讫时间，便于出席者在酒会时间自由入席和退席。

便宴。便宴是一种非正式宴请形式，有时候称为工作餐。宾主可以利用进餐时间边吃边谈。通常是工作会谈期间以快餐、分餐形式进行。也可以安排自助餐的形式。其中的礼仪讲究相对较少。

茶会。茶会是一种简便的招待形式。茶会不上酒品，以茶水或咖啡为主，可以备些点心、小吃。安排主宾和主人坐在一起，其他出席者随意就座。

宴请筹划

想要安排好宴请活动，事先需要认真筹划。

控制经费标准。宴请是政务活动常有的，目的勉强或巧立名目都是不被允许的。注意要符合国家规定、当地规定及参照财政部门规定的伙食标准，不选会所、高档餐饮场所，杜绝超标。要根据具体事件来确定宴会的形式，如欢迎、欢送、答谢、庆贺、招待、交流等。不能随意提升宴会档次、规格，不可以超支或“聪明”地在内部食堂越“雷池”。

确定规格形式。宴请规格和宴请的性质、目的及主宾身份有关，同时考虑经费开支。是正式宴请还是非正式宴请，是用中餐宴请还是用西餐宴请，是用酒会还是用茶会，这要根据宴请缘由、被邀请主宾的职务身份、宴请对象的风俗习惯来确定。

确定时间地点。宴请的时间，要考虑主宾双方特别是来宾，有些要选择有特定意义的时间，如中秋节、国庆、春节等传统重大节日。同时要考虑宴会的性质和形式，正式宴会多在晚上进行，便宴可以安排在其他时间。另外，宴请外宾和有特殊风俗习惯的宾客，还要顾及禁忌的日子。宴请的地点选择要适当，应考虑宴请规格、餐饮特色、环境情调、地理位置、服务水准等因素。正式宴请一般不应安排在来宾入住的酒店里。

确定对象范围。就是确定请谁，人数是多少。既不能遗漏，也不必凑数。要根据宴会规格、性质、主宾身份、习惯做法确定。尽量避免邀请对象中有关系不好、政见不同者。邀请对象范围一经确定，随后发出正式邀请。请柬必须提前发出，不能口头通知或临时通知。一般来说，接待 10 人以内的，陪餐人数不超过 3 人；接待超过 10 人的，不得超过接待对象人数的 1/3。当然，具体接待人数的规定，还要看中央及地方的具体、最新规定。

如何邀请

邀请的方式有很多，简单的有打电话、发电子邮件、发微信等。

高端宴会最好印制请柬或请帖，寄发或者直接送给客人，请柬上注明宴会日期、时间、形式、主题、主（办）人名称、请客地点、服装要求（如果不是高端隆重的宴请，在国内不必特别要求这一项），甚至具体席位等。诚意邀请应给对方充分的准备时间，正式宴会通常在两周至三周，甚至一个月前就应发出邀请；普通宴请也得在一周前通知；对来访者的宴请，双方见面之初就应郑重告知，同时应告知主方主要参加者的姓名及身份。

大型宴会可以以单位名义发出邀请，也可以以个人名义发出邀请。电话邀请应用在熟人之间；发邮件、留便条邀请时，发出邀请后还要和对方电话确认。如发请柬，应在对方收到后再电话邀请；重要身份者可以上门邀请。

无论哪种邀请方式，即使对方已经接受邀请，为表达真诚，减少失误，在宴请的前一两天，还应再度电话确认。

按照我们中国人的习惯，请人吃饭要“三请四邀”才显得有诚意。所以，特别是非请柬邀请，一定要诚恳地多邀请几次，否则很容易被对方认为是走过场、没诚意。

菜单安排

对于大型宴会，确定好来宾及人数时，就该开始安排菜单。高档宴会或者邀请的客人在两桌以上时，菜单应提前定好。菜品的选择应根据宴请的规格及宴请地的特色、本次的主题确定，同时兼顾主宾的年龄、性别、健康、民族禁忌、饮食习惯及口味。隆重的宴会应印制菜单，一桌一份或人手一份。

一般政务宴请且是一桌时，可以在客人到齐后现场点菜。点菜的技巧后面再专门介绍。

礼宾位次

政务宴请是一种正式的活动，礼宾次序显示出待客之道。餐桌座次安排的原则有：

右高左低。当两人一同并排就座的时候，通常以右为上座，以左为次座。

中座为尊。3 人时，居于中座者在位次上要高于在其两侧就餐者。

面门为上。面对正门者为上座，背对正门者为次座。

观景为佳。有的餐厅有优美的景致或高雅的演出，这时应以欣赏角度最佳者为上座。

尊重选择。人数较少且相对随意的场合，客人已经自行坐好，也不愿意换到应坐的座位上，不必为此和客人争执不休。如果客人身份很高，其他人再坐那个位置都不合适，可以把那个位置空出不坐。这样的做法既尊重了客人的意愿，也是对客人的尊重。“尊重选择”笔者认为还包括尊重本地礼宾位次的习俗、惯例，这也是客随主便的体现。

对于大型宴会，或者人数较多的多桌宴会，最好的办法就是提前安排好桌次、位次，并摆好名签；或者在座椅背上贴好名牌纸，以方便客人对号入座；也可以在宴会厅外张贴礼宾序列示意图。

现场安排

正式宴请活动，或者邀请的客人达数桌时，应适当布置现场，包括宴会大厅和休息厅。现场布置宜庄重、大方，适当用鲜花点缀。邀请数桌客人时，现场应准备话筒等音响设备，一般在主桌背后设置立式话筒。要有专门的工作人员负责宴会的各项准备及服务工作，安排好迎宾、接待和引导人员。在较冷的季节，宴会厅外还应专门设置大衣存放间（衣帽间）。

一般的政务宴请，只要不是双方一起去，就应有主方人员提前到达，以便接待、引领、安排。对于住酒店的贵宾，最好能安排人员去酒店接。

宴请进行中，应有主方人员随时和服务方做协调沟通，如加菜、上茶水等。宴请结束，有专人在现场恭送来宾离开。

怎样点菜两相宜

政务宴请不同于商务宴请，国家在经费等方面有更加严格的规定。但作为宴请，应在不违规的情况下，客人吃好喝好的同时，还能让其知道我们所点菜品时倾注的良苦用心和美好寓意。所以，怎样点菜才能做到宾主两相宜呢？

上菜顺序

正式宴会上，中餐完整的上菜顺序是冷盘、热炒、主菜、点心、汤和水果拼盘。

冷盘，通常是四种冷盘组成的大拼盘，有时多达十种。如凉拌海蜇皮、松花蛋等。

有时冷盘之后，接着出四种热炒。常见的是炒虾、炒鸡肉等。不过，热炒经常被省略。

主菜。主菜紧接在热炒之后，又称大件、大菜。主菜的道数通常是四、六、八等偶数，一般是六道至十二道。出菜顺序多以口味清淡和浓腻交互搭配，或干烧、汤类交互配列为原则。

点心，指主菜结束后所供应的甜（咸）点，如馅饼、蛋糕、包子等。

最后通常是汤。前面上的如是咸点心，讲究配咸汤；甜点心，则习惯配甜汤。

以上用毕后，才会上水果拼盘或单人份小果盘。但有的地方考虑营养的问题，把水果拼盘提前到凉菜之前上。

当然，上菜顺序也是相对的。有时根据人数或客人喜好，只点其中几种也可以。

了解忌口

点菜要兼顾来宾特别是主宾的忌口，以免好心办坏事。

注意宗教忌口。像穆斯林不食大肉、自死物、血液和非诵安拉之名而宰杀之物、凶禽猛兽及无鳞之鱼，不喝酒及含酒精的饮料。国内的佛教徒在饮食上禁食荤腥，不仅不吃肉食，也包括葱、蒜、韭等气味刺鼻会污口的食物，当陪同他人礼佛时应同样忌食，以免对佛不敬。道教信众忌食牛肉、龟肉、蛇肉、狗肉。贸然犯忌可能会带来麻烦。

注意地区忌口。不同地区往往有不同的饮食偏好。比如，藏民通常不吃鱼，欧美人士通常不吃宠物、稀有动物、动物内脏（法国人的鹅肝除外）、动物的头部和脚爪等。

个人忌口，没有规律可循，只能通过询问知道。忌口信息可以提前了解，或者现场询问。避免忌口菜是做好宴请的重要细节。

怎样点菜

在现场点菜，待客人到齐后就可以开始。这时先让主宾点，当客人谦让不点时不必勉强。主人点的时候，与其问客人“您吃什么”，不如问“您不吃什么”。前者问了等于没问，基本上只会得到“随便”的答复。按照我们中国人的心理，初次之交，随便就说出饮食爱好显得没出息。而问“请问您有什么忌口”，则可以迅速了解对方的饮食禁忌。

政务宴请中，不管是提前点还是现场点，点菜就是点特色、特产，包括当地时令菜、名菜、饭店招牌菜。另外，应避免点客人所在地的名菜，即使该菜是饭店招牌菜。比如笔者去外地，外地朋友如果用心请客，自然不会再点北京烤鸭了。

现场点菜时，如客人已应邀点了一些菜，主人再点时，应避免点同食材、同口味的菜。

尽可能不点难对付的菜，比如有粉条的菜或许好吃，但一不小心就会吃相不好，也容易让客人尴尬。

菜的数量，宁可多点一道也不能不够吃。一般热菜数量可以控制在就餐人数加 1。当然，可以适当加点冷盘小菜，这样在热菜上桌前台面不空。冷盘是双数，可以点两个或四个。

点菜时，在考虑预算的前提下，一般应选该店 1/3 高档菜，搭配 2/3 中低档菜，并注意选该店特色菜；点选的菜还应注意不同食材、不同烹调法、不同口味、荤素兼具等，做到少而精、风味浓，充分考虑营养及膳食平衡。至于主食点什么，在现场点菜且人数不多时，尽可能征询每位客人的意见。

对有典故、特殊寓意或独特功用的菜，用餐时最好能向客人作重点介绍，而不是一味说“请尝尝、好吃、请多吃”这些平淡寡味的让菜词。经介绍之后，客人品尝到的不仅是美味，还有文化，无形中提高了宴请的品位。介绍的过程，不仅活跃了餐桌的氛围，更足以证明主人的良苦用心和交往诚意。

政务往来中的宴请或参加宴请时，绝不可以点或吃如鱼翅、燕窝等高档菜肴或用野生保护动物制作的菜肴，即使是主办方热情而这样点，公务人员也必须旗帜鲜明地表明态度。

怎样点酒水

很多地方或部门规定，政务接待禁止饮酒（包括私人自带的酒类）。公务人员在组织或参加宴请时，这一点务必要注意。

来自央广网 2023 年 4 月 16 日的消息。一则某县干部在公务接待中提供并饮用 5 瓶共计 100 元白酒被处分的消息引发关注。不少网友在评论区中质疑，认为 20 元一瓶的酒“不值得”处分。而在众多网友评论中，云南省纪委省监委官方号点赞了其中一条网友评论——“公务接待中不能有酒，不是多少价格的问题”。对此，该县纪委监委一名工作人员在采访时也表示，该县是明确公务接待禁止饮酒的。该县纪委监委点评称，上述典型问题反映出在全面从严治党高压态势下，仍有少数党员干部对中央八项规定精神、纪律红线缺乏敬畏、心存侥幸，不收敛不收手、顶风违纪。广大党员干部必须引以为戒，时刻保持自警自律，严守纪律规矩，知敬畏、存戒惧、守底线，始终保持清廉的政治本色。

如果本地接待中允许点一定金额内的酒，或非政务接待中的用酒，那么点酒水、饮料也应征求客人意见。点多种饮料时，对于不含酒精类饮料的点选原则，一般无糖饮料在先、含糖饮料在后，无汽饮料在先、有汽饮料在后。

点酒时，应尊重客人对酒的偏好。按惯例，高端宴请不点啤酒。点酒要考虑和菜的搭配，一般高档菜配高档酒，低档菜配低档酒。为讨彩头，可以把酒与宴席主题相结合，如升迁或合作成功选用“喜临门”“双喜”酒；获得优秀成绩用“状元红”酒；熟人间用竹叶青酒，“一天一杯竹叶青，越活越年轻”；等等。一般来说，中餐宴席选用的酒，最好选定后就“从一而终”，混喝多种酒很容易醉。如果必须喝两种以上的酒，应遵循如下原则：低度酒在先、高度酒在后；清淡酒在先、浓郁酒在后；普通酒在先、名贵酒在后；干味酒在先、甜味酒在后；新酒在先、陈酒在后；有汽酒在先、无汽酒在后。

现在的中餐，也常点葡萄酒。葡萄酒配餐，基本原则是“红酒配红肉（牛肉、羊肉、猪肉等）、白酒配白肉（鸡肉、鸭肉、兔肉、海鲜等）”。

还可以根据酒的口味搭配：口味清淡的酒配口味清淡的菜、口味浓郁的酒配口味浓郁的菜。比如红烧牛肉，就要配味道浓郁的红葡萄酒。喝两种以上的酒，要先喝白葡萄酒再喝红葡萄酒，有甜味的葡萄酒在饭后配甜点时才喝。

川菜适合搭配半甜或清爽口感的白葡萄酒；一定要搭配红酒的话，则要选择较辛辣的葡萄酒品种。北方菜因为使用大量肉类和大麦制品，适合搭配红葡萄酒，特别是烧烤的肉类。沪菜和浙菜的海鲜类菜适合配白葡萄酒，肉类菜搭配法国及意大利的中等浓郁红葡萄酒。而广东菜可以搭配不同的红葡萄酒、白葡萄酒和起泡酒。

和菜肴不同的是，酒不一定非点当地酒，除非当地酒是名酒。当是政务宴请时，则应按规定不点高档酒水。

来自澎湃新闻 2020 年 1 月 13 日的消息。某地纪委监委暗访组调查发现，当地一家国有企业在五星级酒店举办年终述职会，摇身变成奢华晚宴现场。该企业负责人致辞称："我们喝的是高兴的酒、快乐的酒。"宴会全部用茅台，为遮人耳目，提前在有专人值守、外人无法进入的房间内，把茅台酒分装倒入分酒壶。参与者大吃名贵海鲜餐、大喝茅台酒。针对暗访发现的情况，当地纪委监委随后介入调查。

赴宴及餐桌礼仪

来自 2022 年 9 月 7 日中国新闻网的消息。中秋国庆"两节"临近，多地通报了党员干部和公职人员酒驾、醉驾问题典型案例。中央纪委国家监委网站在报道党员干部酒驾问题时提到，党员干部、公职人员酒驾、醉驾的背后，时常隐藏着违规吃喝等"四风"问题。各地纪检监察机关既严查党员干部、公职人员酒驾、醉驾行为，也严治背后的"局"，既查当事人，又查同车、同桌人。

《人民日报》客户端 2023 年 1 月的消息。山东省临沂市郯城县一名男子连续喝了两场酒之后，因饮酒过量乙醇中毒，不幸死亡，6 名共饮的"酒友"被判共同赔偿死者亲属死亡赔偿金等损失 279501 元。"酒友"们不服上诉，近日，临沂市中级人民法院作出二审裁判，驳回上诉，维持原判。

饭局虽小，兹事体大。作为公务人员或领导干部，手里掌握着各种各样的资源，拥有大小不一的公权力，所以不是什么宴都可以“慨然应允”“欣然赴约”的，而是得三思而行。比如，“站台”“背书”的饭局就去不得。天上不会掉馅饼，那样的馅饼往往是陷阱、是坑。

不贪“口福”，才能避免祸从口入，方有幸福。饭不可以不吃，但要吃得干净、吃得心安理得。

习近平总书记曾语重心长地告诫领导干部：“少出去应酬，多回家吃饭。省下点时间，多读点书，多思考点问题。”

政务往来有一定特殊性，公务人员此时代表的已不是个人。所以事关赴宴，绝不是个人情感喜好的问题，而应有其原则性。

慎重赴宴

作为公务人员在外被请吃饭，绝不是普通的人际交往，有些是可能影响公正执行公务的“鸿门宴”。所以，公务人员一定要慎重赴宴。按照有关规定，有些宴请是不能接受的。特别是有直接上下级关系，有审批、评审、考评、招标验收、办案、办理、报到等事务处理时，不能接受吃请。

应邀时要致谢，并将能否出席给予明确答复，不应该含含糊糊“打太极”让主办方为难；对于没法出席宴请的应致歉。适时出席，不能过早或迟到，也不能提早退席。

注意餐桌礼仪

参加宴会要讲究礼仪、按引导入座。可以随意入座的，就不要对座位、桌次挑挑拣拣。

主方应在主宾落座之后再坐。客方如没坐下，主方有主动邀请其入座的责任。

“主不动，客不食”，客人不应主动先动筷。作为主人的一方，客人到齐后，主人一方有尽快“动手”请大家用餐的责任。

在主客或主要领导、年长者动筷后下属、年轻者再动筷。

餐桌中间的转盘一般应顺时针转，新上的菜应先转到主宾面前。

宾主致辞时，其他人应停止进食和交谈。席间交谈，注意不失礼仪，尽可能和同桌的所有人交谈，而不是只和邻座打得火热，无视其他人。

用餐期间胳膊肘不应上桌，也不要趴在桌上。

餐桌上的茶壶，不要把壶嘴朝向他人尤其是客人或领导。

站起来夹菜是不雅观的，放在远处的菜要等转到自己面前时再夹。

每次从盘中夹菜后，先在自己的食碟或者碗中稍作停留再放进嘴里。

有公筷的应用公筷夹菜，再将公筷放回原处。

不管筷子上是否残留着食物，都不要去舔、吸。

谈话时放下筷子，不要拿在手里挥舞，更不能作其他用途，如剔牙、挠痒等。

不要直接把公勺往自己嘴里送。即便是自己的勺子，也不要吮吸、舔食。

食物太烫时，不能用嘴吹凉。

汤盘里的汤再少，也不应该把汤盘端起来喝。

如果盘子或碗里还有点剩余的食物，可以用筷子或勺子来处理。不要直接倒进嘴里。

不吃的残渣、骨、刺不要吐在地上、桌上，而应放在食碟前端，不能直接从嘴里吐在食碟上，可以用筷子或手协助。

取食菜肴时，不要翻来覆去，或在菜盘内挑挑拣拣，甚至夹起来又放回去。

咀嚼食物时不要说话，避免叭叭作响的咀嚼声或吞咽声。

不要只吃一道菜，即使有自己不喜欢的菜也要适当品尝一下，特别是他人点的菜。

餐桌上避免当众不停地大声清嗓子、吐痰、擤鼻涕以及做出抠鼻孔、抓头皮等行为。

忍不住打喷嚏、打嗝、咳嗽时，赶快用餐巾捂住嘴，头转向一边，事后对旁边人说“对不起”。

尽量不在餐桌上剔牙，如实在有必要应稍侧转身且以手或餐巾遮挡。剔牙后的“物产”绝不应“二次回炉”，而是和牙签一起包进纸巾里，也不要把牙签叼在嘴里。

中途需要去洗手间时，不可以直接说“去洗手间”“上厕所”。即使他人问起，也可以简单地说“打个电话”“失陪一下”。

不要在席间随意抽烟。特别是有女士时更不应抽烟，养成公共场所不抽烟的良好习惯，身为领导干部务必做好垂范。

餐桌斟酒、敬酒礼仪

古今中外，宴请几乎离不开酒。要想在餐桌上张弛有度，必须熟悉酒礼，了解斟酒与敬酒的礼仪。

怎样斟酒

宴会上除主人和服务人员外，其他宾客不宜随便给他人斟酒。斟酒者和自己身份差不多或比自己高或者比自己年长很多时，应起身站立表示感谢。

大型宴会由服务人员斟酒。斟酒一般从位高者开始，然后按顺时针方向斟。不需要加酒时，可以把手挡在酒杯上，说声“不用了，谢谢”，一般就不会勉强你。

他人斟酒时，你也可以回敬以“叩指礼”，特别是自己的身份比主人高的时候。即以右手拇指、食指、中指捏在一起，指尖向下，一般轻叩三下桌面表示对斟酒者的感谢。

学员小曹说，听了笔者的课才知道原来“叩指礼”是表示感谢。他一直以为是“再倒点儿，再倒点儿”，以前因此闹过几回笑话：给客人斟酒，人家一直行“叩指礼”，他一直倒，直到“满溢”为止……

酒倒多少合适呢？中式白酒和啤酒可以斟满，以示尊重。红葡萄酒约斟 1/3 杯，白葡萄酒约斟 2/3 杯。

怎样敬酒

敬酒是礼节，也是宴会必不可少的程序。尤其中餐，敬酒往往是重头戏。

何时敬酒呢？敬酒应在特定的、不影响来宾用餐的时间里进行。

敬酒分为正式敬酒和一般性敬酒。正式敬酒，一般在宾主入席后、用餐前就可以敬，一般是主人敬，同时说祝酒词。而一般性敬酒，在正式敬酒之后就可以开始。但要注意是在对方方便时，如他当时没有和别人敬酒，嘴里没有咀嚼食物。而且，如果向同一个人敬酒，应该等身份比自己高的人敬过之后再敬。

敬酒顺序应该怎样呢？一般以职位高低、宾主身份、年龄大小为序。即使分不清职位、身份高低，也要按统一顺序敬酒，如先从自己身边按顺时针方向，或从左到右、从右到左逐位敬酒。

敬酒举止要注意什么呢?

无论是主人还是来宾，在座位上向集体敬酒时，都应首先站起身，面含微笑朝向大家，手拿酒杯。

当有人向集体敬酒、说祝酒词时，应停止用餐或喝酒；提议干杯的时候，所有人都要端起酒杯站起来，互相碰碰杯。按惯例，敬酒不一定要喝干。但即使平时滴酒不沾，这时也要拿起酒杯抿上一点，以示尊重。

除了主人向集体敬酒，主宾或有一定身份的来宾也可以向集体敬酒。来宾的祝酒词可以说得更简短，甚至一两句话也可以，如“各位，为了以后我们的合作愉快，干杯！”

在主人正式敬酒之后，各个来宾和主人之间或者来宾之间互相敬酒，可以说一两句简单的敬酒词。

面对敬酒，手举酒杯到双眼高度，等对方说了祝酒词或“干杯”之后再喝。喝完后，拿酒杯和对方对视一下，这一礼仪过程才结束。

无论是敬的一方还是接受的一方，敬酒时应注意因地制宜、入乡随俗。当客人已明确表达不宜饮酒或酒量欠佳时，应给予充分尊重，不要强人所难。

主人亲自向你敬酒干杯后，要回敬主人，和他再干一杯。回敬的时候，右手拿着杯子，左手托底，和对方同时喝。干杯的时候，可以象征性地轻碰对方酒杯。

出于敬重，或者对方的身份比自己高，自己的酒杯应略低于对方酒杯。当对方也想比你低，但你不希望这样，可以一手轻托对方杯底，一手端杯来敬，快速完成这个过程。当下属向领导敬酒，领导的酒杯就没必要放太低，不然会让下属很为难。若和对方相距较远，可以用杯底轻碰桌面以示碰杯，称为“过电”“上网”。

因公往来的宴请，敬酒可以多人敬一人，如不是领导身份则不宜一人敬多人。

酒力不济，怎么办呢？酒力不济，一开始就应诚恳说明，为接下来的少喝做铺垫。不能在“豪爽”地干过几杯之后才说酒量不行，给人不真诚的感觉。少喝酒可参考的理由有准备要小孩（适用于已婚、无小孩者，或要二胎、三胎者）、正在吃药、白天吃了头孢、开车、酒精过敏、妻子和孩子讨厌自己喝酒、医生下了禁酒令等。

酒是双性的，水的形状、火的性格。有节制能交流感情，无节制易伤身误事。喝酒宜量力而行，喝好而非喝倒。所以，表达热情不应灌酒，灌酒是失礼、失态的行为。动不动就借“给面子”“这儿的风俗”为由来刁难、强行让不胜酒力的人喝酒，那是陋习。

餐桌话题宜与忌

钱锺书先生在其《吃饭》一文中说：“吃饭有时候很像结婚，名义上最主要的东西，其实往往是附属品。”也就是说，有时候吃饭讲究的其实不只是吃饭本身，更重要的是情感交流。政务宴请当然也是如此。

餐桌上只有合适的话题，才能为餐桌交往起到更好的加分作用。俗话说“酒逢知己千杯少，话不投机半句多”。聊什么才恰当、适宜呢?

恰当的话题

无论是组织还是参加宴会，都应提前对参加宴会者的情况作一些了解，这样可以事先准备一些合适的话题，餐桌上就不愁没话说了。

尽量多谈论大部分人能够参与的话题，因为个人的兴趣爱好、知识面不同，所以话题尽量不宜太偏、太专业，这样其他人才有参与的积极性。

话题应首选轻松的、“万金油”式话题，比如天气情况、旅游观光、风土人情、养生保健、运动健身、文艺演出、流行时尚、文学、艺术、历史、经济形势等。这一主题的前提最忌讳不懂装懂，贻笑大方。对于专业性较强的内容，向在座中懂行者请教然后倾听也是很好的方式。

可以选择和工作专业相关的话题，如向对方请教他们行业的情况；或者如果对方有兴趣，向对方介绍自己本行业的情况。

时事新闻。时事新闻是大家关注的，这样的话题容易参与，但切忌加入过多个人感情。

谈论共同感兴趣的话题。比如，都爱好美食，就谈论美食；都喜欢运动健身，聊运动健身不愁不会拉近关系；如果都在投资股票、基金，谈论这些是非常好的选择。

谈论故乡。在中国人看来，稍加熟悉之后，询问对方是哪里人并不认为不礼貌。同时，知道对方是哪里人之后，谈论对方的故乡，比如故乡的名人、名景、名吃，是对方非常乐意听到的，也愿意谈论的，其他人同样有兴趣洗耳恭听。

共同的经历。如果毕业于同一所学校，或者在同一个地方生活过，谈论这样的话题不愁没有话说，同时能大大拉近彼此的距离。如果共同在一个地方或同一位领导下面工作过，这也是很好的拉近关系的话题。

也可以根据年龄选话题。青年人血气方刚，一般说话少有顾忌，夸夸其谈，但见解不一定正确；中年人社会阅历较多、心理压力较大，内心世界要复杂得多，一般讲话比较谨慎，在话题的选择上也更实用些，如了解社会治安状况、时事动态等；老年人阅历丰富，见多识广，但一般沉默寡言，很少流露，只有在激活对方的兴奋点（如“想当年”的话题）时，才会海阔天空、滔滔不绝。

不宜的话题

“酒逢知己千杯少，话不投机半句多。”酒桌上哪些话题不宜选择呢？

政治等敏感话题，以及有可能引发争议的话题。某知名主持人前几年因在餐桌上调侃政治话题被人发到网上，引起轩然大波，从而受到处分。

男女共处时，说黄色笑话，或者说长道短，讲八卦流言。

议论第三方，特别是第三方的负面“新闻”。

讲有关疾病、不卫生、污染等可能影响食欲的话题。

议论他人的不幸遭遇，而且没有任何同情。

个人的婚姻、收入及女士年龄等隐私问题，不是关系泛泛者能谈论的。

注意事项

即使参加宴请的主方之间有人许久没见，借此宴请相聚，兴奋聊天的同时也必须照顾到客人，宴请中一切都应以客人为主。

政务宴请中，如客人是外地人，那么主方和客人或者主方人员之间在餐桌上聊天时，应避免使用方言。

咽下食物再说话，不要一边咀嚼一边说。看到他人正在进食应等一等，先别和他讲话。

餐桌上的谈话，可以适当诙谐幽默，这样不仅能调节气氛，更能给他人留下深刻印象，无形中对你产生好感。

说话应注意控制音量，不要大声喧哗、隔桌叫喊。

应和餐桌上尽可能多的人特别是左右邻座交谈、做眼神交流，避免只和个别人耳语，否则会给他人被排斥感。

交谈高兴之余，笑闹有节制，不能拍桌子敲碗。

餐桌上的交谈，不宜录音、录像或记录。如有必要，应先获得对方的首肯。

内部餐厅用餐礼仪

大部分公务人员午餐在本单位的内部餐厅解决。虽说用餐的都是“自己人”，但如果吃相“原形毕露”，甚至影响其他人胃口，就是你的不对了。

遵守秩序

在规定的时间段内到餐厅用餐。

如果不同部门或岗位有相应用餐区域的，也应遵守，而不是找理由随心所欲，做规矩的破坏者。

饭前洗手，饭后漱口。如果饭后从你的嘴里蹦出什么或牙上还残留着什么，就是你的不是了。

遵守秩序是基本的修养要求。一个有着良好素养的人，即使在职工餐厅这样的内部场所，仍会以得体举止展现在他人面前。

有秩序地进出餐厅，不要冲、跑、挤。大家都有秩序，反而可以提高进出的效率。

排队购买饭菜。插队行为不应该发生在训练有素的公务人员身上。即使有领导或者女同事，也不必非要请他们先购买。点头致意、快速处理是你最好的配合方式。

座位以先来后到为使用顺序。想坐他人边上或对面的空桌，应询问确认之后再坐。和同事、领导、熟人一起吃饭，自己先吃完时，礼貌地说声“请慢用”再起身离开。离开座位时，清理桌上的食物残渣，并把座椅归回原位（如是可移动座椅）。

用餐完毕将餐具放到指定位置。爱惜食物，不随便剩饭剩菜，践行“光盘行动”从你我做起。有无法吃完的饭菜，倒进指定的地方，不能为图省事而不负责任地乱倒。倒时要轻，避免溅到桶外或者他人身上。

餐厅座位有限，不要在餐厅里没完没了地家长里短，用餐结束就应尽快离开，给其他人空出地方就餐。

行为禁忌

餐厅是用餐的地方，必须注意个人卫生，不应有随地扔纸屑、吸烟等不当行为，需要清嗓子或者有吐痰、擤鼻涕等动作时，应该去卫生间，而不是在用餐场所当众解决。特别是吸烟问题，身为领导干部必须率先垂范，在餐厅这样的室内公共场所带头禁烟，而不是让大家为难。

工作时间的中午，一般严禁饮酒，即使好这一口，也应严格遵守规定。

来自澎湃新闻网2017年11月7日的消息。某地法院的法庭副庭长，明知公职人员工作期间严禁饮酒，中午应同学邀请后仍然外出一起饮酒，导致下午开庭不能正常进行，宣布休庭后趴在审判席上休息。严重损害了法官形象，在社会上造成恶劣影响。经曝光后，按规定对其进行免职处理并立案审查。

即使身为领导干部，用餐也务必遵守相关制度，在餐厅用工作餐时，不应利用职权违规用餐。

来自中央纪委国家监委网站2023年4月27日的消息。在某省举办党政主要领导干部学习贯彻党的二十大精神培训班期间，该省某位干部，组织几个人在省委党校学员宿舍聚餐饮酒，还利用职权要求省政府机关食堂为其提供并安排公务车辆运送菜肴……

关于举止方面，不能对着他人的饭菜或公共菜盘说话，应该保持一定距离并侧脸说话。

用餐时趴在饭桌上，脚踩着座位或蹬着对面的座椅腿，边吃边抖腿……这些都是不礼貌的。

在餐厅里说话应降低音量，不高谈阔论。不讲不健康的笑话、不卫生的内容，以及影响食欲的话题。

骨、刺以及无法吃的其他东西，不要随地乱吐，可以放到餐具里或放到餐巾纸上。

吃东西或喝汤时小口吞咽，闭嘴咀嚼，尽量控制不发出不必要的响声。

尊重餐厅工作人员，不应也不必当面抱怨饭菜不好。必要时可以婉转建议，或通过正常渠道反映，更没必要在窗口和餐厅工作人员为此争执。

自助餐礼仪

一位学员告诉笔者，他有一个朋友非常喜欢吃三文鱼。有一次自助餐中有三文鱼，于是这位仁兄欣喜若狂，只吃三文鱼，一直撑到嗓子眼才罢休。结果第二天，他的身体就开始不适，第三天实在受不了了，才去医院检查。竟然是因为过量食用三文鱼，身体无法分解吸收而致病，到现在已经一年多，还没有痊愈。食物是别人的，健康和风度却是自己的。自助餐食物即使再好，也不能贪吃！

自助餐，泛指所有自行选取食物的用餐形式。人数较多的大型活动中往往用自助餐招待来宾，方便、省事，宾主两相宜。

用餐举止

自助餐虽然比吃正餐自由，但也有要注意的事项。

单位内部安排的自助餐，只要主人宣布开始，就可以“动手”了，吃好后可以随时离开。

其他情况下的自助餐，当然是随到随吃。

吃好吃饱的方式，是先在全场看看有哪些食物，然后根据自己的饮食兴趣进行选择。注意取菜顺序要避免咸甜相克、吃得不痛快。

不管有多少人就餐，都应自觉维护公共秩序，讲究先来后到，按顺时针顺序取菜。轮到自己取菜时，拿公用餐具将食物放入食盘内，然后迅速离开该菜，以方便他人接着取用。

取菜时，不要对着公共食物说话、聊天，更不能上手摸甚至凑上去闻。

自助餐要遵守“多次少取”的原则，也就是每次每种食物少取一点，符合自己的口味之后再取一些，吃完不够再取，直到吃好为止。看到中意的食物“让我一次爱个够”的做法，反而是失礼的。享用自助餐，在量力而行的前提下吃饱、吃好。浪费可耻，过贪而致吃不完剩下，是很失礼的事情。“吃不了兜着走”也不可以，这是惯例。

所谓“自助餐”，即根据自己的爱好和口味，自行挑选。所以，即使关系再熟，如果对方没有主动要求，不应替人夹取食物。

因公参加的自助餐，要注意交际的问题。这时候就不能只顾自己埋头大吃，而要主动寻找机会，积极交际。找机会与主人或者来宾攀谈，和老朋友叙旧，争取多结识新朋友。

招待客人

本单位组织的自助餐，那么本单位职工在用自助餐的同时多了一项任务：招待客人。

优先照顾好主宾，自助餐上也不例外。照顾主要表现在陪同就餐并适当交谈，为其引见其他客人，等等。只是要注意给主宾留一点供其自由活动的时间，不要始终伴随其左右。对于其他没人陪同的客人，应适机与其交谈、关照几句，不能让客人受到冷落。

不管怎样，都不要替人取菜，除非对方主动要求。

自助餐期间，尽可能为彼此互不相识的客人多创造一些相识的机会，并且积极为其牵线搭桥，充当引见者，即介绍人。应当注意的是，介绍他人相识前，必须先征询双方的意愿。

小提示大道理

你在品尝食物，别人在品味你。政务往来中不管哪种用餐形式，公务人员应在得体的用餐举止、适度的交谈中，体现出严谨的政务形象、工作作风。

第四课

行政与办公

THE
FOURTH LESSON

他山之石

来自 2023 年 7 月 12 日的顶端新闻。7 月 10 日，某市一名居住在 ×× 未来城的业主在顶端新闻“我想 @ 领导”平台留言投诉，他给市长热线打电话反映小区停电频繁的情况，让人没想到的是，诉求非但没有得到解决，还被接线人员嘲笑。“6 分钟的通话，反映情况后，被接线人员嘲笑‘不该买 ×× 的房子’，说我‘活该’。”接到群众投诉后，顶端新闻记者第一时间核实事件真实性，并将该情况反映给了该市市长专线电话办公室。

市长专线电话办公室作出回应：“在双方的沟通中，接线员没有设身处地地站在反映人的角度考虑问题，未做好安抚反映人的工作，沟通过于机械，言语随意，没有严格使用规范服务用语，存在与反映人争论的现象。针对该问题，市长专线电话办公室对相关人员进行了严厉批评教育，并责令其作出检查，待岗学习一个月……在今后的工作中坚决杜绝类似情况发生。”

可见，在日常工作中，公务人员的任何行为都代表着单位形象、政务形象，绝不可以随意、任性。

公务人员相对于一般行业的单位职工来说，在行政与办公中有自己相对特殊的内容与情况。

信访礼仪

信访，是指人民群众通过来信（含电子邮件）、打电话或直接来访的方式，向国家行政机关反映其个人或集体意愿的一种方式。接待来访，既是相关行政单位公务人员的职责之一，又是其联系群众，与群众进行沟通、对话的一种有效方式。

我国《宪法》第四十一条：中华人民共和国公民对于任何国家机关和国家工作人员，有提出批评和建议的权利；对于任何国家机关和国家工作人员的违法失职行为，有向有关国家机关提出申诉、控告或者检举的权利……对于公民的申诉、控告或者检举，有关国家机关必须查清事实，负责处理。任何人不得压制和打击报复……

对待信访工作的基本原则，就是要以事实为依据，以法律为准绳。面对当前社会转型期的各种新矛盾、新情况、新问题，应以更强烈的责任感和使命感，在信访工作中了解民意、体察民情，做到下情上达，上情下知，就地解决，尽快解决。

来自 2023 年 5 月 20 日环球网的消息。2023 年 5 月 16 日，某中级人民法院信访窗口一名工作人员接听电话态度不好，受到来访人员批评时作风粗暴、态度恶劣，视频发到网上后，造成了不良社会影响。事件发生后，该院高度重视，立即成立工作专班，开展调查，对涉事工作人员严肃批评教育，并已依相关规定予以解聘。事后，该院对来访群众和社会各界的监督批评表示诚恳接受，对此次事件造成的不良影响深表歉意……

在信访工作中，公务人员代表相关国家机关出面接待来访者，并与其沟通、对话。在这个过程中，只有遵循基本的信访礼仪，才能真正把工作做好，为群众排忧解难。

信访基本制度

负责信访工作的公务人员不但有责任及时、有效地确保政府与群众之间沟通渠道的畅通，而且还应对有关信息进行必要的甄别，以免获得不实信息，误导上级。目前，各级党政机关、单位的信访工作已形成一整套行之有效的制度，每一位信访工作者都应自觉遵守。

登记制度。对所有的来信（现在还应包括电子邮件、网络留言）来访，都必须进行规范化登记。登记的主要内容应包括来信来访者的姓名或化名、性别、政治面貌、工作单位、职务职称、民族、籍贯、家庭住址、联络方式、反映的问题、基本要求、建议要点等（或按本单位规定的具体登记内容进行登记）。

进行具体登记时，要认真负责、简明扼要。登记后，通常要进行复核。一切有关的材料均应存档保存。

接待制度。为了便于各级行政机关和群众之间的密切联系，加强沟通，应建立专门的接待制度，使信访工作制度化。各级公务人员尤其是负责者应有固定的时间专门接待来访者，批阅来信。与此同时，还应设立专用的电话线路服务于社会。接待制度一经确立，即应对外公布，并接受全社会的监督。

转办制度。对于群众来信来访所反映的情况和问题，必须认真对待。如果在本部门或本人职责范围之内，一律按规定尽快解决，不应推诿、拖延甚至私自违规“压下去”；如需由其他单位或部门办理，则应依有关规定和程序，从速转交办理。不允许擅自越权代办，也不得借故不转、不办或故意拖延其转办时间。制度、流程都透明化的今天，不作为必然是给自己及单位挖坑。

催查制度。转交其他单位或部门办理的来信来访，必须有回报。必要的话，还应指定回报的期限。对某些重要的信访案件，信访部门按规定应在一定时间内对承办单位或部门进行催办。具体承办单位或部门则应高度重视，组织专人负责查处，限期查办。催办与查办互相关联，共同构成催查制度。

报告制度。信访部门和其他部门一样，通常应对本职工作进行经常性、阶段性总结。一般每月应进行一次统计分析，每季度应进行一次综合研究，每半年或一年进行一次全面总结。至于本单位是每个月、每季度还是半年、一年进行一次，则应尊重、遵守本单位的具体规定。

任何有关信访工作的统计分析、综合研究、全面总结，任何与信访工作相关的突发性、关键性事件，都应按有关程序及时准确地向上级单位报告，并按规定通报其他有关部门。

来信来电处理

处理群众的纸质来信，一般称为办信。在办信时，除应及时查阅、及时处理、及时答复外，还须按照下列有关程序进行。

拆封。通常应做到当日接信，当日拆启。拆启来信的时候，一般要注明拆启日期或加盖日戳，并进行编号，以供日后查阅。保持信件的完整，附件不应丢失。

阅信。拆启来信后，应尽早阅读，掌握重点，全面了解内容。不准拆而不阅或阅信漫不经心。

登记。阅信后应认真登记整理归档。来信登记的具体项目、内容，应遵照有关规定而定。

报转。重要来信都要报转。报，是指报请领导阅批。它要求报得准，既不漏报，又不滥报。转，则是指将来信转给有关单位或部门处理。要求符合规定，不乱转、错转。比如，揭发信、控告信未经批准，不得转交给被控告的对象，而应将其转交给被控告对象上级机关的主要负责人。

答复。对来信者，应根据有关规定，在一定期限内给予明确答复。即便反映问题一直悬而未决，也不宜不理睬。来信报转后，一般可以告知来信者。

存查。结案之后的一切来信，都应整理归档，以备查考。与此同时，要对来信予以保密。不论是来信者的姓名还是来信的内容，都不得随意向外界公开。

对于非纸质来信（如电子邮件、网络留言等），除了没有拆封程序，其他程序都应一样或按本单位或本系统的规定处理。

来访的接待

来自澎湃新闻的报道。2018 年 11 月 26 日，一段名为“某市经开

区国土局长 ××× 接访时玩手机看美女”的视频在网络平台广为流传。通过视频可以看到，会议室里坐满了人，还有一些人站在会议桌的后面，视频里能够听到有男子在讲话。一名背对着镜头的戴眼镜男子（局长）正在快速浏览手机，屏幕上的信息和图片不断滚动，但依然能清晰看到手机上有几张女性图片。除了这名男子，现场还有其他人拿着手机拍视频。发言的男子讲到精彩的地方，大家纷纷鼓掌，但这位局长依然捧着手机。该局长不当的来访接待，造成了不好的影响。

对待群众来访，一定要礼貌，平易近人，表现出担当负责、严谨认真的态度。不应因身份、穿着、口音或语气而在接待的态度上有所区别。

如果来访者人数较多，应分别接待，以免相互干扰，造成来访者难以启齿或言不由衷。

没有专门的接待室时，也可以在干净整洁、肃静、易于保密的办公室里接待。

一般来说，属于具体部门的业务问题，应由相关业务部门的接待人员负责处理。属于综合性的问题，由信访部门工作人员负责处理。对于集体来访者，则一般应由负责人出面处理，或由有关业务部门指派专人负责处理。

对来访者的接待，一般以单独交谈为主要方式。和来访者的交谈既要认真、严谨，又要不失礼貌。

当年长来访者抵达时，应起身相迎，并为其让座，以尊称相称。“老吾老以及人之老”，我们公务人员是社会风气、风尚的引领者，必须做到尊老爱幼。

条件允许时，最好能为来访者倒一杯水，以示对他远道而来的慰问与安抚，对信访工作信任的感谢。

交谈时，接待人员不论是问、答、听、记，都要耐心而谦恭，不能居高临下或表现得不耐烦。不论来访者态度怎样，是喋喋不休、小题大做，还是蛮横要挟、无理取闹，接待者都应做到态度冷静，晓之以理、待之以礼、不卑不亢、不急不恼。不能居高临下、趾高气扬，不得随意对来访者加以训斥甚至威胁，或是表现出不耐烦，否则不仅让来访者有失落感，也会让其对事情的处理产生不信任感。

2019 年 4 月 29 日来自《北京青年报》的消息。网友曝料，某市的区教育局副局长在接待群众时出言不逊，称群众“听不懂话”，并让人调查发言群众是哪个小区的。4 月 29 日 0 点 54 分，该区教育局发布情况通报称，针对 2019 年 4 月 26 日网友关注的区教育局副局长接待上访群众的视频事件，区教育局党委专门召开党委会议，传达了区委、区政府的通报批评。会上，该名副局长作了深刻检讨，全体班子成员认真反思，并要求教育系统全体党员干部深入开展自查，举一反三，进一步转变作风，牢固树立为民意识，更好为群众服务。

对来访者所提的问题，不能不信，也不能偏信；不能不回答，也不能随意应付、胡乱作答。不可以含糊其词，也不可以随便代表领导或上级单位表态。对于确实不好回答的问题，向来访者说明拟处理的方法、程序和周期，以让其放心、满意。

对来访者反映的情况做好笔录。必要时，可以请来访者签名或进行核对，但不能诱导对方。在自媒体高度发达的今天，公务人员失当的接待行为，极有可能成为第二天的网络热搜，让领导或本单位被动。

如果是电话信访，接听时应耐心、友好、礼貌。对来电内容、情况要逐项做好登记。能解决的问题应当场解决，不拖延。暂不能解决的，做好记录，交办、转办，大致作出答复的时间，到期前准时回复。

公务拜会礼仪

拜会又称拜见或拜访、访问，是公务人员常见的交往形式。通常会以所在单位或部门代表的身份，去拜访特定的单位、部门或个人，就有关事项和对方进行磋商或探讨。

事先预约

拜会别人，首先要做的是提前预约，以便对方安排协调时间。在惜时如金、工作快节奏的今天，提前预约极为重要，这既是程序也是礼貌。预约时应注意什么呢？

约定时间。就是要约定在双方特别是对方时间方便的时候，并协商会面的具体时间和大概持续时间。由自己提议会面时间的，在考虑对方时间的同时，尽可能提供几个时间段请对方选择。一般情况下，应避开对方不合适的时间，如繁忙的工作时间、节假日、常规的用餐时间和午休时间等。繁忙的工作时间一般是指每个月的月初和月末，每周的周一上午和周五下午等。

约定地点。地点可以是拜会对象的工作地点，也可以是其私人住所。对公务人员来讲，一般将拜会的地点约定在工作场所，除非对方特意邀请去其住所见面或其他地方会面，这一点应征求其意见。

约定人数。预约时，宾主双方都应事先向对方通报届时到场的人数及身份。宾主双方都要尽量避免在拜会中安排对方反感的人。一般情况下，双方人员及人数在约定后就不宜随意变更。做客一方尤其要注意，因公拜会中，不可以在没告知主方的情况下随意增加拜会人员，这是礼貌也是原则。

登门有礼

注意着装。根据场合选择服装，着装应整洁、大方、庄重，避免穿着过于随意或是穿与所在场合不相称的服装。去工作场所拜会的时候，一般应穿较为正式的服装或平时上班时的穿着。如是私人住所，可以适度随意，但也不应过于随意甚至轻佻。

遵守时间。如确实出现特殊情况要推迟或取消拜会，务必第一时间告知对方并表示歉意。当再次和对方会面时，还应对上次的失约再次表示歉意，并说明具体原因。另外，登门拜会尽量准时到。“准时”一般指按说好的时间到，提前5～10分钟也可以；但如果提前得再早，往往会让对方措手不及，最好先在外面等一会儿再进。

提前通报。到达拜会对象的办公室外时，不管关系多密切，也不能不打招呼直接推门就进，即使门开着。应该在门口有节奏地轻声敲门两三下或按门铃，主人应答、同意后再进门。如室内没有反应，可以稍过一会儿再轻声敲门按门铃；还没有反应的，再打电话联络。

问候致意。如初次见面，客人一方应先自我介绍，向对方主动问好，并和对方握手为礼。注意这时应由主人先伸手，客人不宜主动要手来握。如主人的同事或朋友在场，应主动和他们打招呼、问好。

前往拜会对象的办公地点，一般不必携带礼品。但如是私人居所，可以适当准备一些小礼物，如鲜花、水果、糖果、书籍等。进门后应立刻送上礼物，不要等到告辞时再说，有他人在场不方便时除外。

应邀就座。进入室内后，不要见到座位就不客气地主动坐，而是先站立，等主人邀请入座，并坐在主人指定的位置。就座的时候，不应先于主人落座。就座后把手提袋等物品放在右手下面的地板上，不宜放在桌面或茶几上。

举止稳重。做客应彬彬有礼，举止稳重，不能太随意或过于拘谨。主人端上茶水，应站起来双手接过，并致谢。即使是主方工作人员或晚辈上茶，客人至少也应点头微笑并致意。

拜访会谈

拜访会谈的时候，客人应注意围绕主题和适时告辞这两个方面的问题。

无事不登三宝殿，登门拜会必有目的。简单寒暄之后，双方应紧扣会见的主题，而不应该信马由缰地“跑题”，尤其身为客人。客人不要临时改变话题，或谈论不相关的问题，耽误主人的时间。同时，客人应自觉控制自己的交际范围和谈话范围，不宜对主人的同事、亲属或朋友过分关注而忘记本来目的。而当在寒暄阶段，主人因聊得投机在一直“跑题”时，客人应在不打断对方的前提下，适机转变话题、带入正题。

适时告辞。一般来讲，由于双方事先已定了会见时间的长短，尤其作为客人在拜会过程中要有时间观念，到点就应告辞，而不应聊个不停，影响主人的其他安排。如果双方事先没有约定会见时间的长短，公务拜会一般应以一小时左右为限。

在会谈过程中，遇到其他人来拜会，这时客人应“识趣”地尽快告辞，以免给主人的接待造成不便。

即使会谈中发生不愉快，也应注意控制情绪，不要随意表示不满或厌烦。

如主人留自己用餐，哪怕是工作餐，最好不要吃完就走。如确实有事要马上离开，应说明原因，再向主人告辞。

离开时应主动告别，不辞而别是不礼貌的。道别时应向在座的其他人致意。主人送出门的，出门后应请主人止步并道谢，如“谢谢您今天的热情接待”“请留步”等，切忌不和主人打招呼就扬长而去。道别的时候客人应主动向主人握手告别并感谢热情招待。

如拜会时主人恰好不在，最好留下自己的姓名、单位名称、拜会事项、电话号码或微信号等联系方法，以便和主人进一步联系。

行政与执法礼仪

来自《准格尔城市管理》2023 年 7 月 18 日的消息。“您好，请在规定区域内摆摊，不要影响他人出行。”近日，在准格尔旗薛家湾镇周家湾季节性商品交易市场，执法人员正在对路边商贩进行劝离，并将其引导到许可经营范围内。为进一步规范市区停车秩序，准格尔旗城市管理综合行政执法局推出“10 分钟违停免罚”和“首违免罚”举措。为规范城市建设管理，执法人员在巡查中发现违章建筑行为后，对当事人进行思想教育，耐心解释违法建设的危害性，向当事人下达限期整改通知书，责令当事人在期限内自行拆除，多数当事人表示理解并主动拆除。执法人员已不再把文明执法当成口号，而是真正将文明执法变成一种习惯，时刻以最佳状态面对每一位市民，使得执法工作顺利开展。面对人民群众对城市管理水平越来越高的要求，文明执法使城市提升了品质和气质，也让群众增强了幸福感。

新华社北京2023年8月21日电：日前，国务院公布《国务院关于修改和废止部分行政法规的决定》，对14部行政法规的部分条款予以修改，对1部行政法规予以废止。这是进一步转变政府职能，推进严格规范公正文明执法，优化市场化、法治化、国际化营商环境，服务保障高质量发展的又一重要举措……

文明，是国家发展的灵魂，是国家进步的标志；文明执法更是国家治理温度的体现。公务人员在行政或执法过程中既要维护国家利益，又要尊重群众合法利益、合理诉求和人格尊严，努力在两者之间做好平衡。

执法为民

公务人员树立执法为民的理念，需要深入贯彻法治思想，解决好为谁执法和执法价值追求的问题，坚持执法为民、坚持问题导向、坚持正面引导，着力转变执法观念、优化执法方式、规范执法行为、提高素质能力、严肃执法风纪、加强监督问责，切实提升行政与执法水平。

同时要更加注重人民群众合法权益，坚守人民立场，把执法为民理念贯穿到执法全过程、各环节；更加注重公平正义，把维护社会公平正义作为执法工作的生命线和价值追求，努力让人民群众在每一项执法活动中都能感受到公平正义；将严格规范公正文明行政、执法作为提升社会治理能力和治理水平的重要方面进行深化推进。

另外，杜绝过度执法，坚持处罚与教育相结合，严格落实“谁执法、谁普法”普法责任制，主动亮明执法身份、违法事实、处罚依据，开展说理式执法，及时纠正违法行为并对当事人加强教育，坚决杜绝以罚代管、一罚了之。坚持寓服务于执法，坚决遏制人民群众反映强烈的各种歪风陋习。

要有肚量

“将军额上能跑马，宰相肚里能撑船。”在行政或执法中，会和各色群众打交道，难免遇到不明真相或被触动利益的人民群众，发牢骚、口有微词甚至说气话、不文明的话，这些都在所难免。公务人员尤其是领导干部，在此过程中对于人民群众无关原则性问题的说辞、发泄一定要有肚量，不必过于计较，而应把我们的精力放在怎样妥善解决问题上。否则，处置不当反而会给群众或上级领导留下政务工作没有思路、群众工作没有胸襟、处事不讲技巧的不良印象。

来自2021年1月27日新华每日电讯新华观点。因社区没开业主大会就擅自让新物业公司通过试用期，一女子在微信群骂社区支书“草包支书”，被当地警方跨市铐走并行政拘留3日。26日，该市公安局决定依法撤销相关行政处罚决定，涉案派出所所长及办案民警已停职接受调查。

新华社评论道：“官威”要不得，是真公仆还是假公仆，群众的眼睛亮着呢。真正作风扎实、心怀人民的领导干部，根本无惧百姓的骂声。努力弄清楚百姓为什么骂，尽量把骂声背后的问题解决，才是对待骂声该有的胸襟。

语言文明

你好、请、谢谢、谢谢理解、感谢配合、感谢支持，这些应是公务人员在与人民群众的行政或执法过程中，常挂在嘴边的文明用词。

而像骂人的话、爆粗口，哪怕是本地常用的口头禅，只要是不文明的，都不应从公务人员口中说出来，尤其是对人民群众说出来。

工作中遇到不理解、不配合，也是情理之中，但我们不能因此就说出格话。正所谓“冲动是魔鬼”，政务往来中必须注意控制情绪，情急之下极容易产生冲动、出格的言论。而公务人员有一定公权力或极易影响公权力，如再有出格的不当言论，带来的必然是不良影响。

来自中国青年网北京2018年4月28日的消息。4月27日，一段短视频在社交媒体上广泛传播，引发网友热议。视频中，一位身穿蓝色半袖的男子，手指镜头，警告视频拍摄者不要将所拍视频发布到网上，否则“搞死你”。27日晚，视频发生地的区政府发布通报称，当地在组织地块清表时，受到群众阻工，该镇镇长覃某某在劝导不予配合的群众过程中，因情绪激动，口不择言，伤害了群众的感情。目前，工作组对覃某某进行了严肃批评教育，要求该同志作出深刻检讨，进一步增强宗旨意识、公仆意识、群众意识，在今后工作中改进作风，切实提升服务群众的能力和水平。

从后续新闻了解到，上面案例中的领导干部事后也深感懊悔，及时向当事人道了歉。及时认错，这是风度也是担当：公务人员尤其是领导干部务必杜绝“过激”的语言或行为，真正服务于人民群众。

严守程序

在行政或执法过程中，难免会遇到不解、责难、拒绝。同时，公务人员的工作往往有时限要求，当然希望尽快处理完成。所以在这两方面因素影响之下，就会出现怎么快速简单地处理，就怎样处理的现象。在这种只求结果不管过程的方式之下，人民群众的合法权益或正当诉求有时会被选择性忽略，而滋生粗暴行政或执法、选择性行政或执法，从而损害人民群众的利益，造成不良社会影响。

不管是行政还是执法，一般都有具体的流程要求，其目的就是最大限度尊重、保护人民群众的合法权益，最大限度避免粗暴、野蛮行政或执法，最大限度杜绝腐败、违法。同样，不得超越行政或执法范围和权限，也是严守程序的表现。

知错即改

只要做事，就有一定概率出错，不管是主观原因还是客观原因。一旦发现出错，第一时间纠正是正确、理性、有担当的选择。已造成一定影响的，应尽快解决，并将损失或不良影响降到最低。给具体个人造成不良影响或损失的，同样应第一时间有诚意地道歉或挽回损失。这样的处理方式，是获得人民群众信任、理解、支持的最好办法。

现在的社会，不论是来自上级部门或领导的考核，还是人民群众的监督，让工作中的失误、错误被盖住是不可能的，甚至会酿成更大的错，给人民群众及国家造成更大损失。

来自2020年8月16日人民网的消息。8月13日深夜，一段“法院工作人员贴错执行公告闹乌龙而拒不道歉”的视频开始在网上传播。记者采访获悉，贴错执行公告的是某市的区人民法院，14日下午1点多，该法院通过官方微信对外发布致歉说明，该法院院长已于当天上午9点带领执行局相关责任人登门向当事人进行道歉。该法院院长说，确实是因为法院的工作人员工作没到位以及工作人员的态度给当事人蔡女士一家造成困扰。对于广大网友关注的视频中在电话里称“不道歉”的工作人员，该区纪委监委派驻该院纪检监察组对两名涉事工作人员进行了诫勉谈话和批评教育。

当然，本部分内容说的行政及文明执法内容，适用对象是人民群众，不适用于犯罪嫌疑人、犯罪分子。

考察（视察）调研与参观礼仪

不管是考察（视察）、调研还是参观，都是各级公务人员经常性的政务活动。从政务礼仪角度来说，它们有一定相似性，所以放在一起介绍。

项目选定

考察（视察）、调研或参观的项目，应考虑当前政策、制度、要求是否允许，是否和当前工作、业务或主管范围相关，通过对此项目的考察（视察）、调研或参观，是否有助于工作。这是选择项目的总体要求。

除此之外，还应兼顾经费、时间、交通，以及是否有负面影响等因素。

总之，要充分考虑各种情况、量力而行，以免有公费旅游、形式主义或无故打扰下级单位的嫌疑。

考察（视察）、调研或参观应提前通知东道主或获得对方单位认可。同时，如项目是固定的内容或路线，应遵守规定、尊重东道主的安排，不应随意提额外要求。

做好准备

这是因公而行，理应做好准备，包括：确定人数、起止时间、交通食宿、安全保卫，以及适当分工的各方面负责人员（如领队、接洽、交通、用餐、安全、拍照录像等），还有费用预算。报请上级批准后，再传达给全体参与人员。

应提前把项目背景告知全体参与人员，以便对项目有初步认识，让大家在考察（视察）、调研或参观时做到有的放矢、抓住重点，避免在现场信口开河，提出不恰当甚至贻笑大方的问题。

如需出国出境，还应进行外事教育，了解项目所在国或地区的民俗文化、习俗礼仪等方面的常识。

团队考察（视察）、调研或参观时，不可避免地会和东道主有交往，尤其团队负责人应提前有所准备。比如，东道主迎接时应有人上前应酬、寒暄，通报团队的情况；向对方作自我介绍后，把主要成员也介绍给对方，以便双方的沟通、交往。

遵守规定

即使是上级单位或领导考察（视察）、调研或参观时，也应遵守国家或尊重东道主的有关规定，不提违规或额外要求。

考察（视察）、调研或参观有既定、规定动线的，应按此行进，而不是临时突发奇想，为难东道主。

出于安全、卫生或保护现场等方面的考虑，有些场所限制携带某些物品，有的项目对笔记、录音、录像、拍照等都有明文的禁止或限制；有的项目会对人员进行消毒或要求穿戴特殊装备；有的不可以触碰……这些都应无条件尊重、遵守。有的项目则涉及专利、机密，要求保密，不得公开扩散，不可接受采访，不可发到网络上，不向非相关人士传达，更不得拍照录像，这些同样必须尊重、遵守。

具体要求

外出考察（视察）、调研或参观，既然是工作所需，就应像平常办公一样，专心致志、全力以赴、集中精力、服从组织、尊重安排。

考察（视察）、调研或参观时应做到看好、听好、记好，不能“走马观花”。在规定和条件允许的前提下，以笔记、录音、拍照、摄像等各种形式，为所关心的内容做好记录。

如果不是上下级主管关系或主办方职责所必需，当东道主由于某些特殊原因不愿就提出的问题进行解答时，不应一再追问。

公务人员在整个过程中，必须注意个人服从集体，不应随意自行其是，也不应乘机处理私事或中途擅自离队。

在考察（视察）、调研或参观期间，每个人都代表本单位的形象，所以务必注意个人的举止、言行，如随地吐痰、乱扔垃圾、乱刻乱画，还有主办方在讲解时旁若无人地大声接打电话等，这些都应杜绝。

不管是接待安排（如铺红毯、跨地区迎接等），还是用餐、住宿等，出现不符合规定或超规格的情况，应主动、明确拒绝。

考察（视察）、调研或参观结束后，带队领导应对主办方表达感谢。

慰问礼仪

来自2022年2月2日《长安街知事》的消息。2月1日，某省纪委监委曝光4起党员、公职人员涉嫌酒驾问题。其中，该省某市的区委常委、宣传部长于1月28日晚（农历腊月二十六）因涉嫌酒驾被查获。

这名干部在事发当天下午，还到社区慰问了老复员军人。曝光上述问题后，该省纪委监委网站发表评论称，公开通报曝光，释放从一场酒、一局牌、“车轮上的腐败”等具体问题抓起，以“小”见大、“小”中见严，着眼细微处持之以恒纠“四风”树新风的强烈信号。

慰问是政务活动的一种，是对遇到不幸、困难，或者因牺牲个人、集体利益，为国家和人民作出特殊贡献一方的安慰方式。慰问体现的是关怀和劝慰，是一种政务礼仪表达的方式。

慰问，一种是精神慰问，即精神上的抚慰。使对方的心灵受到关怀和爱护，让其情绪稳定、精神快慰，以便投入正常的生活和工作。

另一种是物质慰问，主要是物质上的提供。即给被慰问者提供一定物质，使其物质上得到一定程度的支持、改善，以便正常、更加愉悦地生活和工作。物质慰问的同时，往往也带去了精神上的关怀和抚慰。

精神慰问

精神慰问主要表达的是礼节性形式。精神慰问也叫礼节型慰问，出于工作或情感上的需要，表达自己的同情和问候，对他人给予心灵上的宽慰，并尽可能给予实际帮助。表达问候有多种方式。

直接表达。对于困境中的朋友、同事、同学，大多要表达自己的慰问之情，直接表达是使用最多的方式，而看望是直接表达常用的方法。朋友遇到了病痛，遇到了困难，我们总要抽时间去看望，了解病情，说些安慰、鼓励的话，看看有什么需要帮忙。慰问中，可以握住对方的手，借以表达诚挚的关爱、亲密的情感。公务性质的精神慰问一般由身份比对方高者出面。包括探望病中的同事，到有困难的同事家中坐坐，了解具体困难，以便有针对性地给予帮扶和解决。直接的精神慰问可以给困境中的人以最直接的安慰，予以强有力的精神支持。

间接表达。有些慰问受地域、空间和时间或其他方面的原因所限，可以采用间接表达的方式。比如用信件、电话、微信、视频，甚至托人捎口信的方法。方法虽然不同，但在表达真情、传递情感方面是一样的。信件、电话等表达方法适用于官方的正式场合。

仪式表达。仪式表达的慰问，只适用于去世的人。仪式表达的慰问，在精神慰问中较为特殊，它主要是纪念性的和抚慰性的精神表达方式。

追悼会是一种仪式表达的精神慰问。亲朋好友、本单位的人去世，可以召开追悼会，以纪念他为社会作出的贡献，表达亲朋对他的怀念。这种方法，是对死者的追悼和怀念，对他的亲友来说，是有力的精神抚慰。参加追悼会时，应脸色凝重、严肃并胸佩白花，衣服应穿黑色等深色或白色，不宜穿花色、艳色。见到遗体脱帽鞠躬。

下半旗志哀也是一种仪式表达的精神慰问和纪念，是正式、极隆重的精神慰问仪式。下半旗适用于有特殊贡献的人、名人或领袖。例如，国家领导人去世，本国或友好国家会专门下半旗志哀。

鸣笛志哀。这种方式和下半旗的意义等同，一般在鸣笛时一同下半旗，并连同行人默哀。下半旗志哀和鸣笛志哀是最高规格的追悼和慰问形式。

物质慰问

物质慰问是政务活动的重要方式，重在解决被慰问者的实际困难，帮助其摆脱困境。无论是国内还是国外，物质慰问已成为重要的慰问方式。

物质慰问主要有团体慰问和个人之间的慰问两种形式。

团体慰问，一般由政务机关或集体及有名望的个人发起，带有公务性质。团体慰问的对象一般是某一部分社会群体，如遭遇水灾的难民，火灾的受难者，战争中的难民、饥民等。大批的慰问品可由救济机构筹集，国家、个人都可以出资参与。团体慰问可以解决受难者的危困、稳定社会、帮助受难群体渡过难关。

个人之间的慰问，比如亲朋好友之间有了困难，要互相支援、相互关心，用一定的物质形式表达同情之心。可以买一些水果、鲜花等前去探望病人，病人经济上发生了困难，单位或亲友伸出援助之手，可以帮助困境中的人解决一部分困难。这不仅给予了受困人员物质上的帮助，也送去了大家的一片深情，温暖了人心。

不管哪种形式，慰问都应真心实意、适时适度、符合身份，并且讲究形式。公务人员代表组织慰问他人时，一定要认真把握政策，任何执行上的不准确，不但起不到预期的作用，还可能造成不良影响。

注意事项

慰问要注意什么呢?

表达真挚的情感。慰问是对陷入困境一方的精神或物质上的慰藉和支援，是真情的表达。慰问中的任何形式都要表示出对慰问对象诚挚的爱护、关心和支持，目的是减轻对方的痛苦，让其从困境中解脱出来。真情的表达，最直接的方式就是谈话，要把同情和关怀表达出来，用语言或文字表示对他的体察和理解，要体会其心情，真心实意地站在对方的角度，思考其处境，分担其痛苦。

慰问关怀适时适度。所谓适时适度，就是要根据情况，及时表达自己的关怀，合乎情理地表达自己的情感，选择表达关怀的适当机会。例如，人生病了，有时候需要静养，不宜多讲话，这时候就不应过多打扰。

表达关心要适度。不能夸大对方的困难和疾病，从而让对方背上思想包袱。同情的适度表达，使人感到温暖，受到鼓舞。夸大的同情则会让人误解，往往起到适得其反的作用，增加对方的思想负担。

慰问者应行为得体、遵规守纪。包括在慰问前后，而不是刚刚以正面形象慰问，马上就因个人某种行为不当被组织通报批评。那样的慰问，起不到正面、积极的效果，反而会让被慰问者感到慰问不够郑重、严肃。

另外，慰问中还要注意身份的问题。慰问者和被慰问者从公务关系来说，可以是隶属或工作关系。一般来说，是领导主动慰问下级，主动表达对下级的关怀、爱护，平级之间也可以相互慰问。但行政单位里，一般平级的个人之间不慰问。

公文礼仪

来自2020年10月31日《今晚报》的消息。最近，某县人社局连续被网友吐槽。先是被网友吐槽“上班迟到、态度恶劣、工作懒散”，而后又上演了更丢人的一幕：堂堂人社局出具的400字致歉公文里，竟有4处错字。更离谱的是，落款处连单位名称都写错。从“上班迟到、态度恶劣”到“错别字公文”，暴露了相关公务人员服务意识欠缺和敷衍、浮躁的工作作风。

服务意识差、工作水平低，但高高在上的官僚主义却很严重，他们把前来办事的群众当成“找领导办事的”，而不是“服务对象”。“错别字公文”影响极坏，服务如此不走心，影响公众对公共服务的体验，影响政府公信力。

据悉，目前当地纪委监委已对涉事人员分别给予记过、诫勉、检讨和批评教育处分。

公文，即相对私人文书而言的、各级公务人员在公务活动中所使用的书面文字材料。公文是传达、贯彻党和国家的方针政策，发布行政法规和规章、施行行政措施、请示和答复问题、指示和商议工作，以及报告情况、交流经验的重要工具。公文具有严肃性、程式性、权威性、实用性和工具性等特点。

2012年4月16日，中共中央办公厅、国务院办公厅以中办发〔2012〕14号印发了《党政机关公文处理工作条例》。该条例对公文类型、格式、行文规则、发文和收文办理、公文管理等，都作了具体规定，这成为公务人员应遵守的公文礼仪的基础。

公文类型

决议。适用于会议讨论通过的重大决策事项。

决定。适用于对重要事项作出决策和部署、奖惩有关单位和人员、变更或者撤销下级机关不适当的决定事项。

命令（令）。适用于公布行政法规和规章、宣布施行重大强制性措施、批准授予和晋升衔级、嘉奖有关单位和人员。

公报。适用于公布重要决定或者重大事项。

公告。适用于向国内外宣布重要事项或者法定事项。

通告。适用于在一定范围内公布应当遵守或者周知的事项。

意见。适用于对重要问题提出见解和处理办法。

通知。适用于发布、传达要求下级机关执行和有关单位周知或者执行的事项，批转、转发公文。

通报。适用于表彰先进、批评错误、传达重要精神和告知重要情况。

报告。适用于向上级机关汇报工作、反映情况，回复上级机关的询问。

请示。适用于向上级机关请求指示、批准。

批复。适用于答复下级机关请示事项。

议案。适用于各级人民政府按照法律程序向同级人民代表大会或者人民代表大会常务委员会提请审议事项。

函。适用于不相隶属机关之间商洽工作、询问和答复问题、请求批准和答复审批事项。

纪要。适用于记载会议主要情况和议定事项。

公文的撰写

注意格式。各种公文体现的是不同的发文机关之权限范围和行文机关之间的不同关系，反映了不同的发文目的。所以在撰写公文时务必要根据本机关的职权地位和发文目的选择恰当文种，采取相应格式。

公文一般由份号、密级和保密期限、紧急程度、发文机关标志、发文字号、签发人、标题、主送机关、正文、附件说明、发文机关署名、成文日期、印章、附注、附件、抄送机关、印发机关和印发日期、页码等组成。

份号。公文印制份数的顺序号。涉密公文应当标注份号。

密级和保密期限。公文的秘密等级和保密的期限。涉密公文应当根据涉密程度分别标注“绝密”“机密”“秘密”和保密期限。

紧急程度。公文送达和办理的时限要求。根据紧急程度，紧急公文应当分别标注“特急”“加急”，电报应当分别标注“特提”“特急”“加急”“平急”。

发文机关标志。由发文机关全称或规范化简称加“文件”二字组成，也可用发文机关全称或规范化简称。联合行文时，发文机关标志可以并用联合发文机关名称，也可以单独用主办机关名称。

发文字号。由发文机关代字、年份、发文顺序号组成。联合行文时，使用主办机关的发文字号。

签发人。上行文应当标注签发人姓名。

标题。由发文机关名称、事由和文种组成。

主送机关。公文的主要受理机关，应当使用机关全称、规范化简称或者同类型机关统称。

正文。公文的主体，用来表述公文的内容。

附件说明。公文附件的顺序号和名称。

发文机关署名。署发文机关全称或者规范化简称。

成文日期。署会议通过或者发文机关负责人签发的日期。联合行文时，署最后签发机关负责人签发的日期。

印章。公文中有发文机关署名的，应当加盖发文机关印章，并与署名机关相符。有特定发文机关标志的普发性公文和电报可以不加盖印章。

附注。公文印发传达范围等需要说明的事项。

附件。公文正文的说明、补充或者参考资料。

抄送机关。除主送机关外需要执行或者知晓公文内容的其他机关，应当使用机关全称、规范化简称或者同类型机关统称。

印发机关和印发日期。公文的送印机关和送印日期。

公文语言要求

公文语言虽然只是形式问题，但能反作用于公文内容，对公文整体起到举足轻重的作用。公文使用的汉字、数字、外文字符、计量单位和标点符号等，按有关国家标准和规定执行。民族自治地方的公文，可以并用汉字和当地通用的少数民族文字。

公文语言务必做到准确、简要。哪怕是一个文字或标点错误，都有可能影响干部群众对公文的理解、执行甚至政府的权威和公信力。用字用词恰当，语句段落通顺，数字标点规范，公文语言开门见山，尽快道出主题、紧扣主题，摒弃套话和烦琐的表达。打印前、对外发送前都应做好文字及内容的审核，最大限度避免出错。

行文的规则

各级机关之间互相行文时，务必要遵守规则。

行文机关应明确自己的发文权限，在职权范围内制定签发公文。对超出权限的待处理事项，应商请职权部门发文或双方联名行文，不能越俎代庖。

向下级机关行文，应遵循以下规则：

主送受理机关，根据需要抄送相关机关。重要行文应当同时抄送发文机关的直接上级机关。

党委、政府的办公厅（室）根据本级党委、政府授权，可以向下级党委、政府行文，其他部门和单位不得向下级党委、政府发布指令性公文或者在公文中向下级党委、政府提出指令性要求。需经政府审批的具体事项，经政府同意后可由政府职能部门行文，文中须注明已经政府同意。

党委、政府的部门在各自职权范围内可以向下级党委、政府的相关部门行文。

涉及多个部门职权范围内的事务，部门之间未协商一致的，不得向下行文；擅自行文的，上级机关应当责令其纠正或者撤销。

上级机关向受双重领导的下级机关行文，必要时抄送该下级机关的另一个上级机关。

向上级机关行文，应遵循以下规则：

原则上主送一个上级机关，根据需要同时抄送相关上级机关和同级机关，不抄送下级机关。

党委、政府的部门向上级主管部门请示、报告重大事项，应当经本级党委、政府同意或者授权；属于部门职权范围内的事项应当直接报送上级主管部门。

下级机关的请示事项，如需以本机关名义向上级机关请示，应当提出倾向性意见后上报，不得原文转报上级机关。

请示应当一文一事。不得在报告等非请示性公文中夹带请示事项。

除上级机关负责人直接交办事项外，不得以本机关名义向上级机关负责人报送公文，不得以本机关负责人名义向上级机关报送公文。

受双重领导的机关向一个上级机关行文，必要时抄送另一个上级机关。

需要注意的是，同级党政机关、党政机关与其他同级机关必要时可以联合行文。属于党委、政府各自职权范围内的工作，不得联合行文。党委、政府的部门依据职权可以相互行文。部门内设机构除办公厅（室）外不得对外正式行文。

公文的办理

公文办理是指各级行政机关和公务人员的收、发公文办理和整理归档。

办理公文务必遵循准确、及时、安全这三项要求。

准确。办理公文的每个环节都要井然有序，办理公文的顺序要合理，衔接要紧凑，办理的形式和方法要力求规范、标准。

及时。为提高办事效率，办理公文时务必要及时，要避免因公文误期而影响工作。

安全。办理公文时务必恪尽职守，确保自己经办公文的安全。这里的安全既指防止公文丢失、损坏，又指可能涉及的国家机密的保密。

收到公文后，应按照以下程序办理：

签收。对收到的公文应当逐件清点，核对无误后签字或者盖章，并注明签收时间。

登记。收到公文后务必对公文的主要信息和办理进行详细记载。登记的基本要求是准确、详细、具体。各种公文一般可以按“上级文件”“下级文件”“需承办文件”“一般性文件”四个类型分类登记。登记内容包括收文序号、收文日期、来文单位、来文标题、密级、领导批示与承办情况、归卷号及备注等。收文登记应清晰工整，平件密件区分明确，急缓程度严格分清。

初审。对收到的公文应当进行初审。初审的重点是：是否应当由本机关办理，是否符合行文规则，文种、格式是否符合要求，涉及其他地区或者部门职权范围内的事项是否已经协商、会签，是否符合公文起草的其他要求。经初审不符合规定的公文，应当及时退回来文单位并说明原因。

承办。阅知性公文应当根据公文内容、要求和工作需要确定范围后分送。批办性公文应当提出拟办意见报本机关负责人批示或者转有关部门办理；需要两个以上部门办理的，应当明确主办部门。紧急公文应当明确办理时限。承办部门对交办的公文应当及时办理，有明确办理时限要求的应当在规定时限内办理完毕。

传阅。根据领导批示和工作需要将公文及时送传阅对象阅知或者批示。办理公文传阅应当随时掌握公文去向，不得漏传、误传、延误。

催办。及时了解掌握公文的办理进展情况，督促承办部门按期办结。紧急公文或者重要公文应当由专人负责催办。

答复。公文的办理结果应当及时答复来文单位，并根据需要告知相关单位。

座机电话礼仪

座机电话是我们日常办公的基本工具。接打电话的质量，反映了一个人对待工作、对待他人的真实态度。

基本礼仪要求

通过一次电话之后，很多人就会因此判断对方是什么样的人，从而产生交往的情感倾向，虽然这种倾向并不客观。这是因为人们会根据对方的声音表达出来的情感因素来作出评断。所以，电话沟通中声音的情感很重要，通话时应尽可能表现出积极的感情色彩。当有负面情绪时，应调整好情绪后再接打电话。

往外拨打的电话，接通后的第一句应该是有感情的“您好”或“你好”，忌说“喂”。然后是报单位名称、姓名。接电话也应以“您好”或“你好”开始并自报家门，直线电话应说单位简称；分机电话应说部门名称，或直接说姓名或部门和姓名。结束通话先说“再见”等结束语，再放话筒。

通话时，注意正常、适中的音量，没必要提高嗓音。也不宜有可能影响声音情感的仪态，比如趴、仰、斜靠或双腿高架。而像通话中吃喝东西，其实对方在电话中听得很明显，除非你们是“老铁”，否则显得很无礼。

接打电话，公务人员务必注意严禁厉声呵斥、态度粗暴的无理表现；但也不应低三下四，阿谀奉承。

电话意外中断，一般由来电者或身份相对低者主动再拨打过去。结束电话时，一般由谁先打出的谁先结束；接的电话，可以让对方先结束，或让尊者先结束。

打电话礼仪

打电话前应将以前的沟通情况作一次简单梳理。如不久前联系过，最好在电话中适当体现出以前的沟通成果，以示记得、了解以前沟通过的情况。

对于内容复杂的去电，最好先理好一份通话要点，将重要信息都列出来，以免沟通时缺乏条理、丢三落四。

因公对外打电话时，要注意时间。除约好的时间外，应尽可能在对方方便的时间拨打，一般是上班的半小时后、下班的半小时前。不是十万火急或事先约定，不应在对方休息时间打工作电话。而打到我国新疆或国外，还要考虑时差。

打电话，刚开始的寒暄是必要的，但要点到为止，然后再直奔主题。

通话时间以短为佳，言简意赅，这样的沟通最有效率，对方听的效果也最好。至于通话的“三分钟原则”，是“以短为佳，言简意赅”的具体体现，是指应尽可能控制通话的时间长度，做到简练、明确。交谈即将完毕，再简单复述重要的通话内容，特别是涉及数字、字母、路牌、号码时。

接电话礼仪

我们提倡电话铃响三声之内接听电话。不应在第一声就接，否则会让对方吓一跳；而再晚接，也会让心急的人以为没人接听。因故电话响铃三声之后才接听，通话后应首先致歉。

接听工作电话勤用礼貌用语，不说粗话、不礼貌的话，电话中不得表达、发泄个人不良情绪。分外、不清楚的事项，可以礼貌告知办事群众具体的咨询单位，不能粗暴推诿。

正和他人当面谈话又有必须亲自接听的电话时，先示意和自己交谈者稍等，并在接完电话后向对方道歉。手头工作太紧，而来电事项不能通过三言两语的电话沟通处理好，应在电话中表示歉意，说明不能再继续电话沟通的原因，同时约好具体时间并主动打过去；出于礼貌，可以再次向正与你当面谈话者致歉。

即使对同事有意见，代接电话时也不应表现出个人情绪，杜绝阴阳怪气地说话，这是起码的礼仪素养。除了因要转告而问对方的基本信息，如姓氏、单位、事由、联系方式外，不应再问其他信息。

没有授权或打电话者不是同事熟悉的人时，不要随便说出同事的私人电话、微信号或实际行踪。至于行踪，笼统地说“他这会儿不在办公室”就可以了。

替同事转达的时候，应做好电话记录。记录内容一般应有下面几项信息：对方是谁、什么事、哪个单位的，是否要回电话或回电时限，来电时间。其中如有涉及地址、账号、电话号码、微信号或电子邮箱等易错信息，必须在通话结束前再复述一遍。另外，不到万不得已，不要把代人转告的内容，再托付其他人转告。否则，既容易使内容走样，还容易耽误时间。

即使再忙也不能拔下电话线，对外界进行隔绝。也不应在接电话的时候以忙为借口敷衍了事。

不做电话机器

因为电话的沟通便利，很多人越来越少和外界直接接触，认为“电话可以搞定一切”。我们都有这样的感觉：对于久未见面的人，见面之后会特别激动。还有一句话说“打人不打脸”，就是在面对着他人时，多少会给点情面。所以当面沟通更具情感优势，更能获得良好的交际效果。建议在政务交往中，对于重大或复杂事项尽可能多一些当面沟通，少一点电话依赖。

手机和微信礼仪

来自2021年9月14日《新京报》的消息。某县委政法委书记用“滚”回复群众反映情况的短信一事引发社会的广泛关注。当事人关女士告诉《新京报》记者，那位政法委书记已主动打电话致歉，并称其反映的问题会在一两天内解决。当地网信办就短信回复不当事件通报称，该县县委召开常委会，对该名政法委书记进行了严肃批评，责令其作出深刻检查。

不管是在政务交往场合还是公共场合，绝大多数人都习惯于一有空就低头看手机，人和人之间的情感联系变得越来越淡漠。笔者提倡，让我们一起做一个专业而有“温度”的公务人员，从注意手机礼仪开始。

手机礼仪

工作场合，手机应放在随身携带的公文包里或衣服口袋里。尤其在会谈中，手机不宜拿在手里或挂在脖子上。

开会的时候，把手机关机或者调成振动状态后，放在不起眼的地方，如背后、衣服口袋或包里，最好不放在桌上。

飞机起飞后到降落前，以前规定必须关机。现在不少航空公司规定手机设置成“飞行”模式即可。而且有的航空公司还提供了飞机上的 Wi-Fi。和他人谈话时，最好调成静音，以免干扰交谈，这是对双方的尊重。在影剧院、宴会上，要把手机关机或者调成振动或静音状态。

不管是在办公室还是在公共场所，接打手机音量必须适度，以尽可能不妨碍和影响他人为宜。

遇到手机信号弱的时候先结束通话，过一会儿再联络，禁忌大声呼叫。声音大小不能改变信号的强弱。

手机就是沟通工具而已，不要什么事都靠手机来解决。对于重要、复杂事项，还是应该面对面地沟通。这样既富有效率，又增进了彼此的友谊。

和他人面对面沟通时，不应该还低头编写或发短信。如必须立即发，应先向当面沟通者致歉。

注意对内容的选择和编辑。既然是你发出的短信，意味着你赞同或至少不否定短信的内容，从而也反映出了你的品位和水准。所以不宜编辑或转发低俗、不健康的短信。

用手机发短信时，注意内容简短、不啰唆，并养成先浏览再发送的习惯，以最大可能避免文字的错误或歧义。开头有称呼，结尾有署名，不要以为别人就只认识你。

我们知道时间太晚就不宜给人打电话，同样短信也不宜发送，这是被很多人忽略的。

每个人的手机都有不同的彩铃。工作用的手机彩铃务必注意，不能随心所欲，像恶搞类的、怪异的、低俗类的都不宜选用。

作为公务人员还要注意：手机不连接涉密信息系统、涉密信息设备及载体；不存储国家秘密；不用手机记事本、备忘录记录涉密工作事项；不在手机通讯录中存储涉密人员姓名、工作单位和联系方式；不用手机拍摄、处理国家秘密；不传输国家秘密。尤其涉密人员，不用境外机构、人员赠送的或其他来路不明的手机及充电宝、数据线……

微信礼仪

微信已成为人们重要的通信工具和社交工具。公务人员微信礼仪要注意什么呢?

做好保密工作。公务人员及所在单位有其特殊性，往往是间谍和非法人员重点关注和侵蚀的对象。所以干部职工应认识到微信办公的开放性质，做好保密工作。原则上不提倡使用微信办公，因工作特殊确有需要的，在控制范围内组建工作群，交流内容严格限定为周知性的一般信息，禁止传播一切国家秘密、工作秘密、商业秘密以及个人信息。禁止涉密人员使用微信办公，将涉密载体流程管理与智能手机使用管理结合起来，从源头上消除涉密文件数字化的隐患。干部职工不仅要保证自己不用微信传密，发现此类情况还要及时报告给有关部门。把风险意识和责任意识层层传导到每一个人，保密人人有责。

慎用语音。微信语音不是任何时候都方便收听。而文字内容，只要不是在开车，都可以快速浏览。当涉及复杂的、重要的信息或数字时，应避免用微信语音，仅听声音听错的概率更大，对方为避免听错可能还得和你确认，无形中反而降低了沟通效率。

加微信后的初次沟通，最好不主动先用语音。语音沟通往往被认为更适合熟悉的人、亲近者之间的交流。

听微信语音最好戴耳机，除非周围没其他人。当然也可以将语音转换成文字形式阅读，只要普通话相对标准就行。

注意内容。内容简练不啰唆，发一条就能说清楚的，不要一条条地不停发，以免在开会或谈事时，手机响个没完。内容编写后读一遍，看看意思是否完整，数字、标点有无错误，不应通篇都是逗号、句号或叹号。发送前再三确认联系人是否对，避免将内容发错对象，引起不必要的尴尬、麻烦。用语音短信沟通时，务必注意控制语音的条数及时长，不要一发就是十条八条，条条都是60秒，让人实在没有听的兴趣。

对于重要事情的内容发过去没得到回复，应主动电话联系，以免误事。我们给他人或微信群发文件时应说话，不要一声不吭直接甩出文件，那样给人感觉不礼貌。另外，收到他人沟通工作事项的微信或文件应及时回复，以免对方牵挂。而转发内容时，不要跟风发低俗内容或谣言。

很多人用微信沟通时，喜欢上来就是一句“在吗”，然后等着对方的回复。这在很多人看来，有时是尴尬的问题，万一说了“在”，下一句你发的是让对方勉为其难的事情呢！所以，微信沟通最好有事说事，不要习惯以“在吗”作为开场白，不说话坐等回复，耽误双方的时间。

留言点赞不随意。如对方在工作方面对你很重要，对于合适的内容可以点点赞，以示关注和参与。点赞的事情可以在未来的时间里不间断地伺机进行。如果天天点赞，显得太有心机；以后再也不点赞，也显得漠视他了。刚才说的是“合适的内容”，再去考虑点赞的问题。另外，朋友圈的留言也应慎重，不要让人感觉总是没话找话刷存在感。

慎刷屏。即使有太多希望和大家分享的内容，也应控制发朋友圈的数量，不要满朋友圈都是你的各种消息，这样很可能被人家屏蔽。有想请大家帮忙投票、点赞的内容，发到朋友圈就行了，慎重私发给工作交往对象，要知道不是所有人都乐于做这样的事，而且也难确保你提供的链接或二维码肯定没有病毒。

慎用视频沟通。不是每个人都喜欢视频沟通，所以不要动不动就和工作交往对象视频沟通。确有必要时，务必提前沟通，以让对方有准备的时间（妆容、背景、合适的环境等）。

对待工作群。很多单位或部门都有微信群。“消息免打扰”“折叠该群聊”这样的设置，不应针对工作群。为了避免重要消息的遗失，可以打开“保存到通讯录”开关。另外，发工作通知的时候，注意尽快回复，不能只发“微笑”这个表情，这个表情在微信聊天中，已变成“无话可说”“不想多说”的代名词。在微信群里下发工作任务时，事项相对复杂时，我们不能仅仅说收到，最好还应复述任务内容，确保没有理解错。没有提及时限要求，又不是默认时限的常规工作，这时应主动询问。工作群里，不能说每个人都跟你是“老铁”，所以慎在工作群里开玩笑，你的玩笑在他人眼里可能就是无聊。也不要随便往微信群发无关的内容，你认为有趣的东西，在其他人看来可能就是无聊或刷屏。

另外，公务人员还要注意，不要在微信朋友圈或微信群里妄言，散播黄赌毒、暴力恐怖、谣言诈骗等信息，当然也不能参加非法活动。还要警惕微信红包类这种新式的“微腐败”。

政务网络礼仪

来自微博网页版2023年5月26日的消息。5月26日上午，某市发布微博的编辑在浏览微博的网友评论时，在评论区留言“放屁”，造成不良社会影响。作为该市发布微博的运营方，该市传媒中心向广大网友公开致歉，并已停止该编辑工作，严肃开展调查处理。

2023年7月1日出版的第13期《求是》杂志发表了习近平的重要文章“努力成长为对党和人民忠诚可靠、堪当时代重任的栋梁之材”。文中提到：互联网是做好新时代群众工作的重要阵地，也是重要手段。大量群众特别是青年喜欢通过网络获取信息、发表意见。领导干部要学网、懂网、用网，经常上网看看，了解群众所思所愿，收集好想法好建议，积极回应网民关切，做好解疑释惑工作。

处理查阅与保密

目前，互联网已是做好群众工作的重要阵地、重要手段。所以现在不管是公众号还是网页，为了方便群众反馈信息，以更好地服务群众，在特定区域往往都有留言反馈功能。但凡设了这样功能的平台，都应定期及时浏览、查阅、处理群众反馈的信息。面对人民群众的关切、疑惑，在权限范围内能当时回复的，应立即回复、解释不拖延。

当时无法回复或对事情不了解的，尽快了解清楚后回复；是其他单位职权范围的，可以留言告知具体处理单位或转交给其他单位处理跟进。无论如何，不可以对人民群众关切的事项充耳不闻。

对于人民群众关于诉求的发帖或视频，认真严谨地做好甄别，快速处理。现在自媒体发达，对人民群众的诉求尤其社会关切的热点问题，如置若罔闻极有可能演变成大的舆情，使公务人员陷于被动。

在回复、处理过程中，公务人员务必做到高效、文明，即使人民群众有不满、个人情绪或不实言论，公务人员按规定处理就可以，绝不可以爆粗口或不文明、不当回复。

对于人民群众的批评或建言，有必要择其有益部分整理后，定期反馈给领导或有关部门作为改进工作的参考。对于重要的或起到良好成效的批评或建言，在条件允许时最好专门回复，表达感谢。这也展示了公务人员虚怀若谷、广开言路的良好政务作风。

出于工作需要公务人员会经常上网查阅资料。那么在使用网络时，绝不可以“翻墙”，也不能登录一些色情、反动网站。

用网络沟通时，应确保用语文明、规范，不得使用攻击性、侮辱性语言，不用表情符号及网络流行语，以免对方不理解甚至误解。

公务人员如不是工作职责所需，不能以单位或部门名义在网上任意发表个人对新闻时事的看法，尤其不能泄露国家机密。

不管是使用电子邮件还是用网络查询资料，公务人员务必注意紧绷保密和“防黑”的弦，不随便下载、点击来历不明的网站、链接；在社交软件上注册信息或使用昵称时，务必注意不用单位名称、真实姓名；对于不明好友申请，不予通过；即使和陌生网友聊得再投机，也不应公开就职单位、公职身份，不炫耀国家机密；不进陌生人拉进的群；涉密文件不传到第三方网络平台包括第三方服务器……

电子邮件礼仪

现在很多人用微信发文件，电子邮件似乎已变得不再那么重要。但作为常用的电子化的书面通信方式，仍有其特点和优势。政务往来中，电子邮件礼仪需要注意以下几方面：

邮件主题，要写清对方单位简称或者对方姓氏加上职务、身份，还可以写上事由，如“××局周局长收”“靳斓老师收培训行程单”。笔者发现，很多公务人员对这方面不在意，经常不写收件人的姓氏或单位名称，而只写事由。这样不规范的处理，使被当作垃圾邮件误删的概率大大增加。最好将发件人设置成单位名称再加上自己的名字，方便对方了解邮件是谁所发。同时，用于政务往来的邮件，避免个性化的签名。设置自动回复应注意，内容应该包括落款，姓名、单位名称都可以或两者都有。

工作邮件的内容格式，可遵照书面信函的格式和规则。在字体及颜色的选用上，以方便阅读为宜。邮件内容讲述必须简洁，语言流畅，用语礼貌。注意及时回车换行，以方便阅读。避免使用网络语言及符号，特别是不常用的网络语言及符号，以免对方不理解而使交流受阻甚至产生歧义。写完内容，检查文字是否有错。如有附件，在邮件内容中应予以说明。点击“发送”前，再检查一下邮件：邮箱地址、称呼有无错误，核对附件文件是否正确，以免发错文件带来误会或泄密。发送邮件后最好能再通知对方查收。

注意查收和回复。必须定期查看收件箱，及时处理新邮件，使发件人免于担心邮件是否已被看到。一般应在收到邮件后的当天回复，而问题较难处理或太忙时，先简单回邮件告诉对方已收到，事情正在处理之中，并说明具体多长时间会予以回复等。

还要注意，不能通过第三方邮箱发送涉密邮件；也不要将回复了很多次的邮件发给他人，让人感觉很乱，像垃圾邮件一样；转发敏感或机密信息要小心谨慎，不要把内部消息转发给外部人员或未经授权的接收人。

小提示大道理

利用微信办公，一定程度上可以方便工作。但一些涉密信息，用微信时被传播的风险极大，也不符合保密规定，所以但凡涉密文件，都不应发到微信群。

第五课

集会组织和参会

THE
FIFTH LESSON

他山之石

来自2019年10月31日《南方都市报》的消息。10月28日，某市委组织部企业干部处官微刊发了一则关于违反会风会纪问题的情况通报。通报称，10月25日上午，该市市委领导与4家实行聘任制的市管企业经理层集体谈话。会上，某市管集团聘任制副总经理无视会议纪律要求，精神状态不佳，在集体谈话时长时间瞌睡，被责令当场起立，当众说明理由，并作深刻检讨。会后，市委组织部对其违反会风会纪情况作了进一步了解，并要求该集团党委作出情况说明，本人写出深刻检查，听候组织处理。

近年来，公职人员因违反会风会纪被通报的情况时有发生，曾有人因开会时打瞌睡被免职。此外，各地还曾经通报过会议期间违规接受他人宴请、在会场内交头接耳、玩手机、找人“替会”、开会迟到等违反会风会纪的问题。

政务工作中有很多集会需要组织或参加。怎样组织好、参加好、服务好，既游刃有余，又不失身份，是公务人员在工作中必须注意的问题。

工作会议组织安排

工作会议的组织工作做得怎样，事关会议能否成功举办。那么，需要做哪些工作呢？

会议的筹备

不论举行什么会议，都需要先确定主题（包括会议名称）。负责筹备会议的工作人员，围绕会议主题，组织落实会议规模、时间、议程等。通常组成专门会议组，明确分工、责任到人，特别是较大型的会议、涉及外单位来参加的会议，更是如此。

通知和文件

按常规，举行正式会议要提前发会议通知，以及有关单位或嘉宾的邀请函件。会议通知一般由标题、主题、会期、出席对象、报到时间、报到地点以及与会要求七项要点组成。通知务必提前下发，保证及时送达。当然，如果只是本单位的内部会议，通知就显得简单了，只是要特别考虑到下发通知时，怎样或是否要通知到外派、出差或休假人员。

会议上所用的各种文件材料，一般应在会前准备好。需要准备的会议文件主要有会议的议程、开幕词、闭幕词、主题报告、大会决议、典型材料、背景介绍等，其中有些文件应在与会者报到时就下发。但一般性、例行工作会议，这些材料没必要都准备全，根据工作实际需要或领导要求，准备一部分就可以了。

常规准备

当负责会务工作时，需要对会议涉及的以下细节做好充分的准备。

会场选择。根据参会人数、参会人员、会议对设备的要求等因素，来选择最适宜的会场，人少场地大、人多场地太小，或会场设备“掉链子”，都会影响会议。有时参会人数多，且涉及外单位或外来参会人员较多，可能还要借用外单位或专业会议中心的场地，如没有提前了解、准备，必然容易出现纰漏。

和外界的沟通。根据会议的性质、规模、层次，必要的时候通报给新闻媒体、公安部门，和外界做好沟通。

布置会场。会场的桌椅根据需要做好安排，主席台提前放好名牌；有外单位人员参会或借用外面会场时，会场外做好导引牌。音响、照明、投影、摄像、多媒体设备、空调、通风设备等，都需要提前进行调试检查。

会议用品准备。如纸张、本册、书写用具、文件夹、饮用水、茶杯、水壶等用具。

服务与协助。会场引导员，茶水服务人员，现场会议设备调试人员，大中型、跨地区、跨部门会议与会者的接待迎送，这些服务与协助工作，都需要提前做好安排。当有少数民族人士、宗教人士、港澳台同胞、海外华人和外国友人参会时，也应做好协助，并将结果向会议负责人通报。当有德高望重的领导、专家或老弱病残等人员参会时，应有专人提供一对一协助、服务。举行较长时间的会议时，在符合中央规定的前提下为与会者安排会间的工作餐和茶水。

现场记录。根据领导要求和以往惯例，包括现场记录及拍照、录像等。

会议简报编写。对于重要会议也应有此安排。

座次安排

越是重要的会议，会议座次排定越重要，特别是重要身份者的具体座次。

对于有主席台的会议，主要就是主席台上的座次安排。由于工作会议的具体规模不同，具体座次排定就有所不同。

小型会议。一般不设专用的主席台。小型会议可以自由择座，即不排定固定座次，由全体与会者随意就座。还可以面门设座，这时候一般面对会议室正门的是会议主席座位，其他与会者在其两侧自左而右地依次就座。还可以依景设座，即会议主席位置不必面对会议室正门，而是背依会议室内主要景致，如字画、讲台等，其他人仍在其两侧自左而右地依次就座。

大型会议。需要在会场上分设主席台和群众席，而主席台必须排座，分为主席团排座、主持人席、发言席。

主席团排座。主席团指在主席台就座的全体人员。排位次规则是：前排高于后排、中央高于两侧、左侧高于右侧。

主持人席。会议主持人（大会主席）席一般在三个位置：前排正中央、前排两侧、按其具体身份排座（但不应坐在后排）。

发言席。在正式会议上，发言者发言时不宜坐在原处，一般在主席团正前方或主席台右前方。

会议效率意识

作为会议组织者，必须要有提高会议效率的意识，杜绝会山会海。

对于一般性会议，可以召开无会场会议，如线上视频会议，以大幅节约会议成本。要注意集中会议主题，不管安排几项会议内容，都要使会议主题明确，删掉那些可有可无的内容，这样既方便讨论，更方便执行。还要注意做好限定，会议起止时间、发言时间、讨论的内容范围限定、时长限定、讨论结果要求等，事先都应有明确要求。

当自己是单位或部门领导时，应带头端正会风，提高会议实效，开短会、讲短话，力戒空话、套话。和自己无关的会议不参加；准时参加会议，并严格遵守会议礼仪；带头控制发言时间；等等。

会后工作

政务会议结束，其后续工作主要有以下三项：

形成文件。包括会议决议、会议纪要等。一般要求尽快形成，会议一结束即下发或公布。

处理材料。根据工作需要和有关保密制度的规定，在会议结束后应对有关的一切图文、声像材料进行收集、整理。收集、整理会议材料时要遵守规定与惯例：应汇总的材料一定认真汇总；应存档的材料一律归档；应回收的材料必须如数收回；需要销毁的材料一定要仔细销毁。

协助返程。大型会议结束后，主办单位应为外来与会者提供返程便利。主动为对方联络、提供交通工具，协助订购、确认返程机票、车票。当团队与会者或与会的重要人士离开本地时，还要安排专人送行。

参加工作会议礼仪

工作会议是单位集中传达重要事项或讨论工作事宜的集会。参加者因在会议上的角色不同，而有不同的礼仪要求。不管是普通参会者、主持人，还是发言人。需要注意什么呢？

会前准备

会议在哪儿开？什么时候开？会议主题是什么？会议要开多久？这次会议自己或者本部门有什么问题需要解决？要传达什么精神？和自己的本职工作有什么关系？有上级领导或外单位专家发言的，还应提前对发言者作适当了解，以帮助自己理解发言内容。

当公务人员带着问题参会，参会的效果当然会更好，尤其需要参与讨论或发言时，更能帮助公务人员解决实际问题。

即使平时对穿着没要求，但有外单位或上级领导参加时，穿着也应比平时正式一点。这是事关单位形象和职工精神面貌的问题，不容忽视。

参加会议时，不能只带着脑袋，应提前准备好记录的本、笔等。会议开始前把手机设置为振动或静音状态，保持会场肃静。提前去卫生间把“问题”解决好，省得刚开会你就“有事”。

不迟到、不早退。会议开始前5分钟左右就应进入会场，不要让大家等你“粉墨”登场。到达会场时谨守分寸，选择符合自己身份的位置入座。当人少且会场大时，应主动往前坐，而不是只挑最后、最偏的角落。

参会主持人

会议主持人，一般由一定职位者担任，其礼仪表现对会议能否圆满成功有重要的影响。

主持人应发型整齐大方，面容清洁清新，衣着整洁，精神饱满。步伐稳健有力地走上主席台。

入席后，如站立主持，腰背挺直。女士应双腿并拢站立或站成丁字步；男士双腿可以稍分开而站（分开的宽度不超过自己的肩宽）。持稿时，右手持稿的底中部，左手五指并拢自然下垂。双手持稿时，要和胸齐高。坐着主持应身体挺直，双臂前伸，两手轻按桌沿，主持过程中，切忌出现搔头、揉眼、抖腿等不雅动作。

主持人应根据会议性质调节会议气氛，或庄重，或幽默，或沉稳，或活泼。发言口齿清楚，思维敏捷，简明扼要。

主持会议期间，主持人对会场上的熟人不宜打招呼，更不应寒暄闲谈。

主持人宣布会议开始、邀请相关人员发言、宣布结束会议。如涉及外单位的会议，主持人还要介绍自己、与会者特别是主要嘉宾。

他人发言时

工作会议是因“公”而开。他人发言时，公务人员作为倾听者必须遵守参会礼仪，这既是参会目的所需，也是基本的礼貌。

会场上保持会议应有的氛围，至少不要主动添乱。有时候难免会遇到“舍不得结束”的发言者，再加上声音没有激情，语言表达平淡，时间一长就像催眠曲。即使如此，也应提醒自己，绝对不能在会场上睡觉或者干其他无关会议本身的事。

发言者议题即使和自己的工作没有直接关系，也不应有明显的消极表现。多一点了解至少没坏处。

本部门或人数少的会议，应积极发言，做个会议的参与者。这正是领导所希望的。

工作再忙，也要避免在会场接打手机。有紧急的电话，以不影响他人的方式离开会场，到外面接听，并三言两语结束。因公非回不可的微信，简单沟通后，等会议结束再具体联络，不要在会场上微信响个没完。

会场上拍照应用静音，关闭快门，以免影响其他人。

有急事找会场里的人尤其主席台上的人，不应敲门往里闯。比较得体的方式是，以不影响他人的方式进入会议室，并将写好事项或要找人的字条交给有关人员。

会中尽量不离开会场。必须离开时也要轻手轻脚，不干扰他人。长时间离开或提前退场，应该和会议组织者或自己的主管领导打招呼，说明理由，征得同意后再离开。

他人发言时，自己坐姿端正，用友善的目光注视着发言人。不应东倒西歪或趴在桌子上，更不应交头接耳、脱鞋、抖腿、在会场内随意走动、接打电话、发微信、玩手机游戏、看书、抽烟、转笔、吃零食、躺坐在座位上、睡觉、捏矿泉水瓶等。即使对发言人不满，也不可以有吹口哨、鼓倒掌、喧哗起哄等失礼行为。听到重要、有启发或者和自己的工作相关的信息应认真记录。

他人发言期间，应表现出严谨的态度，认真听讲的姿态不仅表明了自己的工作态度，也是对正在发言者的尊重。开会一般都有领导在场，心不在焉也影响领导对自己的评价。

发言中还要给予积极的回应，并不是一直老老实实地坐着就是尊重对方，而是应有一定的目光交流，对待赞同的观点，应用点头、微笑或目光注视对方等方式予以回应。

他人发言结束，应鼓掌以示对他讲话的肯定和支持。

即使是小范围的会议，打断他人发言也是失礼的。有问题应等对方停顿或发言结束再提。有听不明白的，可以礼貌地请对方再作说明。要求发言先示意，经过主持人或发言人同意后再发言，发言结束表达感谢。会议中即使观点不同，也应以理服人，不搞人身攻击或讽刺挖苦。

即使不认同他人发言，也必须控制情绪，当众反驳、粗暴否定是无礼的。

会议结束

应等最后一位发言人发言结束且主持人宣布会议结束后再起身。自己坐过的（可移动）座椅，主动轻声地归回原位，带齐自己的参会物品，有序离开。对于有外单位参加的会议，尤其应注意素养，比如与来宾正好同行到狭窄的过道、门时，应礼让对方先行；进电梯时，主动做好适当的协助。

政务会议发言礼仪

公务人员经常需要会议发言，不管是平时开会的即性发言，还是正式会议上有讲稿的发言。会议发言能很好体现出公务人员的业务能力、修养风度及临场应变能力。怎样做好政务会议发言呢?

了解情况

会议发言的目的是让大家了解你所讲的内容、接受你的观点，传达某种信息或贯彻某种精神。首先就要清楚会议主旨是什么，是工作安排工作总结?讨论事项?贯彻什么会议精神?这次以什么角色出场?内部会议时，你的身份是领导、同级还是下属?是团队一分子还是局外人?有外单位参加时的发言，你是兄弟单位、下级单位还是上级单位?是甲方还是参与方或支持方?其次还要知道是哪些人听你发言?不同的情况，不同的听众，对内容了解的侧重点或详略形式自然有所不同。恰如其分的定位及相应的内容设计，能很快拉近和听众的距离，使发言气氛和内容更为听众所了解、接受。

注意内容

据《中国新闻周刊》报道，“首届世界大城市高层论坛”在某城市举行，有25个国家近60个城市的市长和市长代表参会。某些市长的发言表现遭到了媒体的非议。某些市长发言时不讲场合，千篇一律，用的全是平时政治生活中使用的那一套“话语系统”，讲政治宣传的多、讲问题研究的少，以致外国的市长和记者感觉这些发言者都是一个面孔，听得“云里雾里，不知所云”。

在有限的时间段内，要想完全借助于语言、手势、表情等向听众讲明主题，就要求在发言内容的准备上一定要考虑到听众群体，内容能够突出主题、观点鲜明，避免废话、少一点套话。当听众都是外国人时，有些特殊名词如“解放”“改革开放后”“十一届三中全会”等，绝大多数外国人听到这些可能根本不知道在说什么，而如果用具体的年份表示则更能让人明白。

发言中如果引用例子，则必须简短、有力，对主旨有明确的升华作用，且做到详略得当、回收及时。

发言内容通常包括开场白、主体、结尾三部分。常用的开场白有点明主题、交代背景、提出问题等作用。目的都是使听众立即了解发言主题、引入正文、引起思考，要求简短、明确。

主体部分必须有重点、有层次、有中心语句。发言主体的层次安排可以按时间或空间顺序排列，也可以平行并列、正反对比、逐层深入。为了便于听众理解，应注意各段落的连贯、过渡、转折和前后呼应。

结尾起着深化主题、升华情感的作用。结尾方法有归纳法、引文法、反问法等。归纳法是概括一次发言的中心思想，总结强调主要观点；引文法则是引用名言警句，升华主题、留下思考；反问法是以问题引发听众思考和对发言者观点的认同。另外，发言的结尾也可以用感谢、展望、鼓舞等语句自然地结束，给人留下深刻印象。结尾力求精练、简短。不宜再在结束语中补充发言的主体内容，否则容易给人留下逻辑混乱、颠三倒四的不良印象。

语言表达

为让听众从听觉上更有感染力，要注意语言节奏和内容表达的口语化，并注意逻辑严密、语句通顺。同时还应考虑不同群体的特点。当面对基层群众尤其是老人居多时，语言表达就应尽可能以大白话结合耳熟能详的例子；面对非专业人士，自己的工作极具专业性，那么表达上也应考虑到少用专业术语名词；当引用典故、名人名言或历史事件时，务必要确保所用内容的准确、恰当。

前几年，中国新党主席郁慕明访问某高校，该校校长在致辞开篇引用《诗经》中“七月流火”的句子：“大家好！七月流火，但充满热情的岂止是天气；今天，我们××大学的师生以火一般的热情，在这里欢迎郁慕明先生一行……”将原本表达天气将越来越凉的句子误解成了炎热的天气。这个看起来不起眼的失误，被诸多媒体及网友质疑：作为以国学见长的名校，其校长却没有起码的国学水准，此事甚至被网友们升级为“七月流火”事件。

发言的速度是发言的重要因素。为营造良好的发言氛围，必须讲究张弛变化的节奏，控制语速。还要注意根据情绪渲染及内容的需要，在适当的地方放慢或者加快发言速度，再配合有变化的语气语调，形成“抑扬顿挫”的良好听觉感受。如果从头到尾都是相同速度或一个音调，听众很容易产生疲倦感。

语言上还要流畅。这就要求事先要熟悉发言内容，如果需要借助其他工具，如PPT，则应事先演示熟练。如准备有发言稿，除了要先熟悉内容之外，还要注意排版断句，不要把一个词断在两行或两页，否则极容易出现读发言稿的时候断句停顿卡壳的现象。

面对提问

当有人提问时，应礼貌而简短地回答，不能答非所问，或者在答案周围绕圈子。对不能回答的问题，机智而礼貌地说明理由或避开，对提问人的批评和意见应认真听取，即使提问者的批评是错误的，也不必失态。

据《南方周末》报道，李瑞环任天津市市长时，常与人大代表、政协委员和各界群众开对话会，每次都是电视现场直播，一问一答，非常活跃。在一次对话会上，一位老太太提出她家的煤气灶经常点不着火，有关部门领导现场解答，讲了许多数字、原因和道理，言外之意就是，由于“供不应求”的原因，点不着火很正常，我们没有责任。李瑞环打断他的话说：那些数字对老百姓没有用，你就告诉大娘多长时间能解决这个问题。这番话赢得了热烈掌声，还被媒体誉为“老太太哲学”，而传为佳话。

情绪调整

发言过程中难免会出现紧张情绪，需要注意调节。心情紧张的时候，不要注视不友好者的目光。把自己的视线投向强烈“点头”以示首肯的人，这样对增强自己的信心有积极效果。可以转移到某个具体物件上，比如留意会场的环境布置，也可以适当低头看看发言稿或一只手扶桌边，或者手握麦克风等。用语言暗示也能调节情绪，比如“今天听众都很熟悉，紧张是多余的”“我准备得很充分”等。

发言中除了必要的低头看发言稿，一般不应低头，否则会给人不自信、缺乏底气的感觉。而且如果这样时间一久，情绪也会跟着紧张起来。

脸部表情。发言内容即使再精彩，但表情单一也很容易使发言变得缺乏说服力和感染力。

开口发言前，先和听众做目光交流，环视全场以稳定情绪。发言过程中经常和全场听众目光接触，特别是坐在后面和前排两侧的听众及重点听众，比如身份高者、来宾等，对重点听众多花点时间做目光重点交流。目光接触的速度适中，慢慢地环视，而非扫视。另外，重点交流并不是紧抓不放。

发言中偶尔表达出轻松的微笑，再配合用眼睛经常有意地环视会场上的每个人，既显示自信，又说明重视会场上的全体听众。

肢体动作

离开座位去发言席、讲台发言时，应做到步速正常，步态自然，刚劲有力，抬头挺胸，双眼平视前方，表现出成竹在胸、自信自强的风度和气质。

站的位置很有讲究，既要站在每位听众都可看到的位置，又能便于参考自己的发言资料，有多媒体道具时还要能方便操作多媒体。站立时应挺胸收腹，没有必要两脚并拢站立，那样显得小气而拘谨；双腿分开也不宜过大，一般以一脚的长度左右为宜。左右不停地换脚、依靠在讲台上，频繁地踱步、抖脚，都属于消极的站姿，发言中必须避免。

书面发言则要注意适当停顿，停顿时抬头扫视一下会场，和与会者做眼神交流，不能一直旁若无人地低头读稿。

手势在发言的仪态中引人注目。适当、得体的手势运用，能够强化听众的视觉效果，并增强发言气势、渲染发言气氛。

在讲台后面发言，可以双手自然地放在讲台两侧。没有讲台时，双手垂放在身体两侧，或操作多媒体，握住白板笔、遥控笔、教鞭及做手势等。无论什么情况，都不能把双手放在裤子口袋内，或是不自然地交叉手臂发言。手里拿着遥控笔或教鞭时，则应避免天马行空般乱画。

发言中需要邀请他人发言时，手指并拢手心朝上（手掌与地面约呈 45 度角）做抬起状邀请。

用遥控笔、教鞭或食指指点他人，站着双手抱在胸前，摆弄双手，手或者拳头在空中不停挥舞，这些都是不得体的表现。

发言完毕应向全体与会者鞠躬表示感谢，再从容退场。

参加视频会议礼仪

来自 2021 年 8 月 11 日澎湃新闻的消息。某省“阳光在线”直播节目中，某地的文广旅局两名与会者仰靠在椅子上玩手机。在主持人提醒后，两人仍在玩手机，通过表情可以看出绝不是看手机上的工作文件。当晚，二人所属的文广旅局通报：二人违反会场纪律，约谈并检讨。

网络时代，视频会议（线上会议）使得人们在不同地点、时间，都可以随时开会商讨事宜，同时也可以极大地降低成本。

如果是集中在本单位会议室参加视频会议，那么也应提前到场，测试视频设备、做好准备。

如果是用手机或电脑开线上会议，那么务必要提前做好线上测试，避免着急忙慌地掐点进来，才发现会议软件需要升级后才能登录，这就显得很失礼了，尤其是有上级领导或外单位人员参加或大家等着你发言时。

参加视频会议，即使是在家里开会，也应注意形象和背景，不要穿着睡衣，蹲在马桶上、躺在床上打开视频就开会，不管是面部形象还是发型，都应干净、整洁、利落。也不能坐在餐桌旁，边直播吃饭边开会。即使是同事之间，也应对同事和工作有起码的尊重。

尤其是和外单位的视频会议，这种情况下在穿着上就更要注意了。穿着上适当正式些，同时考虑到背景，所穿衣服应与身后背景有颜色反差，不穿细格子花纹或细条纹的衣服，否则从镜头上看，会有晃动感。如开美颜，美颜程度不宜太高，否则面目全非反而尴尬。

视频会议，在镜头前要注意举止，坐有坐相，不要躺在座位上或趴在桌子上，不应有抖腿、抠鼻子等不雅举止。表情自然、亲切，认真听他人发言，听到重要内容还应做适当记录。

当自己发言时，即使是看发言稿，也要注意适时面对镜头，不能一直盯着稿子念。还应控制语言的节奏，尽可能在声调上有抑、有扬。有外单位参加的线上会议，说话前应先作自我介绍。

视频会议，说话时应适当配合手势，以增强感染力。但手势不能过多过杂，以免给人以手舞足蹈的感觉。他人说话时注意保持倾听的姿态，不做与会议无关的事，不要以为线上会议别人发现不了自己的分神分心。

新闻发布会组织与安排

新闻发布会是一种主动公布有关消息或情况，谋求新闻界对某一社会组织或某一活动、事件进行报道传播的会议活动形式，是现代政务活动的重要一环。新闻发布会的特点是正式、隆重、规格高、传播广。

会议步骤

常规的新闻发布会一般有六个步骤，但有时根据情形没有第六步：

第一步　主持人宣布开会；

第二步　主持人介绍应邀参加会议的政府官员和主要发言人；

第三步　说明记者提问规则、提问时间等；

第四步　宣布提问开始，并指定提问记者；

第五步　宣布提问截止时间到，提问结束；

第六步　组织参观或宴请。

其中，往往这种情况下的宴请，以自助餐形式居多。不管是点餐式还是自助餐，务必要符合用餐标准，不得超标。

组织工作

新闻发布会的组织工作主要是发布会筹备和媒体邀请。

发布会筹备，最重要的是确定主题、时间、地点、人员安排、材料准备等。

新闻发布会的主题，指的是新闻发布会的中心议题。主题确定是否得当，往往直接关系到本单位的预期目标能否实现。主题一般是发布消息、说明活动或解释事件这三类。

选择发布会的时间应注意避开节假日，避开本地的重大社会活动，尽量避开其他同类单位和本单位主题类似的新闻发布会，还要避开和新闻界宣传报道重点“撞车”或“相左”。最好是周一到周四的上午 10 点至 12 点，或下午 3 点到 5 点左右。一次新闻发布会应限制在两小时之内。

地点除可以考虑本单位所在地、活动或事件所在地之外，还可优先考虑首都或其他影响巨大的中心城市。必要时还可在不同地点举行内容相似的新闻发布会。举行新闻发布会的现场，应交通方便不易堵车、条件舒适、面积适中，像本单位的会议厅、宾馆的多功能厅、当地有影响的建筑物等，都可以选择。

人员安排非常重要。发布会主持人应仪表端庄，年富力强，知识面广，反应灵活，语言流畅，幽默风趣，善于把握大局，长于引导提问，并且具有丰富的主持会议的经验，多由主办单位宣传部长、办公室主任等担任。发言人应修养良好，学识渊博，思维敏捷，能言善辩，业务熟悉，通常由本单位主要负责人或业务部门主要负责人担任。还要精选本单位的员工负责会议现场的礼仪接待或外请专业公司礼仪接待人员进行现场接待服务。

准备新闻发布会时，主办方通常要准备好四方面材料。首先是发言提纲，这是发言人在新闻发布会上正式发言的提要，既要紧扣主题，又须全面、准确。其次是问答提纲，为了使发言人在现场正式回答提问时表现自如、不慌不忙，应事先对有可能被提到的主要问题进行预测，并就此预备好针对性的内容，以使发言人心中有数。再次是宣传提纲，为了方便媒体报道时资讯翔实，主办方最好事先准备好有关数据、图片、资料为主的宣传提纲，在新闻发布会上提供给与会者，同时在宣传提纲上列出单位名称及联系方式，以供媒体核实。最后是辅助材料，条件允许时在新闻发布会现场预备能强化会议效果的形象化视听材料，如图表、实物、模型、照片、视频、幻灯片等，以供与会者使用。会前或会后也可以请与会者进行现场参观。

决定召开新闻发布会之后，邀请哪些媒体与会就显得很重要。电视、报纸、网络、广播、杂志五种，其中还要考虑到媒体的层级性、地域性、行业性及口碑的问题。至于具体邀请哪些媒体，应根据实际需要进行侧重、选择、邀请。

主办人员在和媒体打交道时，对对方既要尊重友好，更要坦诚相待。对所有与会媒体一视同仁，不要有亲有疏、厚此薄彼。在规定及条件允许的范围内，尽可能提供对方所需要的信息，切忌弄虚作假，爆炒新闻。而且尊重媒体的自我判断，不要试图左右对方。

善后事宜

新闻发布会结束后，主办单位应在一定时间内评估善后工作。

首先是了解媒体的反应。新闻发布会结束后，核查媒体到会情况，然后了解与会媒体中有多少发表了新闻稿。

其次是整理保存会议资料。整理保存新闻发布会的有关资料，不仅有助于全面评估会议效果，而且还可为此后举行同一类型的会议提供借鉴。这些资料包括会议自身的图文声像资料、有关会议报道的资料等。

最后是酌情采取补救措施。在新闻发布会之后所出现的不利报道，特别要对具体问题具体分析，具体对待。这类不利报道大致可分为三类：一是事实准确的批评性报道；二是因误解而出现的失实性报道；三是有意歪曲事实的敌视性报道。对于批评性报道，主办单位应当闻过即改，虚心接受；对于失实性报道，主办单位应通过适当途径加以解释、消除误解；对于敌视性报道，主办单位则应在讲究策略、方式的前提下据理力争、立场坚定，尽量挽回声誉。对正确报道有关信息的记者和新闻单位，最好通过电话或邮件表示谢意。

媒体采访与应对艺术

公务人员参加新闻发布会或被媒体采访时，务必注意相关礼仪和惯例，否则极容易造成不可弥补的误解和影响。

同时，国家各级单位包括事业单位、国企，因公被采访往往有严格规定，一般有专门的可接受采访的宣传部门或被授权的特定人员，其他人不可以随意接受媒体采访。

个人形象

新闻发布会，代表主办单位出场的发言人和主持人，被媒体视为主办单位的化身和代言人。所以主持人、发言人对于自己的仪表应提前做好修饰。

按惯例，发言人、主持人应进行必要的化妆，并且以化淡妆为主。发型应当庄重而大方，男士穿深色西服套装、白色衬衫、深色袜子（最好是黑色）、黑鞋，并且打领带；女士则宜穿单色套裙，肉色丝袜，高跟皮鞋。服装必须干净、挺括，一般不戴首饰。在面对媒体时，主持人、发言人都应注意举止的自然和大方：面含微笑，目光炯炯，表情松弛，坐姿端正。

当然，在新闻发布会现场的本单位其他工作人员，也都不应随意。

做好配合

不论是发言人还是主持人，在新闻发布会上都应做好相互配合，口径一致，不能意见相左、相互拆台。当媒体提出的问题过于尖锐或难回答时，主持人应主动转移话题，避免发言人难堪。而当主持人邀请媒体提问之后，发言人一般应给予对方适当回答，不能简单拒绝。

发言人、主持人之间的彼此支持，在新闻发布会上极其重要。想真正做好相互配合，就要做到分工明确、彼此支持。主持人做到主持会议、引导提问；发言人做到主旨发言、答复提问。有时在重要的新闻发布会上，为慎重起见，主办单位往往安排数名发言人同时出场。当发言人不止一人时，事先必须做好内部分工，各管一段。一般来讲，发言人的现场发言应分为两个部分，首先进行主旨发言，接下来才回答疑问。当数名发言人到场时，其中一人做主旨发言。

语言艺术

当然，采访不都是在现场，也可能是电话采访。但不管是在现场还是电话采访，都必须注意语言艺术。

前几年曾发生一起动车追尾事故，造成重大交通事故。随后召开的现场抢险情况新闻发布会上，有记者问新闻发言人，之前已宣布动车内没有生命迹象，但为什么之后还发现一位活着的女孩。

这位发言人回答：“这是一个奇迹。”

在场的记者被这种不负责任的表态激怒了，纷纷说：“这不是奇迹！”

而此时，这位发言人又火上浇油地说了一句：“不管你们信不信，反正我信了。”

此言一出，立即引起轩然大波。“不管你们信不信，反正我信了”这句话也成了网络流行语。

新闻发布会上的言行，都代表着主办单位甚至政府的社会形象。所以，必须掌握好讲话的分寸尺度。

首先要简明扼要。不管是发言还是答问，要条理清楚、重点集中。不要卖弄口才、口若悬河。

其次要提供新闻。媒体就是为新闻而来，所以在不违法、不泄密的前提下，要尽量满足对方在这一方面的要求，在讲话中善于表达自己的独到见解。

再次要生动灵活。在讲话之际，讲话者的语言是否生动，话题是否灵活，往往直接影响到现场的气氛。面对冷场或者冲突爆发在即，讲话者生动而灵活的语言，往往可以化险为夷。所以，适当采用一些幽默风趣的语言、巧妙的典故，也是必不可少的。不管记者提出怎样刁钻的问题，都应尊重记者，以礼相待；不能因为媒体的层级或知名度不同，而对记者有明显的态度上的区别；当提问结束时，发言人应向到会的记者表示感谢。

当然，如果是肃穆、庄严、沉痛事件而召开的新闻发布会，如果还表现出幽默风趣，往往就会适得其反，甚至此时要管理好自己的表情，以使之符合人们对当前事件的心境。

来自环球网2022年11月的消息。韩国总理韩德洙主持召开梨泰院踩踏事故外媒记者会。然而在有外国媒体记者就事故向韩国政府问责后，韩德洙却扭头向现场翻译负责人开起了玩笑，表示要就听不清翻译内容对有关人员进行问责。当天，还有媒体发现韩德洙在记者会进行期间时不时露出笑容。韩国总理在记者会上一系列的表现，在韩国国内引发了争议。网民认为，韩德洙在这件事的记者招待会上露出微笑是不合时宜和不合适的。对此，韩国总理办公室随后发布公文，就引发的相关争议道歉。

此外，还要注意语言技巧。有时记者为了追求新闻的轰动性，会问刁钻的问题，还会千方百计地找被采访者的语言漏洞，设置种种“问题陷阱”。这时候如果发言人被带入这个“陷阱”里，言语就会出现失误。所以发言人应谨慎小心，机智应对，巧妙作答，不要出言不逊。学会巧妙回避，如采用委婉回避、反问驳斥、反诘、间接否定、借此说彼等方法进行回答。

来自《中华文摘》文章《李瑞环演讲的精彩故事》。2000年11月，李瑞环考察香港时，两名女记者抢着提问：“您在讲话中强调了团结的重要，是不是指香港不够团结？”李瑞环笑了，反过来问：“如果我祝你们身体健康，是不是指你们的身体就不健康呢？”继而他又转向其他记者，“可不可以这样理解呀？”

当李瑞环面对记者的语言陷阱，没有正面回答，而是反过来向对方发问，把球踢给了记者。

最后要温文尔雅。新闻记者大都见多识广，加之又是有备而来，所以他们在新闻发布会上经常会提出一些尖锐而棘手的问题。遇到这种情况时，发言人能答则答，不能答则应当巧妙地避实就虚，或是直接说无可奉告。无论如何，都不要恶语相加、表达出主观情绪，甚至粗鲁地打断对方的提问。如果说话吞吞吐吐、欲言又止，也难以给人留下好印象。

来自中央纪委国家监委网站2020年10月24日的消息。近日，某省的一名镇政府干部在接受该省广播电视总台《政风行风热线》采访时称“现在刁民太多了，也就是你们这些新闻媒体，支撑着他们这个行为”。音频传出后舆论哗然。随后镇政府就此事发布通报，向栏目组和广大群众诚恳道歉，涉事干部也已向节目组道歉，并表示愿意接受组织的任何处分。

另外，在针对突发公共事件的新闻发布会上，发言人还应遵循“五不要”原则：不要推测事件的结果，特别是伤亡的人数；不要使用行话，避免公众听不懂，又需要另外解释；不要推卸责任，对责任的界定属于法院或仲裁机构的事情，推卸责任反而会引发民众的愤怒；也不要对新闻媒体和记者说“无可奉告”“请不要报道这些事”“此事可能是……”之类的话；不要发布不准确的消息，事件信息要全面、准确，有理有据，经过核实，正确引导舆论而不是要挟舆论。

视频采访应对

视频不仅包括电视媒体，还有网络视频媒体，尤其网络视频现在传播的速度和广度不容小觑。

相对其他媒体形式而言，电视采访是一种特殊的采访形式，采访的效果受到各种因素的制约，比如背景颜色、出镜人物的妆容等。

无论是在录影棚还是在办公室接受电视采访，都有一个背景。所以如果提前知道要采访，着装的时候，最好了解一下背景的颜色，使自己着装的主色和背景颜色能有反差，使被采访者看上去轮廓分明。如果背景是浅色的，还穿浅色衣服的话，就可能看不清楚轮廓线在哪里，容易造成“肥胖”的错觉。

忌穿小格子或窄条纹的衣服，也要慎重穿纯白色的衣服。否则会影响视觉效果。

还要注意化妆。女士上镜妆要比日常妆化得更仔细一些，粉底、眼影、腮红、睫毛膏、眼线、唇膏一样也不能少，最后还要扑一些透明散粉。男士在上镜之前同样需要修面，条件允许最好扑一些散粉遮盖脸上过多的油光。

在镜头前面，还要注意自己的举止。表情要自然、亲切，保持微笑。说话的时候可以适当配合手势，以增强感染力，但手势不能过多过杂，以免给人以手舞足蹈的感觉；也别过大，否则容易跑出画面。还要坐有坐相，不要躺在座位上、趴在桌子上，也不要抖腿等。

另外，在语言表达上，注意和提问者、主持人的配合，不要只看镜头不看主持人，也不要只看主持人不看镜头。注意保持一个适当的语速，不要和主持人抢话。

茶话会举办与参加

茶话会是为联络老朋友、结交新朋友而开的、具有对外联络和招待性质的社交性会议形式，尤其在辞旧迎新之际，茶话会这种形式更是受到普遍的青睐。参加者以不拘形式地自由发言为主，一般备有茶点，不排座次（起码座次安排不会过于明显），与会者也不用签到。

茶话会主题

茶话会的主题可以分为三类，即联谊、娱乐、专题。

以联谊为主题。以联谊为主题的茶话会，是最常见的形式。它的主题是为了联络主办单位同应邀与会的社会各界人士的友谊。在这类茶话会上，宾主通过叙旧与答谢，可以增进相互之间的进一步了解，密切彼此之间的关系。除此之外，它还为与会的社会各界人士提供了一个扩大社交圈的良好机会。

以娱乐为主题。是指在茶话会上安排了一些文娱节目或文娱活动，并且以此作为茶话会的主要内容。这一主题的茶话会，主要是为了活跃现场的氛围，增加热烈而喜庆的气氛，调动与会者人人参与的积极性。与联欢会有所不同的是以娱乐为主题的茶话会所安排的文娱节目或文娱活动，往往以现场与会人员的自由参加和即兴表演为主，强调重在参与、尽兴。

以专题为主题。是指在某个特定时刻，或为了某些专门的问题而召开的茶话会。它的主要内容是主办单位就某一专门问题收集反映，听取专业人士的见解，或者是和某些与本单位存在特定关系的人士进行对话。召开此类茶话会的时候，尽管主题既定，仍要倡导与会者畅所欲言。为了使会议轻松活跃，茶话会的专题允许宽泛一些，而且允许与会者的发言适当跑题。

来宾邀请

主办单位筹办茶话会，必须围绕主题来邀请来宾，尤其是确定好主要的与会者。来宾可以是本单位的顾问、社会知名人士、合作伙伴等各方面人士。

茶话会的来宾名单一经确定，要以请柬的形式向对方提出正式邀请。按惯例，茶话会的请柬应在半个月之前送达或寄达被邀请者手中，被邀请者可以不必答复。

时间地点

辞旧迎新、周年庆典、重大决定前后、遭遇危难挫折时，这些都是召开茶话会的良机。

根据惯例，举行茶话会的最佳时间是下午 4 点、上午 10 点左右。当然还要考虑到与会者尤其是主要与会者的方便与否以及本地的作息习惯。

茶话会往往可长可短，关键是要看现场有多少人发言，发言是否踊跃。一般情况下，都限定在一小时至两小时之内。

按惯例，适宜举行茶话会的场地主要有主办单位的会议厅，宾馆的多功能厅，主办单位负责人的私家客厅，或主办单位负责人自家庭院或露天花园，也可以包场高档茶楼或茶室。而餐厅、歌厅、酒吧等地方不适宜举办茶话会。

准备茶点

茶话会不上主食，不安排酒品，只提供茶点。在茶话会上，为与会者所提供的茶点，应当被定位为配角。对用来待客的茶叶、茶具尽量挑选上品，注意照顾与会者喝茶的不同口味。

最好选用陶瓷茶具，并且讲究茶杯、茶碗、茶壶成套。

还应略备一些点心、水果或是地方风味小吃。需要注意的是，茶话会上的点心、水果或风味小吃应品种适合、数量充足并方便拿取，最好同时配上擦手巾。

按惯例，在茶话会举行后不必再聚餐。

座位安排

茶话会的具体座位安排，有下面几种办法。

环绕式。就是不设立主席台，把座椅、沙发、茶几摆放在会场的四周，不明确座位的尊次问题，而听任与会者在入场后自由就座。这种座位安排方式最流行。

散座式。室外举行的茶话会常用这种座位安排方式。它的座椅、沙发、茶几四处自由地组合，甚至可由与会者根据个人要求而随意安置。这样更容易创造出宽松、惬意的氛围。

圆桌式。在会场上安放数张圆桌，请与会者自由组合。当人数较少时，则可以在会场中央放一张椭圆形会议桌，与会者在周围就座。

主席式。这种是把主持人、主人和主宾安排在一起就座，并且按照常规就座。

茶话会议程

茶话会一般有四项基本议程。

宣布开始前，主持人请与会者各就各位，宣布开始后简单介绍主要与会者。

主办单位的主要负责人讲话。以阐明这次茶话会的主题为中心内容，还可以代表主办单位，对全体与会者表示欢迎和感谢，并且恳请大家一如既往地理解和支持。

与会者开始发言。这些发言在任何情况下都是茶话会的重心。为确保与会者在发言中直言不讳、畅所欲言，通常主办单位事先不对发言者进行指定和排序，不限制发言具体时间，而是提倡与会者自由即兴式发言，一个人可以多次发言。

主持人略作总结后，可以宣布茶话会结束。

举止与发言

一般来说，茶话会主办得是否成功，重点在于主持人引导是否得法和与会者发言是否充分、得体。

茶话会主持人所起的作用往往不只是掌握、主持会议，更重要的是能够在现场审时度势、因势利导地引导与会者的发言，并且控制会议的全局和进程。

大家争相发言时，由主持人决定先后。没有人发言，主持人应引出新话题，或恳请、邀请某位人士发言。而当与会者之间发生争执、产生歧义时，主持人应进行劝阻。

与会者发言之前，主持人应对发言人略作介绍。在其发言的前后，应由主持人带头鼓掌致意。如有人严重跑题或言辞不当，主持人应及时转换话题，而不是粗暴打断。

与会者发言时，表现必须得体。想发言可以举手示意，但同时也要注意谦让，不和他人争抢。不论自己有什么高见，打断他人的发言来插嘴，都是失礼的。发言的时候，注意语速适中，神态自然，用语文明。肯定成绩时，做到实事求是，力戒阿谀奉承。提出批评时，态度友善，切勿夸大事实甚至讽刺挖苦。和他人意见不合时，注意“兼听则明”，并且一定要保持风度切勿当场对其表示出不满甚至进行人身攻击，否则既有失风度又让主办单位为难。

小提示大道理

身居领导岗位的同志，应带头端正会风，提高会议实效，开短会、讲短话，力戒空话、套话。另外，和自己无关的会议不参加，带头控制发言时间，等等。

第六课

人际交往与关系协调

THE
SIXTH LESSON

他山之石

陈科长最近总是满腹心事的样子，俨然没有了半年前的豪情壮志。

原来，他发现下属对他的抵触情绪越来越强烈，这让他百思不得其解，自问这半年来，他关心、体贴每一位下属，为什么还会这样呢？

自升任科长半年来，为了和下属处好关系，没少和大家培养感情。比如，在任何时候都和大家打成一片，称兄道弟、勾肩搭背、不分彼此；下属之间闹矛盾时，他积极出面协调，实在不好协调就建议下属之间少来往，避免摩擦；经常把下属手头的工作揽一些过来，帮他们提前完成工作任务；下属工作出现明显差错时，他不但不去指出，还往往装作不知道，然后自己悄悄“善后”，给下属“留”情面。

原来，陈科长是好心办了坏事。他公私不分，没有树立领导尊严、威信，没有促进下属之间的精诚团结，不善于分配工作、越俎代庖。这种“好好先生”式的领导，不利于工作的开展，也难以真正受到下属的拥护和尊敬。

不管哪个岗位、什么身份的公务人员都要和同事、领导或群众打交道。尊重领导是天职，尊重同事是本分，尊重下属是美德，尊重群众是常识。和大家的关系如何，不仅影响工作效率，还关系到同事关系、干群关系。

尊重领导是天职

领导是一个部门或单位的灵魂。尊重领导是下属的天职，是上下级之间良好交往、沟通的基础。

维护权威

严格按照领导的指示工作，这是行政机关中最显著的特征。公务人员对其主管领导或领导的命令、指示必须坚决服从，即便有意见或不同想法，也应执行。对领导指挥中的错误可以事后提出意见，或执行中提出建议，这是形成高效能指挥系统必不可少的条件。

工作上支持领导。从某种意义上说，支持领导既是下级的一项义务，也是服从领导的具体体现。支持领导，重在表里如一。把本职工作做好了，认真地完成领导所下达的各项任务，就是对领导最大的支持。在日常工作中，要积极响应领导的号召，急对方之所急，自觉配合领导的工作，切忌阳奉阴违、口是心非。

给领导争面子。作为下级并不是消极地给领导保留面子，而是在一些关键时候、“露脸”的时刻给领导争面子，而不是“掉链子”。

明确自己的职责，不推卸责任。避免工作中的扯皮、办事拖拉、推卸责任、诿过他人等不良的工作作风。

发现领导有错，错误不明显、无关大碍，可以“装聋作哑”；错误确有纠正必要时，找一种能使领导意识到而不是当众纠正的方式。那种发现问题不说，事后出了问题再放马后炮的行为，是非常让人厌恶的。

领导考虑的是全局，难以事必躬亲，并且领导也是普通人，难免有错。当领导理亏应给“台阶”下，不必较真。如因无关原则的非要较真而伤了和气，不利于今后的工作，代价也太大了。

提建议注意方法、场合和态度，避免让人感觉是恶意顶撞或故意为难领导。

公众场合或对外交往中，下属应处处尽可能地维护领导形象、尊重领导，突出领导。

小姜作为主管，完成了单位的一个重要项目。每当兄弟单位来考察学习，夸奖小姜的能力时，小姜总会对兄弟单位的人说：“如果没有我们领导的大力支持，我们小组也不可能完成！”

一起参加聚餐或宴请时，请领导先入座、先点餐、先动筷、先敬酒，并做好必要的提醒。

一同外出，下属应主动做好后勤工作，如联络、订酒店、订餐、联系车辆、订票等。

应对批评

“常在江湖飘，哪能不挨刀。”领导有领导的思路，你有你的见解，所以难免有偏差而受到批评，这再正常不过了。

下属必须理解：或许领导批评的分寸、口气、方式等不一定适宜，但出发点都是对工作负责，把工作做好，避免出现差错、损失，希望下属的工作尽善尽美。所以必须克制自己的对抗情绪，表现出应有的气量，不当面反驳的同时还要表现出你的接受。重点了解领导在批评什么，把批评当作教导，努力改过。领导批评得不对，就当是在表达不同意见就好，没必要当面反驳。认为有委屈或误解，可以私下再解释。

适时汇报

适时汇报工作，这是建立上下级关系的基础。工作进展到一定程度，或者遇到会影响工作进度的重大困难，都应主动汇报。让领导随时掌握工作进度，或者请领导提出意见，这样方便领导掌握全局。

实际上，很多下属在这方面做得远远不够。笔者见过不少单位的下属，工作做到什么程度、多久能完成，都不习惯汇报，逼得领导主动问他们要“汇报”，如果不提醒，一项工作完成了也不向领导汇报。遇到问题，汇报的时候一味地追问领导怎么办，而没有自己的想法或解决方案，恨不得天天都让领导手把手教。带这样的下属得把领导累死，其实有时只要稍微积极主动一点，就能成为靠谱的下属。

不乱传话

每个人都有自己的缺点和隐私，只是缺点大小不同，或者隐私是否为人所知而已。和领导在一起久了，大家都熟悉了，难免会知道领导的一些缺点或隐私。这些事情绝不应该作为同事间茶余饭后的谈资四处扩散。这是对领导人格最起码的尊重。

领导也是人，所以和认为关系比较亲近、信任的下属交往时，难免会不经意地透露一些尚未公布或者尚未正式形成决策的事情。“有幸”听到，就让猛料在你这里烂死好了，而不应四处传播。否则，既不利于单位的安定团结、影响单位形象，又会影响单位的决策，甚至产生不良的社会影响。

老版的电视剧《亮剑》中，师长李云龙在原配夫人牺牲多年后，与护士小田坠入爱河。李大师长亲自来田家提亲，田父不同意这门亲事。李云龙说，那他就一直站在人家院子里直到同意娶小田为止。李云龙严肃地对他的警卫员说：“这是我自家的事……这件事情绝对不允许你告诉别人。”

试想，如果这件事情被其他战友知道，就会变成大家茶余饭后的笑料，难免会使李大师长尴尬。实际上，警卫员事后也没乱传，这也正是尊重领导的体现。

不越职权

不越职权行事，是职责所在，也是尊重领导的表现。

通常情况下，每个人只有一位直接领导，一般应只向直接指挥自己的领导请示和汇报情况，不应越级请示汇报，不应接受多头领导。没有获得授权，也不能代替领导行使本属于他们的职权。

不越职权，还体现为要服从工作安排。下属应服从领导的安排，即便有意见或不同想法也应执行，对领导指挥中的错误可以事前或执行中提出建议，这是形成高效能指挥系统必不可少的条件。

从某种意义上说，不越权就是支持、尊重领导的具体体现。支持领导，重在表里如一。把本职工作做好了，认真完成领导所下达的各项任务，就是对领导最大的支持。日常工作中切忌阳奉阴违、口是心非。

处理和其他领导的关系

任何单位都有领导班子，由多位领导成员组成，共同担负单位的领导任务。一般对领导应采取中立的态度，尽可能采取等距离的工作方式。对每位领导在工作上应服从、配合、积极协作；在态度上应尊重、友好、不卑不亢。避免越级越位请示、汇报工作。当然，对领导不应有任何惧怕心理，同时不能藐视领导，杜绝有禁不止、有令不行。

不在其他领导面前非议自己的主管领导，即使“非议”的内容是事实，即使对方先开了头。因为你不知道他们之间的真实关系或对方这么说的真实目的。

和领导产生矛盾的时候，头脑要冷静，在交换意见时应心平气和，表达方式要恰当，切忌受情绪干扰。

注意做好工作汇报

所谓汇报，是指根据工作需要和有关规定，将有关的工作情况向有关单位、部门及其负责人进行专门报告的过程。在政务工作中，及时、准确、全面地进行工作汇报，是上下级单位和领导之间进行沟通、保持联络的常规渠道。

汇报，是公务人员的例行公事之一，能不能、会不会汇报，一定程度上直接影响领导各项决策能否及时实施和落地。

工作汇报的方式

书面汇报。这是属于较正式的汇报形式，一般可以通过图表、报告、文档、记录、视频等直观的形式展现要汇报的内容。但也不宜过于复杂、花哨、形式化，内容上突出逻辑和重点；能精简到一页的报告就不要写成三五页，领导并不一定有时间和精力去看长篇大论。

口头汇报。这种多用于不需要书面汇报的场合或临时汇报、紧急汇报，通过口头表述来向领导呈现所要汇报的内容。口头汇报相对于书面汇报，更要在汇报前做足准备，注意表述清晰、逻辑严谨、重点突出。另外还要提前考虑领导会关注到的相关点可能的提问，提前做好准备。

工作汇报的要求

汇报工作要及时。无论是工作结果的汇报还是过程的汇报，一定要及时进行。不能等领导想起来找你要结果问过程进展，才去做汇报的准备。除领导临时要求的汇报，日常领导所关注的核心业务的进展、重点项目阶段性成果进展、重点工作的安排和进展等，一定要及时向领导汇报沟通。

注意多用数据说话。长篇大论的文字描述不如一张清晰精简的图表或思维导图，特别是汇报相关结果性的工作内容，数据图表无论是从完成结果还是趋势都能非常直观地呈现出来。而且要注意用量化的、准确的数据来呈现，忌用模棱两可或“听说”的信息。

需要用简洁明了、通俗易懂的语言，尽量少用术语名词，以方便领导更容易理解你的工作成果。

汇报必须注意逻辑，逻辑清楚的汇报最能体现一个人的清晰思路和强大的分析及问题解决能力。当然，也有利于领导的理解并给出决策意见。如果逻辑顺序不清，再准确的数据、再华丽的文字描述也只会打乱领导的思路，影响汇报效果。

务必注意精练。领导都忙，没时间听长篇大论的汇报，一定要注意内容的精练。所以汇报应只体现该体现的内容，不多说、不越界。

汇报先讲结果。向领导汇报工作时，不管结果好坏都应先呈现结果，这是领导最关注的；而不是不说结果，让领导自己看过程文件或原始材料，这是不当的表现。如果有必要再讲过程、经过。如结果完成得好，汇报中不可居功自傲，沾沾自喜，应及时总结经验，争取更上一层楼，这才是领导想要看到的。在结果导向的前提下，即使过程再艰辛、再困难，也千万不要因为结果没达成目标，就大倒苦水，而是应把该担的责任担起来，找到并分析没达成目标的主、客观原因，再讲以后怎么做。

需要请领导提供决策意见的，千万不能只抛出问题，把“球”简单地踢给领导，让领导想方法。而是应充分准备，提供多套解决方案或思路，分析好各项利弊，同时说明自己的想法建议，领导只需要综合权衡做最终决策就行了。这样既体现了自身在请示时做足了准备工作，也利于领导高效地决策。

汇报应客观。汇报所呈现的内容可能影响领导的重要决策、本单位相关重要工作的开展。无论是书面汇报还是口头汇报，都应以客观事实为基础，不能弄虚作假，瞒上欺下。而且应杜绝从个人主观层面去判定和评价一件事或一个人，带有主观色彩的表述很容易造成不良影响，要讲述的一定是有事实、有依据的内容。

做到有反馈确认。汇报或请示时，如领导有安排布置任务，一定要认真记录关键信息，并在汇报结束前当面向领导确认，以避免理解上有偏差。如没理解领导意图和目的，一定要及时反馈给领导，杜绝因一知半解、不懂装懂而误事。

工作汇报注意事项

提前准备充分，汇报材料中避免出现错别字、错误数据这些低级错误。

邮件汇报作为一种特殊的书面汇报形式，也应和其他汇报一样，先汇报结果。比如，某事情经过调研了解，发现不宜实施，就此事进行邮件汇报时，邮件内容如果仅是“领导，请看附件”，发上详细过程或原始材料的附件文件，让领导自己分析。这样的处理方式自然欠妥。

而如果换个方式，先说结果呢？比如，“领导：经过调研，关于××事情，因××风险过高，建议不实施，详见三个附件：1.××风险一（附件A）。2.××风险二（附件B）。3.××风险三（附件C）。”。后者的这种汇报方式，先提出结果，然后有建议，并以过程（文件）相辅，相信更加符合汇报的本意。

当面汇报要提前预约时间，除非重大紧急事件需要马上汇报，否则一定要提前预约好向领导汇报的时间和地点。

去领导办公室汇报时，应先轻敲办公室门，获得允许后再进，即使门是开着的也要敲门；离开时，将房门恢复到来时的开或关的状态。

汇报时注意时间管理，确保在规定时间内完成，不要浪费时间或过分延长。

汇报应做到尊重而不吹捧，请示而不依赖，主动而不越权。还应杜绝争功抢功、攻击他人等问题。

职权范围内处理的简单问题、日常工作程序既定事项，处理了就处理了，没必要再向领导汇报过程。事无巨细地汇报，有不分轻重甚至邀功之嫌。

在会议室向多人汇报时，应注意和大家有适当的眼神交流，以显示自信、放松的状态，避免一直盯着 PPT 念。

另外，在口头汇报时，不要汉语、外语混用。个别留过学的人，说话时总喜欢夹带一些外语单词。这给人的感觉是在炫耀自己的留学学历，这种行为也不符合公务人员严谨的政务形象。

尊重同事是本分

和同事和谐相处，进行良好的协调和沟通，也是现代优秀公务人员应有的重要素质。同事关系融洽，有利于工作的开展和完成；同事关系紧张甚至时有摩擦，必然会阻碍事业的发展。

世界上没有两片树叶是完全一样的，不能处处要求别人，更不能用望远镜看自己，用放大镜看别人。最好改变的是自己，以下就从自己的角度介绍怎样处理好同事关系。

打成一片

大家都不太喜欢貌似清高的人。所谓清高，就是过于个性，显得和大家格格不入。比如，早上见到同事不打招呼而故意装作没看见，不愿参加集体活动，平时不管大家讨论什么话题都不发表任何意见或不屑地离开，尽做气氛的污染者。与同事相处，正确的方法是尽可能和绝大多数同事打成一片：合得来的多交往，合不来的适当交往，而不是不交往。交往是为了保持起码的工作情感沟通。

打成一片，还表现在适度关心同事上。遇到同事生日、结婚、升迁、乔迁等，都可以表达祝贺；同事身体不适时，表达同情和问候；同事新买的衣服，适时适当地赞美；出差归来，表达问候；等等。

电视剧《杨光的快乐生活》中，杨光“意外”得了一条漂亮的金项链，于是他戴上后，回到公司扬着脖子在每位同事面前晃，但就是没有人给予他所希望的关注。忍无可忍的杨光只好歪着脖子问同事“项链的项字怎么写”。

团结合作

每个人的性格和做事风格、能力都有所不同，各有长处。一味盯着差异，只会产生分歧与隔阂。共事目的就是为彼此合作，做好工作，所以应把注意力放在共同目标上，站在同一立场，把差异放在一边，以求融洽彼此关系，达成共识，发挥各自所长。

和自己平级的同事之间，既要有分工，又要讲合作。“人多力量大”这句话不假，但更重要的是心往一起聚，力往一处使，不搞小集体，才能维护本单位的共同利益、做好本职工作。一群人在一起，只是团伙；心在一起，才是团队。如果各自为政、唱独角戏，只能给团队带来更大困扰。

团结合作还包括不推卸责任。工作难免会出现各种原因的失误，或许是第三方的原因，或者是同事的原因、领导的原因……这些都不重要。事情已然发生，没必要把时间浪费在推卸责任和埋怨上，必要的时候单位自然会认定责任归属。最重要的是，怎样把应做的事情做好——这毕竟是共同的利益。

同事之间的团结合作，当然还包括工作上的相互帮扶，尤其是大家都在一个部门时。工作上的困难谁都可能会遇到，只是可能还不到时候。当同事在工作中遇到困难，在自己的能力、条件且制度允许的前提下施以适当的援手，获得的不仅是感恩和信任。赠人玫瑰则手有余香，成就别人也是帮助自己。

学会沟通

同事之间经常会有工作上的配合，如果没有良好沟通，必然会给工作带来不良影响。必须以积极主动的姿态和强烈的自我控制意识，与同事进行良好的互动和沟通，使双方相互了解、理解继而互相信任。

如果缺乏交流，各揣心事，工作中很容易产生分歧、发生矛盾，使本来简单的问题成为双方“僵局”的开始。善于主动沟通的人更容易和同事友好相处，即使工作中出现分歧，也容易相互谅解，避免矛盾。

沟通过程必须摒弃不良习惯，如对他人的诉说表现出不耐烦，以指导或者教训的口吻说话，在其他同事面前对与你合作的同事表达不满，炫耀自己的能力和成果，动不动用领导压人，等等。

注意倾听他人的诉说、了解他人的意愿和想法，不要以为已经明白，即使对同事有一定了解，也必须抱着认真倾听的姿态，耐心了解对方的真实意图。

在职场上，沟通是一件长期的必需必要的事情，尤其是在寻求其他部门协作、支持时，需要不厌其烦、耐心，多释善意。要知道，跨部门的同事配合你、支持你不一定是他们必需的义务。

尊重体谅

同事之间如能做到相互尊重和体谅，就会格外和谐。或许有的同事能力暂时不如你，但也不必自以为是，更不要动不动就说教。你可以让大家看到你更出色的工作表现，而不是看到你的自满、自大。尽量做到谦虚、诚恳，以商量、赞许的语气与同事沟通。

取得成绩获得奖励时，在同事面前应保持适度低调，以一如既往的谦虚、谨慎与同事交往，尽可能降低同事的抵触情绪。

不要在同事面前说其他同事的坏话。一句“道人是非者，必是是非人”，会让他觉得你也是个“坏人”。

遇到问题，多试着换位思考、体会。角度一变，世界随之而变。

发现同事心情不好，没有必要非得去撞枪口或针尖儿对麦芒儿，而应尽可能理解、迁就。大家关系不错的话，可以主动询问原因，分担喜怒哀乐。而自己的个人情绪，应避免在工作中流露，不要让他人无辜受累。

即使同事之间也要有时间观念，如不是工作必需，则不应浪费他人的宝贵时间。

尊重下属是美德

来自中国青年网 2023 年 9 月 27 日的消息。近日，某省建工集团旗下公司一领导在工作群里发布“明年开始要实行周六周日工作制度，如果不能接受，可以考虑提前离职”等言论引发网络关注。

据报道，网络流传的言论是某国企建筑设计院院长温某在钉钉群的发言，因有员工在周六半天时间未看到消息，于是温某称“千万不要以为周六周日就是非工作日，不能有传统机关周末的概念”“我个人真的特别讨厌那种一到周末就非工作状态，只顾享受，而不懂享受的源头是什么的人”“工资是按月给的，不是按22天给的”，并且个人初步决定明年开始实行周六周日工作制度。

9月26日，省建工集团针对此事发布情况通报。温某在设计研究院工作群内发表不当言论，造成不良影响，该公司将按照有关规定进行处理。将深刻吸取教训，进一步加强干部教育管理，严格遵守《劳动合同法》等有关法律法规……

上面的例子中，这位领导带着情绪说话，言辞间对下属没有尊重可言，这当然也极大地影响了单位的社会形象。

真正有修养、有智慧的领导都明白：自已所取得的成绩和下属分不开，必须团结下属，而团结的前提就是尊重下属。认为拥有一定权力就处处居高临下，这样的领导难以建立融洽的上下级关系，往往也容易出问题。

职务有高低之分，但人格和尊严都是平等的。敬人者人恒敬之。身为领导，只有尊重下属，才能赢得下属的敬重和信任，这不仅是风度，而且是美德。

尊重下属

尊重下属的职权和工作积极性，用人不疑，疑人不用。不插手、不干预，避免朝令夕改。只在必要时给予适当协调。即使中途发现问题，也应以询问和建议的方式沟通，切忌直接指导。对下属表现出的能力及时给予肯定、鼓励，下属厉害说明领导的慧眼识才，应鼎力栽培而不是有被威胁感。领导干部绝不能“武大郎开店”，不用比自己高的。

尊重下属的人格尊严。不要以为弱小就没有力量，不要以为卑微就没有尊严，何况只是工作中的上下级关系而已。批评下属，尽可能避免当众训斥式批评，且注意对事不对人，注意措辞和语气，注意适可而止。批评应具体，不把批评变成借机发泄所有不满或其他情绪的机会，更不能将批评变成对下属人品的质疑。作为领导者，情商真的很重要。

大凡受下属爱戴、口碑好的领导，往往都懂得关爱下属。平时也许因工作繁忙而和下属私下接触不多，但适时聚餐及逢年过节、结婚、乔迁、升迁等大事的祝福、恭贺，以及病榻上的看望都是连络情感的好方式。

面对提意见者

很多领导面对下属提意见时，第一反应就是他们不尊重自己，没事找事。在这样的心态下，不管下属说得有没有道理，都不会理性思考，甚至马上出言驳斥，或者表情“晴转阴”。谁愿意是“没事找抽型”呢，即使对工作有益。从此下属也会“多一事不如少一事”了，直到最后领导变成“孤家寡人”。

有风度、有大智慧的领导者，肯定会允许存在不同意见，也能听得进不同意见。所谓“从善如流”，正是一种难得的人生智慧。而深到骨子里的成熟，是不会轻易批评指责他人的。听意见时首先做出认真对待并且赞赏的姿态，而不是急着反驳或批评。有的下属提意见时话说得不一定中听，但要知道，并不是每个人都懂得语言艺术，所以领导是领导而下属是下属。

重要的是让下属觉得你能听得进不同意见，提意见时不用看你脸色。这不仅是对下属的尊重、对他们认真工作态度的鼓励，也是对工作负责。

对于正确的意见，表示出会认真考虑并表达感谢；对于不正确的意见，心平气和地说明理由，但仍要对他提意见的这份责任心表示出赞赏。

以身作则

“其身正，不令而行；其身不正，虽令不从。”表率的力量是无穷的。在一个组织内部，要想达到“令行则止”，最让人信服的办法不是严令，而是领导以身作则。所以工作中如果要求员工做到的，一般情况下领导理应做到。如果领导说一套做一套，很难让下属信服，这个“技能”下属自然会照葫芦画瓢，长此以往都变得阳奉阴违，没有执行力了。

肯承担责任

调查显示，大部分下属认为好领导应该勇于承担责任。这个问题同时说明，现实中确实有不少领导给了员工一个不愿意承担责任的印象。这些表现有当面批评下属、遇到问题首先指责下属等，也就是坏事情都是下属的。位高权大责任重，这三位本来就是一体，有权力必然有责任。一个精明的领导，会努力塑造出敢做敢当、勇于负责的形象。领导都承担起责任了，下属也就心服口服地担起自己的责任了。

做好传、帮、带

一个单位，领导岗位必然是少数，而且做工作更多要靠普通职工。

而领导岗位，不管是工作经验、思考的高度，都有难得的优势。自然对普通职工、新职工负有义不容辞的传、帮、带的责任，整个团队才可能有更好的团队文化、工作氛围、工作方法和效率，更有凝聚力地为本单位服务、为人民服务。

批评下属注意方法

批评，也是一种工作方法。那么作为领导干部，批评下属要注意什么呢?

避免当众指责

有的领导干部喜欢当众斥责下属，是想以此来把责任“甩锅”到下属身上，好让上级领导或其他下属知道，这不是他的错，而是某个下属办事不力造成的。身为领导干部，应该对单位的人和事负有责任，这是谁也推诿不掉的。一味强调自己的不知情，反而暴露出领导的管理不力，或所制定的管理体制不健全。更不好的是，还会给人留下自私和狭隘的印象。所以，领导以下属为挡箭牌来逃避责任，这种做法是不可取的。作为代罪羔羊的下属很可能因此而自暴自弃，丧失了积极主动工作的热情；其他下属也可能望而却步，从此和领导之间产生嫌隙。而且即使没有被“甩锅”的问题，当众被批评，其自尊心也容易受挫，同样不利于工作。

在发生问题的时候，如果领导确实不是很知情，应把有关人员找来问清楚，然后负起责任、处理问题。等事后再进行必要的批评纠正。

有时为了趁机说事而当众批评，也尽可能做到只说事情，不说具体的人及人品、人格，而且务必注意措辞，不带个人情绪，忌爆粗口。

不苛责已认错者

对于工作中产生的失误，已经认错的下属，不论是真认错还是假认错，认错这件事本身总不是坏事，所以领导干部对此应先予以肯定，所谓知错就改就是好同志。然后帮着下属分析问题出在哪儿？为什么会犯这样的错误？造成了什么后果？怎样弥补？怎样防止再犯类似错误？只要这些问题，尤其是最后一个问题解决了，批评的目的也就达到了。

对领导批评之后能认错道歉的下属也不用太责备，特别是有些极轻微的错、第一次犯错和不小心犯错等，只要稍微提醒一下，就算是警告了。

犯错误是第一阶段，认错是第二阶段，改错是第三阶段。不管是经过批评后认错，还是未经批评而主动认错，都说明他已到第二阶段。作为领导，帮助他们迈向“改错”的阶段就行了。

批评也要区别对待

如果下属工作失败，被领导适当批评也是难免的，但领导在批评时应视具体情况进行区别对待。事情的结果是失败，但动机是好的，没有恶意的话可以不指责。领导要做的就是纠正下属的工作方法。而如果是恶意、懒惰、没有按工作程序造成的失败，就应严肃批评甚至按规定处罚。

但如果是上级指导方法有问题而出的错，当然也不能指责。先要分清责任，让下属明白问题所在，然后各自承担起相应责任。

对于还不知道结果的事情，即使下属思路和上级不同，但符合规定，这时就不能随意批评指责。否则，下属就没有勇气再尝试下去，造成半途而废。

因为不可抗力而出的问题，这时的批评指责就显得没有道理甚至会被认为借题发挥、有意刁难。

而且批评还要考虑下属的个性、性格。因为不同的人面对同一个批评，会有不同的心理反应，因而对于不同的下属应尽量采取不同的批评方式，真正做到因人而异，从而达到最理想的效果，这也是领导艺术的生动体现。

不要揭下属疮疤

有些人在批评时，总习惯把以往的问题都一起重新“回锅”，认为这样才能让对方有更深刻的醒悟。但揭人疮疤，等于往伤口上撒盐，除了勾起一段不愉快的回忆外，于事无补。这不仅会让下属反感，也会让下属寒心，其他人也不会痛快。因为疮疤人人会有，只是大小不同。只要不是幸灾乐祸的人，都容易对领导产生想法。所以作为领导干部不宜揭下属的疮疤。

尊重群众是常识

来自2018年1月18日《北京晨报》的消息。有群众到某镇政府反映饮用水相关问题，视频显示社区书记靠在椅子上、跷着腿接待群众。对着来反映问题的群众，这位社区书记竟然说：“我跟你讲，为人民服务，绝对不是为公民服务。你只属于公民，不属于人民……你不是人民，我不是你的社区书记，你监督不到我。”网民惊呼：在这位书记眼里，反映问题就不是人民，就变成“被剥削政治权利的人或敌对分子”了吗？这个“雷语”一下子把我们雷得外焦里嫩！

公务人员是国家联系群众的桥梁。在群众的眼中，无论其职务大小、身份高低，每一名公务人员个人形象直接代表着他所在的政府部门或机关的形象。所以，公务人员在和群众打交道时，应为人民群众办实事，同时约束自己的行为，以维护国家、政府在人民群众心目中的美好形象。只有这样，才能获得最广泛的社会支持，从而更加有利于安定团结。

突出五个转变

要和广大群众处理好关系，公务人员必须以人民为中心，务必突出五个转变，真心实意地为人民服务。

注重引导，做到由强制型向说服型转变。基层公务人员必须学会善于做思想教育工作，把行政命令式的工作方法转变为以教育引导、主动服务为主的工作方法，努力做好新时期的群众工作，文明行政、文明执法。

依法行政，由盲从型向规范型转变。依法行政是新时期对基层公务人员的必然要求，也是衡量公务人员工作的重要标准。同时，由于基层普法工作的深入开展，广大群众的法律意识也大大增强。所以广大基层公务人员要迅速提高依法行政的水平，逐步把基层工作纳入法治化、科学化、规范化的轨道。

强化服务，由领导型向服务型转变。公务人员的主要职责是为人民服务，为人民办事。所以，公务人员必须集中精力为民服务，积极投入经济建设的主战场。

公正廉明，由封闭型向公开型转变。“公生明，廉生威。”公务人员只有树立公正廉明的形象，才有说服力、感染力、号召力，才能更好地和群众打成一片，充分调动广大群众的积极性，促进各项事业更快、更健康地发展。作风正，干部强，事业兴。有好的作风，才能密切干群关系，干出好的业绩。要转变工作作风，树立“一荣俱荣，一损俱损”的观念，增强服务意识、大局意识和责任意识，提高整体素质和工作效率。

优化环境，由压抑型向宽松型转变。宽松的工作环境是必要的外部条件。只有营造宽松的工作环境，才能充分调动公务人员的工作积极性，为完成各项工作任务提供保障。

怎样和群众打交道

和群众打交道的时候，既要不忘自己的身份，又不能过分强调自己的身份；既要代表机关和领导接待群众，又不能以机关代表自居；既要具备强烈的为人民群众服务的意识，又不能时时以施舍者的身份自居。而是把自己看成人民的公仆，急人民群众所急、想人民群众所虑、谋人民群众所求。这样才能有助于做好群众工作，密切干群关系。

为群众服务时注意态度。做到热诚，不可以冷言冷语，高高在上；主动服务，不允许对群众漠不关心；面对咨询或反映的问题，做到不厌其烦，不允许对群众缺乏耐心，即使不认可或认为对方反映得不客观，也必须保持耐心，绝不允许口无遮拦、恶语相向，还要做到一视同仁，不能因为群众的身份或经济地位不同而亲疏有别。

和群众打交道要拿捏好分寸。注意公私有别，不得假公济私；远离财色，正视权力，防止权钱色交易；和群众打成一片，防止拉帮结派。

党的十八大以来，还是有个别公务人员在工作中存在作风不过硬等不良现象。党中央提出的“老虎、苍蝇一起打”，绝不是一句口号、一阵风。所以公务人员在政务工作中，必须密切注意人民群众最关注、议论最多的话题，切实处理好干群关系紧张的关键问题，转变工作作风，形成团结战斗、作风过硬、关心群众的政务班子，为我国新时期的国家发展和建设助力。

小提示大道理

其身正，不令而行；其身不正，虽令不从。——《论语·子路》

第七课

政务窗口服务礼仪

THE
SEVENTH LESSON

他山之石

为营造良好的营商环境，更好地服务群众、企业，某政务中心始终坚持将政务大厅作风建设摆在首位。

去年2月，中心联合区纪委开展了为期2个月的政务服务作风建设专项整治和专项培训，窗口作风明显增强。为进一步巩固整治成果，大厅日常管理也多措并举，常抓不懈。比如，日巡查、月评比、年考核；建立大厅每小时巡查机制等。去年2月到今年6月，共通报窗口违纪情况74起，其中包括缺勤、吃零食、服务态度差等方面。

针对违纪违规工作人员采取谈话提醒、通报等方式，尤其是个别服务群众态度恶劣或多次被群众投诉的工作人员，政务中心决不姑息，严肃批评并通报所在单位甚至建议所在单位辞退。

政务大厅作为窗口单位，代表的是政府形象。他们以铁的手腕持续紧抓大厅作风建设，强化窗口工作人员责任担当，营造良好的政务服务环境和营商环境，以提升办事群众的满意度和获得感。

政务窗口直接面对并服务人民群众，是优化办事和营商环境的重要载体。在新的形势下，迫切要实现数据多跑路，群众少跑腿，零排队、零等待，让群众感受到办事“加速”新体验，以提升群众办事满意度，切实解决企业、群众办事难、办事慢、多头跑、来回跑等问题。这一切都需要高素质、高效率的窗口工作人员去实现。

政务窗口，典型形式是政务服务中心、办事大厅或对外窗口岗位。政务窗口服务礼仪，从以下几个方面进行介绍。

政务窗口服务接待前

不管是在编还是不在编人员，只要穿着制服在窗口，就代表服务中心及所在部门的形象。每天上岗时，在办事群众到来之前，都要做好相应的准备工作。

岗前准备

在为某地的政务服务中心培训时，相关负责人向笔者介绍说，最近 2 个月有好几起投诉是因为办事群众来到大厅，明明到了上班时间，却还要等刚刚进来的工作人员做各种准备而心生不满。

严格遵守考勤制度。不迟到、不早退、不旷工，请假、销假严格按程序办理。提前到岗做好准备，准时在上班时间开始为办事群众提供服务，而不是到了上班时间才进入岗位准备。

清楚工作内容。本岗位职责范围内的事项，当然应清楚明白，同时与工作内容相配套的资料、材料、耗材都应齐全、充足，设备设施可正常使用，否则应按照规定第一时间汇报给主管领导或相关部门。

做好清洁。不在保洁职责范围内的卫生，应自行做好清洁，尤其是办事群众能接触到、看到的范围，更应严格做好清洁。

桌面物品摆放。办公桌面不放水杯之外任何与工作无关的私人物品。桌牌位、评价器、电脑显示器、扫描枪、电话、叫号器、办事人用的笔，都放在固定位置、摆放整齐。如果条件允许，台式电脑的待机屏保最好设置成统一的样式或内容。不在桌面或显示器背面（面向办事群众的一面）粘贴任何物品纸张，临时对外公示信息放在水牌里。物品表面没有明显灰尘，尤其是面对办事群众那面的物品或桌面。

手机管理。不少政务服务中心窗口单位都明确规定，工作时间内，对外服务窗口在岗位上一律不得使用手机，且将手机统一集中存放在后台办公室内。各进驻单位指定或委托专人管理，窗口区域不放手机。本单位即使没有这样的规定，手机也不宜放在工作台上。

形象自检。穿着符合部门、岗位要求的工装、制服，且制服不和便服混穿。检查服装是否干净、整洁，衣扣是否扣好，妆容是否得体。身份牌端正戴在外衣左胸上方。戴党徽、团徽的，应规范端正戴好，高于身份牌。外套、其他衣服不可以搭在窗口座位椅背上或放在工作台上，而是应放到后台办公室、换衣间等地方。离岗换上便装后不应再进窗口岗位。

调整情绪。上岗时确保从容、理性、乐观的心态，不把不良情绪带到工作中。

岗中恭候

政务窗口各岗位工作中以坐姿呈现居多，站姿相对较少。那么在提供服务之前的恭候阶段，也应呈现出这两种仪态。

坐姿恭候：坐椅面的2/3左右，上半身端正。面带微笑朝向办事人方向，表示“我愿意为您服务”。女士两膝并拢，双腿可以一起放中间或偏向一侧。而男士两腿可以分开一拳至两拳宽，但不超过肩宽，更不能两腿叉开过大，半躺在椅子里。

政务窗口的特点，从外面一般只能看到工作人员上半身，所以腿部仪态可以稍放松些。但放松不是放纵，如以下行为不应该出现：双腿大大分开，一条腿远远向前伸开，抖腿，手放于两腿间，甚至脱鞋、抠脚……

站姿恭候：身前没有障碍物时，面带微笑朝向办事人的方向。没拿物品时，双手叠放在身体前面或自然垂放于体侧。女士可以双脚一前一后站成“丁”字步，脚尖也可以向外展开的度数小一点，形成优美的小“丁”字步。也可站成“V”字步或两脚并在一起站立。

长时间站立且身前有工作桌、台挡身时，可以采用适当放松的站姿，即一条腿向外侧稍稍伸出一点，分开一点双脚呈“稍息”状。双手指尖朝前，轻轻扶在身前工作台边上。两膝尽量伸直，不弯曲。肩、臂自然放松，挺直脊背。

长时间站立，身前没有工作桌、台挡身时，两脚可以相互交替放松，当一只脚完全着地的同时，可以抬起另外一脚的脚后跟站立休息。双脚也可稍微分开，但不宜离得过远。肩、臂自然放松，手部不能随意摆动。上身依旧保持直挺，并且目视前方。头部不要晃动，下巴避免向前伸出。

在恭候中，应避免出现抖腿，双腿交叉，身体歪斜，弯腰驼背，倚靠墙壁、桌子而立，双手叉在腰间、抱在胸前、插在口袋内、背在身后等不良仪态，以及吃东西、化妆补妆、玩手机、扎堆闲聊、东张西望等不良行为。

当办事人走向自己的窗口，就应将恭候转为接待。

政务窗口服务接待中

来自2018年5月15日澎湃新闻的消息。针对某市“高新区窗口办事人员上班玩手机、打瞌睡”一事，该市高新区国土规划建设局工作人员回应称，收到群众反馈后，该局很快作出处理决定，给予涉事二人警告处分，其中一人调离窗口岗位。

来自2022年2月10日《南昌晚报》的消息。2月9日是春节假期后第三个工作日，《南昌晚报》多路记者前往了某地10余家行政和窗口单位。发现绝大多数工作人员能做到在岗在职、尽职尽责，但也存在个别工作人员上班串门聊天、提前下班的问题。

现在各单位尤其是一线窗口岗位，一方面有来自本单位或上级部门的不定时暗访检查工作作风，另一方面有来自办事群众的自发监督。所以，尽职尽责做好服务接待，尽心尽力为人民服务，虚心接受社会监督，这是政务窗口的职责也是担当。

迎候与致意

政务窗口各岗位，都务必做到“把请挂在嘴边，把笑挂在脸上，把文明挂在心间”。

规范坐姿迎候。坚持“三声三到”，即来有迎声、问有答声、走有送声，办事人到、微笑到、敬语到。当办事人进入本窗口接待区，即微笑注视办事人并点头致意说“您好”。

称呼“女士 / 先生”，对女性办事人，不可以只称呼“小姐”。非企业业务，如房产登记、医保等窗口，接待老人、小孩时，可用亲昵称呼，如“大爷”“小朋友”。

对于老年办事人，不忙时最好做到欠身致意并示座，以示敬重。

以规范手势示座：“您请坐。请问您办理什么业务。”

接待引领

服务台、咨询台往往是站立接待，行点头致意礼。

和办事人说话，面带微笑，不时注视办事人眼睛。对方多人的，还应做到环视对方所有人。

需要引领办事人去其他地方的，礼貌告知：称呼 +“我引领您 / 我们现在去 × ×”。

引领时，自己走在办事人左前侧。引领的路程不是几步就能到的，过程中注意语言关照，特别是特殊环境的地方，如转弯，以手示意，礼貌地说“这边请”。

指引过程中，站在被指引物品或道路旁边，面向办事人，手臂自然伸出，五指并拢，掌心斜向上，手掌和地面呈 45 度角，指向所要指引的方向。

指示道路方向时，手的高度大约齐腰。指示物品，手势高度根据物品来定，手臂、手掌和物品呈直线。指示人的时候，手的高度齐胸。

引领到相应位置后以手示意："先生 / 女士，这儿就是 ××。有事您再找我。"后退一两步再转身离开。

引领到接待室时，先请办事人坐下。要请其他同事接待的，微笑对办事人说"(称呼)，您稍等，我马上去请 ××"，后退一两步再转身离开。

窗口接待与沟通

"一切为了群众，一切方便群众。"窗口接待中，始终应牢记这一宗旨。

向办事人展示材料时，材料正面朝向对方，高度适合。

递文字类材料，文字正面朝向办事人；而带尖、带刃等物品，尖、刃部位朝向自己。

示意、指示位置方向时，用规范手势，即五指并拢，掌心向上，手掌和水平面呈 45 度角，指尖方向指向所要指引的方向。同时，勤用"请""麻烦您……""谢谢"等文明用语。

轻拿轻放办事人提交的或给办事人的材料，不应出现抽、拨、拉、丢、甩、拍等粗鲁动作。

接待中，和办事人说话或眼神交流都应保持微笑。提倡用普通话接待，尤其是对方说普通话时。

主动问候办事人："您好！请问您办理什么业务？"

办事人介绍或说明情况时，窗口人员即使认为办事人所说内容与所办业务没有关系，也应注意倾听并适当回应，如"嗯""好的"，不打断。

政务窗口应做到“三个一次清”，即登记或填写的材料一次给清，咨询的事项一次说清，办事程序一次讲清。双手接过办事人要办事项的材料，提醒“请稍候”。

收到件，根据办事人所办事项和相应要求，当面检查所提交材料是否齐全，是否符合要求。办事人需要交的材料较多，如没有规定材料摆放顺序，收材料时不应额外加码要求办事人自己整理；如有这方面的规定，则应礼貌告知，恳请理解配合，要求复杂的最好提供说明材料或样本。

收到办事人的资料，按规定有办理/审核周期的，双手接过办事人的材料并清晰告知：“您好，收到您的 ×× 资料，按 ×× 规定，×× 日之内办好/答复您。× 个工作日之后到 ×× 领取。请留下您的联系方式（填写的资料中没有时），以便我们及时通知您。”

注意践行首问负责制。对咨询的事项解答清楚、明确。本窗口不能办理的，耐心向办事群众解释原因并告知在哪里可以办理，如“对不起，根据 ×× 规定，这是不能办理的”“对不起，您这个业务不在我这儿办理。请您到 ×× 窗口办理”。不以任何借口推诿、拒绝、搪塞、怠慢办事人，更不应简单一句“我不知道”了事。

对办事人咨询或办理的事项不熟悉的，不应简单拒绝、粗暴处理，而是体现出担当，礼貌应对，在询问同事、领导后答复或办理：“请稍等，我请示领导/咨询 ×× 部门同事后答复您。”返回时主动致歉：“对不起，让您久等了”，再告知相应结果。

对于不符合条件、要求而不能办理的事项，需要怎样才能办理，应逐条、清晰地告知，“对不起，您提交的材料还欠缺 ××（需要修改 ×× 部分），不能受理。请您完善后再来申办”“对不起，您的 ×× 复印件不符合要求。请您按照 ×× 要求，再复印 × 份。感谢您的配合”。如可能，复杂要求的最好提供书面说明范本。窗口岗位有时多说一句话，办事人就能少跑很多冤枉路。否则就会认为，“办个事儿太难了，都跑断了腿，磨破了嘴”“门难进，脸难看，话难听，事难办”。

客观原因而无法继续办理（如办公设备坏了、断网，缺办事人所需的材料，政策变动等），首先诚恳致歉，再礼貌、耐心解释，然后说明何时可办理，最后再次表达歉意。

办事人出现差错时耐心指明，并提供相应帮助。因自己工作的不周，造成办事人对业务办理不满时，应主动、诚恳地致歉。

办事人出现言辞、语气过激或不礼貌时，窗口人员注意保持冷静，耐心做好安抚、解释工作，避免争执、冲突。问题严重时报告给领导。

办理中途需要暂时离开座位，向办事人礼貌说明“对不起，我有事离开一下，请稍等”“我去给您办理，请稍等”，并把桌牌翻到“暂停办理”一面后再离开。返回座位时把桌牌翻回到“接待”一面，继续接待、办理并说“对不起，让您久等了”。在午休及下班时，也应把桌牌翻到“暂停办理”一面之后再离开，开始工作时把桌牌翻回到接待一面。

办事人催促时，礼貌耐心地解释：“请稍等，正在为您办理。”如还需较长时间，这时就应主动告知，如“麻烦您再等一下，还需要半小时左右”。

收费时，如按规定不收现金，向办事人介绍清楚其他支付方式。

需要去银行缴费的，向办事人说明在什么银行办理，最近的银行位置，在银行缴费后办事人还需要做什么（如需要将银行缴费单交回窗口）。

可收现金的，做到唱收唱付，在收到现金时先说“请稍候”，然后在办事人视线内先点大数，后点细数。点清并验钞之后：“一共收您 ×× 元，请稍候”“找您 ×× 元”“请收好”“请点清”。

没有规定不收现金的，不能为方便自己而自行加码拒收现金。智能手机、网络时代对老年群体来说，造成了包括手机支付在内的“数字鸿沟”社会现象，政务窗口务必考虑这种情况，积极为包括老年群体在内的特殊群体提供力所能及的方便。

来自 2020 年 11 月 25 日澎湃新闻的消息。一段“老人冒雨去交医保，被告知不收现金”的视频引发热议，很快冲上热搜榜第一。一位老人冒雨来交医保，却因窗口不收现金被拒，现场工作人员称：“要么告诉亲戚，要么你自己在手机上支付。”老人听到后，满脸愁容。事情发生后，当地相关部门工作人员上门为老人办理了居民医保。

当地医保局回应称，“医保征收主体是税务部门，可以用现金、银行卡、手机 App 等方式。这反映了工作人员办事不够灵活，图简单”。

《中华人民共和国人民币管理条例》第一章第三条规定，中华人民共和国的法定货币是人民币。以人民币支付中华人民共和国境内的一切公共的和私人的债务，任何单位和个人不得拒收。

办事人刷卡，输入密码时，主动做到扭头回避。付出现金、单据时，提前进行“三核对”（对单据、对项目、对金额）。付款后，将材料、收费单递到办事人手边，不可扔、摔。

需要开发票时，不是由办事人自己输入开票信息的，则请办事人提供，打印票据之前再次核对确认信息。

所办事项涉及个人隐私，现场等候的其他人影响到当前办事人的隐私安全时，窗口人员必须礼貌提醒："实在抱歉！请您在一米线外/房间外排队等候。谢谢合作。"

当一项业务完成后，做好下一道手续或同事间的工作承接，提醒办事人下一步要做什么，如"接下来请您到5号窗口办理开户手续"，并加上规范手势指示。

办事人办结业务时，工作人员应主动询问："您的××已办好，请您核对信息。请问还需要办理其他业务吗？请收好您的证件/资料。再见。"如需办事人作评价，应提早沟通，并表示感谢。

当办事人提出批评或建议时，绝不可以恶语相向，而应虚心接受，有则改之，无则加勉："感谢您的宝贵建议，欢迎您的监督，我会向上反馈。"

当受到感谢或表扬时，可以回应"不客气，这是我们应该做的""您别客气，是您材料齐全，所以办得很顺利""现在就是在不断简化办事程序，也是更好地为大家服务嘛"。

政务窗口咨询解答礼仪

政务窗口，不管是接待服务中，还是咨询解答时，都应做到"把请挂在嘴边，把笑挂在脸上，把文明挂在心间"。

遇到办事人咨询，总体要求是用亲切亲和、同理心的态度，简练、明确、礼貌地解答。了解并且能回答的内容，做到高效专业；不清楚的内容，杜绝推诿、推脱或不负责任地乱说；在职权范围内协助处理，杜绝随意支使办事人多跑路。再忙也不应置之不理，更不能态度恶劣。即使办事人重复询问，也不得有不耐烦情绪。努力做到百问不烦，百答不厌。

来自2022年1月23日西部网的消息。网上热传一段视频，有居民到某办事大厅咨询离市政策时，社区主任王某与该居民发生争执，态度粗暴。随后，该办事大厅所属的园区管理办公室发布处理通报，针对社区主任王某言行不当、作风粗暴的问题，作出停职检查处理。

办事人走到自己面前，应立即微笑，亲切地注视对方并点头致意：您好！请问有什么可以帮助您的吗？请问您办理什么业务？

当对方表现出特别着急等特殊情绪时，这时应表现出共情，即同理心，不宜再按部就班地“微笑”——这时候的笑，在他人眼里可能就成了没有同情心的代名词。

对方说话的时候，眼睛关注对方且上身稍微前倾，以示认真倾听，也展示良好的职业素养、服务态度。

听不懂或听不清办事人说的话，可以亲和的表情礼貌地说“实在抱歉，我刚才没听清”或“实在抱歉，我刚才没听懂”，请对方再说。不宜说“你声音大点”或“你说清楚点”。切不可以有皱眉、斜眼、语气急促、突然提高嗓门等不耐烦的表现。

多人同时咨询时，注意做到“接一顾二招呼三”：接待当前办事人的时候，照顾一下第二位，招呼第三位及后面的办事人。人多的时候大家七嘴八舌地问，这时候就要照顾安抚其他办事人，请他们稍等，按顺序来。如现场还有其他同等职能的同事在场，可以请同事为后面等待咨询的办事人提供服务，以免等候太久。

咨询的是其他部门的事项、问题，如何准确解答没有确切把握的，不宜想当然地代为解答，而是请其到相应的窗口或部门具体咨询了解。

解答的用词宜明确且尽可能周到，慎用“或许”“大概”“差不多”这类模棱两可的话。尤其办事人咨询办理相关事项需要准备的材料、证件，应一、二、三、四地具体告知。一句随口的应付，很有可能导致办事人准备的材料不齐或不符合要求而无法办理，带来的可能是办事人的不满。如条件允许，最好能提前准备好书面材料，如办理什么需要哪些材料（包括原件、复印件，复印件有什么特殊要求）、什么流程，在哪个窗口可以办，如必须由本人亲自办理还需特别说明，同时附上咨询电话。

解答咨询时，务必做到语气礼貌，不急不躁；注意谦辞敬语；还应有得体的手势，如介绍、指示、递接物品时。

咨询解答中，如有其他事项必须临时中断解答的，应先向咨询者说“实在抱歉，请您稍等”。处理结束其他事项后，微笑注视刚才的咨询者并语气礼貌地说“让您久等了”，再接着解答。

政务窗口通信沟通礼仪

来自环球网2023年5月20日的消息。近日网络出现某中级人民法院工作人员粗暴对待来访群众的视频。视频显示，该中级人民法院信访窗口一名工作人员因接听工作电话态度不好，被现场来访群众批评，工作人员对批评她的现场群众态度恶劣、粗暴，造成不良社会影响。

事件发生后，该中级人民法院经过调查，对涉事人员进行严肃批评、教育，并依相关规定予以解聘，且即日起在全市法院开展纪律作风教育整顿，健全监督制约机制，端正司法理念，规范司法行为，改进司法作风。

给政务窗口去电，往往是有需要解决或了解的必要事件。为营造和谐、专业的电话沟通氛围，窗口人员在接电话前务必注意调适情绪，不带情绪接电话是常识。

正常情况下，应在铃响三声内接起电话："您好，政务服务中心××局窗口"，既有问候，也有告知这是哪个窗口的电话。禁以"喂"开头。

电话用语有："请问有什么需要帮忙的？""请问有什么需要解答的？""请稍等""对不起，我刚才没听清楚，麻烦您再说一遍""您还有其他问题吗""感谢您的宝贵建议"等。

通话过程中，办事人在电话诉说时，公务人员应注意用"嗯""哦""好的"等简短用词来反馈给办事人，表示其在认真听。

一时无法解答的问题，需要具体咨询后回复的："对不起，先生/女士，这个问题我暂时答复不了您。方便留下您的姓名和电话吗？我请示（了解清楚）后再尽快回复您。"

办事人所说事情复杂，牵涉多部门的，不应在电话里随便推脱或承诺，而是在经过了解后给办事人一个严谨的答复。

办事人没说清楚的，公务人员应注意引导对方说出所办事项需要的信息并做好确认，而不是表现出不耐烦，甚至口有微词。

电话中对方的声音太小或听不清时，公务人员可以说“我刚才没听清，麻烦您可以再说一遍吗”。倾听过程中，应有适当回应，以表示“我在认真听”，如“嗯”“好的”“明白”等。

公务人员在电话沟通中，尽量避免同时做其他事，如和其他人聊天、吃零食等。涉及日期、时间、材料名称等重要事项，应在电话中适当重复。

咨询解答结束前：“请问还有什么需要咨询的吗？有什么问题您随时来电。”

通话结束，等办事人结束电话后，公务人员再轻轻扣好听筒。结束电话后，再和其他人说话。

往外打的电话，接通后先自我介绍“您好，我是 ×× 政务服务中心 ×× 局”，即先告知你是谁，再说何事。需要请对方帮忙转接的，“请”“麻烦”“谢谢”等用语不离口。

给办事人回电话时：“您好，× 先生 / 女士，这里是 ×× 政务服务中心 ×× 局窗口，您上次咨询的关于 ×× 的问题我们已有结果，现在答复给您，您方便吗？”

当办事人咨询的不是本窗口或本中心的事项：“这个问题请您拨打 ××（部门或单位名称）咨询好吗？电话号码是 ××（如有则提供）”，而不是简单粗暴地说“打错了”“不知道”“你问我，我问谁”。

电话意外中断时，主动回拨。

窗口岗位不应用拔掉电话线、反扣电话的方式不接电话，这是失德更是失职的行为。

政务窗口自助机辅助服务

自助机是为了方便大家自行操作办理一些业务。从办事群众的角度来说，自助机辅助方面有两种情况。

一是确保自助机都正常使用。除自助机按时开机、开窗界面正常，确保打印纸充足之外，还包括自助机的功能正常，办事群众可以直观地看到什么业务可以在自助机上办理。如自助机自身没有醒目的文字提醒，则最好在自助机相应明显位置贴上字体较大的提示信息，标明各个机器都相应可以办理什么业务。

二是适机协助。所谓适机协助，就是在必要的时候提供协助，而不是办事群众刚站到自助机面前，就立即去主动帮助。而且现在有的地方已经有高度自助化的政务服务中心，即以个人自助操作为主，现场只有极少数的工作人员提供咨询或辅助操作，这种情况下为所有来自助机办事的人不分情况地都去协助实在没必要。

这也要求工作人员需要经常注意观察自助机区域的办事群众。当办事群众在自助机上一直来回点，或长时间盯着屏幕反复看，或者四处张望……当出现这些潜台词的求助状态时，再迅速上前。另外，当年长者站在自助机面前时，则可以主动上前询问是否需要协助。

怎样做好辅助服务呢？

做协助前先打个招呼，征求意见："您好！请问有什么可以帮您的吗？"在获知是办某项业务，如打印社保缴费记录，可以继续说

“您是要打印社保缴费记录？我协助您操作吧！需要打印什么时间段的呢？”

获得许可后，协助者最好站在机器侧方约 45 度位置，以方便办事群众正面面向自助机。

继续操作的时候，操作速度应慢一点，以便办事群众能看清，将来可以自行操作。

在自助机上操作后，需要用微信、支付宝扫码等进行手机缴费时，对方自行操作付款时应做到眼神回避，即眼睛看向其他地方。

操作完成后，示意办事群众取走证件，收好自助机上刚打印的材料。如对方需要去处理下一步的流程事项，详细告知具体位置后，协助者再回到原先位置。

如果只是协助取号，就相对简单了。先问清楚需要办理的业务名称，再取相应的号。需要刷办事人身份证件才能取号的，礼貌、清晰地告知办事人，同时配合手势告知身份证件放置的位置。操作完成，办事人没有自己取号，以规范手势示意办事人取号或取出号后用双手或右手递给办事人。再以右手示意办理业务的相应窗口位置或叫号等候区域。

协助操作中，如有其他事项必须中断协助，应先向办事人解释“实在抱歉，请您稍等一会儿”，其他事项处理结束对刚才的办事人说“抱歉，让您久等了”，再继续协助。

年长者，往往不习惯操作自助机，上面的说明文字可能也看不清。这种情况下，如果指导老人自己操作，往往效率很低。所以老人在自助机旁边的情况下，可以替他们操作处理。同样应先征求意见“您是

要 ×××？我帮您操作可以吗”，获得许可后再操作处理。

当在自助机上操作完成后，再语言提示加以手势示意下一步的事项及要去的具体位置。

政务窗口接待注意事项

据《人民日报》2017 年 12 月 17 日的报道，政务大厅是当地政府设立的集中办理行政许可等行政审批项目以及一些服务项目的综合性机构，也是提高行政效能，为人民群众提供优质便捷高效服务的重要平台。但记者在某市政务大厅，却拍到了与“便民服务”背道而驰的情形：上班时间政务大厅内空岗现象严重，有的甚至脱岗去健身中心打羽毛球！而“在岗”的工作人员，有的睡觉，有的玩手机……

这些行为，引发了一边倒的批评。还有网友留言表示，自己在办事时就曾遇到工作人员低头玩手机，对他的咨询根本不理睬。

工作中必须做好自己的本职工作，“一切为了群众，一切方便群众”绝不能只是空话、口号。窗口接待中要注意什么呢？

注意政务窗口服务行为

不邀请非本岗位人员进入自己的工作位置。

践行“首问负责制”，不推诿。

在办事人面前不非议国家相关政策、自己的工作、同事或其他办事人。

岗中不闲谈，不喧哗。保持室内安静，专心工作。

工作时间在岗位上，即使暂时没有接待工作，也不宜有玩手机游戏、看视频、把玩手串甚至无故空岗等行为。

工作中注意表情的亲和，不应面无表情或脸色阴沉，杜绝翻白眼、用余光看人、上下打量等行为。

注意仪态、行为。工作时间不可以在岗位上看书报，吃零食，吸烟，抖腿，抠鼻子，掏耳朵，剪指甲，当众化妆，食指做指示、指点，整理头发，当众没有遮掩地打哈欠，等等。另外，坐着服务不可以跷二郎腿、斜坐、躺坐，上身趴伏、睡觉等，站着服务不可以倚靠等。

2015 年 2 月网络上曝光的一段视频，引起众多网民的关注。某市行政服务大厅内，市民排着长长的队伍等着办事，镜头中一位工作人员却优哉游哉地跷着二郎腿嗑瓜子，这让现场不少市民很不满。虽然后来回应“他真的有病，需要不断进食，不然就会晕倒”。《人民日报》更是发声，斥其有病吃药，别嗑瓜子。

注意手势。有些岗位的特殊性，不一定都方便双手递接或递到办事人手上，但最起码不应有扔、摔的现象，否则给人感觉就是态度不端、不礼貌。

注意礼貌和态度。包括微笑、称呼、问候“您好”。窗口岗位上绝对不可以板着脸或带着不良情绪说话。不因办事人的身份、着装、口音，而有区别性的态度，也不因办事人长时间排队不耐烦而抱怨工作人员时，就对他们不满甚至产生服务上的差异。遇到个别人存有质疑或态度不好时，应保持冷静，避免和办事人发生争执，耐心地做好解释。对于工作上的批评建议，表达感谢，做到有则改之，无则加勉。

工作沟通时，注意语气的亲和，简练、明确、礼貌地解答问题。再忙也不应爱搭不理、置之不理或不友善。杜绝语气不耐烦、吼办事人或答非所问、说半截话、说办事人听不明白的话、说容易有误解的话，禁忌嘲弄、挖苦办事人，和办事人争执等。

工作时间杜绝用办公电脑玩游戏、看影片、购物、炒股或浏览与工作无关的网页。杜绝以临近休息、下班时间为由，催促或拒绝办事人。

来自《郑州晚报》2015年8月18日的消息。

8月3日下午3点，韩先生和公司新老股东一共六人，早早来到工商局办事大厅办理公司法人及股东变更手续。

由于不熟悉办事程序，公司文员填了好几遍材料，4点15分左右终于填好，并在3号窗口排队。排了近10分钟终于轮到，没想到3号窗口办事员拿出“请稍候”的牌子，边抠手机，边向外跑去。

苦等近半小时，已经4点53分，该窗口办事员才回来，手里还拿着手机。

公司文员赶紧把材料递过去，谁知道该办事员直接一把就给扔了出来，说：“没看见几点了吗，今天办不成了，明天再来吧！”

韩先生赶紧解释：“您帮帮忙，我们赶来办事的六位股东，有三人从信阳赶来、一位从南阳赶来，还有两位要赶去北京参加会议，机票都订好了。如果今天办不了，又要拖上好几天，会耽误一个很重要的合同，求您帮帮忙。”

但该办事员不为所动：“你们的材料填写不规范，重新写。你们写完我就下班了，明天再来吧！”韩先生和公司文员继续苦苦哀求，办事员却语出惊人：“你们不容易关我什么事？我反正是准点下班，多一秒都不会等。”4点59分，公司文员填好材料，而此时该办事员却关闭电脑，拿起手机离开了办事大厅。

此事被多家媒体转载，甚至该办事员的姓名都上了当时的网络热搜。

工作中不可以边给办事人办业务，边和同事闲聊；也应杜绝在窗口会私客、办私事，用工作之便为亲友提供便利；或吃零食、串岗、无故脱岗。

政务窗口用语禁忌

有时对个别窗口的不满甚至投诉，多是说话的问题。包括不耐烦、不友好的话，伤自尊、损人格的话，以及粗话、脏话，讽刺、挖苦的话，等等。我们必须杜绝以下这些用语。

喂！

不知道！

等会儿！

你叫什么？

你，干啥？

着什么急！

有什么事？

你懂不懂啊！

下班了，快点儿！

排队，懂不懂！

我说好几遍了！

你这人真麻烦！

谁叫你这么写的！

有意见找领导去！

你问我，我问谁！

找谁呀，说你呢！

听你的还是听我的？

哎，喊你听见没有？

×× 上面写着，自己看！

不符合条件还申请什么！

这事我不管，找别人去！

政务窗口服务接待后

业务办理结束，和办事人微笑着说“您的业务已办理完毕”“请慢走”，忌说“一路走好”。

对于办事人反映的问题或建议，应当即表达感谢。对政务服务中心有价值的，整理后向主管领导反馈。

需要跟踪、回访的信息，做好记录、标注，并在规定时间内完成。

每天下午停止对外办公后，清理责任窗口卫生及物品、座椅摆放归位，使窗口桌面整洁、整齐。

把窗口桌牌翻到“暂停办理”再下班离开。

政务窗口投诉处理技巧

办事人周先生生气地来办公室投诉7号窗口服务态度恶劣，上班时间不作为。

李科长客气地请周先生进房间坐下并递上一杯水，请其详细介绍情况。

周先生5月8日在政务中心7号窗口咨询新冠住院报销政策。当时7号窗口工作人员在看手机，还不时和周围工作人员交谈甚欢。周先生以为没听到，就再次说明来由，窗口人员态度不耐烦地说新冠住院报销没这个说法；看了周先生的材料，又一直说材料不全。周先生解释说这是出院时医院提供的全部材料，而且根据市里发的政策文件，新冠报销从3月31日起执行；他就医的医院距离太远，网上又查不到医院相关电话，能不能先提交材料，看能否审核通过。窗口人员开始不搭理他，其间多次离开工作台，回休息隔间和其他工作人员聊天、吃零食。

李科长边听边记，向周先生表达了歉意并感谢其对政务服务工作的支持。同时承诺会在调查后回复。第二天下午，李科长就回电，经过调查确实是7号窗口经办人小刘的问题，并告知处理结果：严肃批评并责令书面检查后加强业务学习，且已通报给所属单位。周先生的新冠住院报销，工作时间可以随时来办理。最后再次表达了给周先生带来不良办事体验的抱歉和对政务服务工作支持的感谢。

政务窗口工作人员如果和办事群众发生矛盾、冲突，大家不会说具体哪个窗口、哪位工作人员的问题，而是说政务服务中心怎样或政府的人怎样。现在的自媒体如此发达，一件小事都可能被迅速放大，让政务服务中心或政务窗口处于尴尬的境地。

投诉处理应实行“首问负责制”，即投诉事项由第一个接收投诉的机构或办公室全程负责受理。总的原则是，既要维护办事群众权益，又要体谅窗口人员的苦衷，不能简单地“一刀切”：不问青红皂白只给窗口人员打板子；或者一味偏袒窗口人员，无视办事群众正当权益和办事体验。

正确、高效地处理投诉，可以最大限度地避免事件升级，提升政务服务中心或窗口的社会形象、本地的营商环境及人民群众满意度。

不激化 / 不刺激

首先要正确认识到，投诉也是一种倾诉与沟通。而且投诉是办事群众认为自己受到不公或委屈，忍无可忍才来“讨个说法”。投诉说明办事群众还是处在对中心的信任阶段，处理得当则能大事化小、小事化无。所以在投诉处理中，绝对不能再激化矛盾，而是以主动、诚恳的态度，对办事群众表达出理解，对主动来说明问题表达感谢。最大限度地消除办事群众的疑虑和对抗情绪，使他们的情绪有一个适当的宣泄出口，以缩短彼此对问题处理结果差距的期望。

当面投诉时，先尽快把窗口人员和办事群众分开，而不是任由办事群众在窗口人员面前表达不满、发泄情绪，那样只能越来越糟。请其到安静的室内落座，奉上茶水后再请办事群众慢慢诉说。即使对方因情绪激动，说了些过头话也情有可原，毕竟在办事群众看来，这里就是政府单位，是可以说理、理解并支持他的地方。所以投诉处理人员自己首先要冷静、自信，才能稳定对方的情绪。而一旦冲动地和办事群众杠上，事态就容易升级到不好收拾的地步。以积极、认真的心态来倾听，以此表明公务人员的关注与重视，并且向办事群众表达出负责任、绝不护短的态度。

同理心倾听

办事群众来投诉，而不是先将事件带情绪地发布到网上，可以说还是带着善意而来。

既然来投诉，必然觉得受了委屈，所以诉说过程中带着情绪也是正常的反应，应予以理解。

投诉接待中，做到不打断办事群众的诉说。不仅要表现出认真听，还要以同情理解的姿态耐心地倾听，多听少说，多安抚，不辩论。一边听一边做好记录。

投诉，有的是办事人的原因，如不清楚办事程序，或了解到的错误信息而导致没有准备好资料，办理政策有变动，也有可能就是不符合办理要求。当然，也可能是窗口人员自身的原因。而倾听可以尽快发现投诉的真正原因。

即使一听就是办事群众的问题，也要请人家把话说完，不必着急打断或解释。有理不在声高，作为投诉处理人员尤其要注意。

同时做好详细记录：事情的经过，问题的焦点，办事群众的诉求，想获得的帮助等。边听边记边复述，最后再重复办事群众的观点，并征求有无补充意见。这样既表达出本单位的重视和诚意，又可以缓和办事群众的怨气。而且做好翔实清楚的记录也便于汇报，还能为相关职能部门的调查处理提供可靠的原始信息。

当场无法立即解决的问题，先记录办事群众的姓名、联系方式，以便回复，并且安慰办事群众、表达歉意、感谢支持工作的同时，告知答复的时间，然后把办事群众送到门外，礼貌道别。

面对一切投诉，都应表达真诚歉意。笔者分享给大家一句安抚的话（具体使用时，根据实际情况调整内容），在表达时要注意投入情感：“××，非常感谢您能把这件事情当面告诉我们，这是对我们工作的支持啊。今天这事，给您带来了不好的体验，实在抱歉。”不管问题在谁，毕竟给人家带来了麻烦，并且客观上有利于中心或窗口服务品质的提升，所以表达谢意歉意也是应该的。

对于问题简单、清晰明确的误会，可以站在办事群众的角度解释清楚，而不是盲目、机械地表达同情却无动于衷。

谨记积极收尾

尽快处理，积极收尾，是处理办事群众投诉的重要原则。

尽快处理，表示解决问题的诚意、效率，也表示对办事群众的尊重、在意。同时是为防止办事群众投诉产生的负面影响对单位造成更大伤害；还能最大限度减少潜在问题，如当投诉无人受理或迟迟不予解决时，有的人就可能采取极端行为。

在没有完全了解调查清楚前，慎重以本单位的名义表达立场。对于马上协商、询问就能有结果的事宜，则立即处理。

对工作态度、流程或其他方面的投诉，只要办事群众说得有道理，应先表达谢意：“感谢您给我们提了这么多宝贵的建议，我们窗口服务/政务服务的提升不能没有您呀。”如果是窗口人员的态度问题，应立即向办事人致歉，问题严重时应考虑请当事人出面道歉；已造成不好影响的，可以考虑请中心相关领导出面抚慰、道歉。

窗口职权之外的事情，可以先和办事群众协商，由相关人员进行专门答复。

需要调查才能答复的，先安抚其情绪，再及时将单位最终形成的调查处理意见向办事人通报反馈，并对办事人耐心地解释、说服和疏导。

调查后，窗口人员没过错的，则耐心做好解释，同时感谢办事群众对本单位工作的支持。

窗口确实有错的，就应道歉。对问题不隐瞒，勇于承担责任，尽快处理解决。这样的担当精神，更容易得到体谅。况且，在信息流通十分发达的今天，隐瞒欺骗往往让事情变得更糟。

协商解决时，严格遵照程序，坚持原则，维护双方合法、正当的权益。

投诉就像硬币的两面都有价值，每一次的投诉都是窗口改进工作、提高优质服务的良机。确实是窗口问题的，不管大小都应落在实处，而且要举一反三，避免再发生类似问题。是办事群众问题的，也可以从窗口的工作流程或方式上考虑，是否有完善的空间，以减少甚至杜绝类似事件发生的可能性，以提高人民群众的办事体验。

其他方式投诉处理

现在不少人不再当面投诉，而是选择向政务服务中心或上级主管单位电话投诉。

接直接投诉的电话时，电话沟通中仍应谨记不激化 / 不刺激、同理心倾听，询问诉求。除表达其对本单位的工作支持的感谢之外，慎做其他结论性表态，并告知调查之后尽快回复。回复内容可参考当面投诉的处理内容。即使是投诉人的原因，也应避免直接指责。

接到转来的投诉诉求（投诉方式可能是电话或邮件）。对于这种投诉处理，没有直接面对患者的压力，处理起来更应高效且易解决诉求。经过调研了解，形成处理结果，不管是电话回复还是邮件回复，最好都形成书面文字，以便在给办事人去电或发邮件时，内容不走样，同时也需要表达出办事人对工作支持的感谢。

市民魏女士向当地12345投诉。魏女士5月15日下午4点50分到政务服务中心不动产窗口办理业务，窗口人员赵某因快下班了不给魏女士办理业务且态度极其恶劣。政务服务中心经调取监控并核实后，给魏女士电话回复，以下内容是以电话回复的书面结果。

魏女士于5月15日到我中心不动产交易服务厅9号窗口咨询办理相关业务时，该窗口工作人员正在为其他群众办理业务，因采取不动产+税务联办方式，当时办理业务的群众正在税务窗口缴税，造成魏女士误解，以为窗口无人办理业务。另外，针对工作人员回复魏女士咨询时，态度生冷，未严格落实一次性告知制度问题，我中心已对该工作人员批评教育，并将按照相关制度处理。同时进一步加强窗口人员的管理，提升政务服务水平，感谢群众对政务服务工作的监督和支持。

小提示大道理

权为民所用，情为民所系，利为民所谋。公务人员在政务服务中，应该学会共情，懂得换位思考，在法规和职责范围内，为人民群众提供尽可能多的便利。

第八课

民族与宗教礼仪

THE
EIGHTH LESSON

他山之石

小江和局长去西藏某地办事，藏民们热情地接待了他们。小江怕犯民族禁忌，一举一动都紧紧地盯着局长：局长怎么做我就怎么做。

在主人向他们敬青稞酒的时候，他学着局长的样子用无名指蘸酒弹了一下。主人又给敬上了酥油茶，他学着局长，连喝了 2 碗。但习惯了奶茶、可乐饮料的他实在不习惯这个味道，就把第三碗酥油茶还给了主人。

吃饭的时候，主人用羊肉招待他们，给局长和小江一人敬上了一块脊骨下面带尾巴的肉，上面还有一撮羊毛。小江想，主人真是客气。可我实在不爱吃羊尾巴，而且上面还有羊毛没处理干净呢。所以他也没看局长怎么做的，就赶紧把这块肉送还给了主人。令小江觉得奇怪的是，自还了这块肉之后，气氛变得有点沉闷起来，局长也是一脸尴尬。

事后，局长严厉地批评了小江：酥油茶至少喝 3 碗是藏族风俗；羊脊骨下面带尾巴的一块肉，他们是敬给最尊贵的客人吃的，上面一撮羊毛，表示吉祥。你的这些行为，说轻点，是无知；说重点，是不尊重民族习惯，影响民族团结！

民族团结是各族人民的生命线，各民族要像石榴籽一样紧紧抱在一起。我们公务人员只有了解并尊重民族风俗，才能更友好地进行民族交往，从而更有利于民族团结。

政务工作中必然会和少数民族同胞及宗教界人士打交道。交往中我们既要坚决贯彻国家的相关民族和宗教政策，又必须了解有关礼仪与风俗禁忌，以方便交往。

我国各民族分布是大杂居、小聚居、相互交错居住的特点。本课按地域划分为西南、西北、中南、东北、内蒙古地区五个部分来作介绍。

西南地区民族礼仪与习俗

藏族

藏族主要聚居在西藏，其余分布在青海、甘肃、四川、云南等地，是我国及南亚最古老的民族之一。藏族人多信喇嘛教。

献哈达是藏族待客规格最高的一种礼仪，表示对客人热烈的欢迎和诚挚的敬意。哈达以白色为主。给尊者、长辈献哈达，要双手举过自己的头，身体略向前倾；给平辈献哈达，把哈达送到对方手里或手腕上；给晚辈或下属献哈达，一般系在他们的脖子上。献哈达如果不鞠躬或用单手献，都是不礼貌的。接受哈达的人最好做和献哈达的人一样的姿势，并表示谢意。

藏民对客人有敬奶茶、酥油茶和青稞酒的礼俗。客人到藏族同胞家里做客，主人要敬 3 杯青稞酒，不管客人会不会喝酒，都要用无名指蘸酒弹一下。主人敬的酥油茶，客人不能拒绝，至少喝3碗。藏族同胞用羊肉待客，把羊脊骨下部带尾巴的一块肉敬给最尊敬的客人。

藏族人在长辈、尊者及父母面前，忌讲丑话、脏话；在家中忌讲不吉利的话，特别是在喜庆佳节时；忌以下流秽语咒人；忌用不吉利的语言骂牲畜。

无论是到寺院的大殿经堂，还是到佛塔、转经亭、烧香台、玛尼堆等处参观旅游，都必须按顺时针方向即从左到右绕行；进寺院大殿要脱帽，忌携带刀枪及大蒜；忌摸寺院内的各种佛像、经书、法器；不能往神湖和神泉里乱抛东西，更不能洗衣物等污染水源；忌用食指指点佛像，应五指并拢，掌心向上，以示崇敬；进寺院大殿经堂或家里经堂时，不得吸烟。

节日主要有雪顿节、大佛瞻仰节、祈祷节等。

羌族

羌族主要聚居在四川，是我国西部的一个古老的民族。主要信仰原始宗教，自然崇拜。

家有客人时，让客人坐上位，主人往往请客人喝当地特有的泡坛酒（咂酒），以表敬意。

有敬老的传统。饮咂酒时，先由年长者用羌语致开坛辞。宴席中老人坐上位，待其就座，其他人才能坐下。歌舞时由老人领唱。讲究为老人祝寿。路遇老人，要尊称、让路。

羌族的禁忌：妇女分娩时在门外挂枷单或背兜，忌外人入内；家有病人时在门上挂红纸条，忌外人来访；不能跨火塘或用脚踩三脚架，也不能在三脚架上烘烤鞋袜衣物；忌坐门槛和楼梯；饭后不把筷子横在碗上，也不能倒扣酒杯。

节日有春节、清明、端午、中秋、重阳，以及最有特色的羌历年、祭山会和领歌节。

侗族

侗族主要分布在贵州、广西、湖北。信仰多神。侗族尊崇“圣母”，很多村寨有“圣母神坛”“圣母祠”等。

侗族有“苦酒酸茶”待贵客之说。用鸡、鸭待客时，首先主人把鸡头、鸭头或鸡爪、鸭蹼敬给客人，客人应双手接过，或转敬给席上的长者。到侗族人家里做客，食用腌鱼时，主人如将一堆酸鱼块放入客人碗中，客人最好不要吃光，留一两块，表示“有吃有余”。

去侗族人家里做客，一定要喝主人奉上的油茶。喝完后，可以把一根筷子架在碗上，表示不想喝了。

侗族传统节日有新婚节、架桥节等。

彝族

彝族分布于云南、四川、贵州和广西。彝族的宗教信仰基本上还处于原始宗教阶段。

“无酒不成敬意”，招待客人以酒为上品，凡有客人到家，都要热情劝酒，倾心相谈。如果主人敬酒不喝，则会被认为看不起主人。吃饭时，长辈坐上方，下辈依次围坐在两旁和下方，并为长辈添饭、夹菜、泡汤。

彝族人禁食狗、马等动物的肉，过年 3 天内禁忌新鲜蔬菜进屋，妇女忌食难产而死的家畜肉，忌用餐后把汤匙扣于碗盆的边沿上。

忌讳女人跨过男人的衣物，更不能从男子身上、头上跨过。妇女不能上房顶。忌讳言死，称“老了”。忌讳影子被人踩踏。

火是彝族人民追求光明的象征，对火的崇拜和祭祀非常普遍。

彝族民间传统节日很多，主要节日有十月年、火把节及区域性的节日和祭祀活动。

白族

白族主要聚居在云南大理白族自治州。本主崇拜是白族全民信奉的宗教，本主白语叫“武增”，是“本境福主”的简称。

白族人民崇尚白色，以白色为尊贵。

尊敬长辈是白族人民的传统美德。在老人面前不说脏话，不准跷二郎腿。

饮茶是白族人的另一嗜好，白族人很注重每天清晨和中午的两次茶。晨茶称“早茶”或“清醒茶”，一起床就喝茶，成年人都喝；午茶又叫“休息茶”或“解渴茶”，内放米花和奶，包括小孩也要喝一杯。为客人斟茶不能斟满，白族民间有“酒满敬人，茶满欺人”之说。

白族人家里的火塘是神圣的地方，忌讳向火塘内吐口水，禁止从火塘上跨过。门槛上忌讳坐人。男人所用的工具，忌妇女从上面跨过。

白族传统节日有三月街、火把节、绕三灵、石宝山歌会、要海会等。

纳西族

纳西族主要聚居在云南和四川。纳西族是个信仰多种宗教的民族，多数人信仰本民族的宗教东巴教，也有人信仰藏传佛教、汉传佛教和道教。

纳西族禁止向河里扔废物或倒垃圾，禁止向河里吐口水；忌在长辈面前说丑话、脏话；忌外人闯入产妇房间；忌孕妇进入新房。骑马到寨前必须下马，也不能把马拴到祭天堂的地方；祭天堂、祖先、战神的时候，忌外人观看；不能踏火塘三脚架，也不能翻弄灶里的灰；忌坐在门槛上和用刀斧在门槛上砍东西。

纳西族主要节日有春节、清明节、端阳节、中秋节、火把节、祭天、三朵节等。

水族

水族主要聚居在贵州和广西。水族的信仰文化属于原始宗教信仰范畴。

水族有尊老习俗，凡遇老人生日，晚辈儿女都要特意缝制自制白布长衫和白布头帕敬献老人，以祝福老人健康长寿。

水族人喜爱喝酒，家家都会烤制米酒。逢年节、庆典或亲朋来访，都离不开以酒待客。喜食酸辣调味，有“无菜不酸，无辣不食”的习俗。主人敬酒时带头喊一声“秀”（干杯的意思），众人也齐声喊“秀”，将酒饮尽。

水族主要节日有三月三祭龙节（又叫祭天节）、六月六和六月二十四日祭山林节。

傣族

傣族是云南特有的民族。边疆傣族普遍信仰小乘佛教，内地傣族崇拜“龙神”“龙树”。

傣族自古以来就是讲究礼仪的民族。外地人到了傣家，主人会主动打招呼，端茶倒水，款待饭菜。

妇女从客人面前走过，要拢裙躬腰轻走。忌讳外人骑马、赶牛、挑担和蓬乱着头发进寨子；进入傣家竹楼，要把鞋脱在门外，而且在屋内走路要轻；不能坐在火塘上方或跨过火塘，不能进入主人内室，不能坐门槛；不能移动火塘上的三脚架，也不能用脚踏火；忌讳在家里吹口哨、剪指甲；不准用衣服当枕头或坐枕头；晒衣服时，上衣要晒在高处，裤子和裙子要晒在低处。进佛寺要脱鞋，忌讳摸小和尚的头、佛像、戈矛、旗幡等一系列佛家圣物。

傣族主要节日有关门节、开门节和泼水节。

佤族

佤族是云南独有的少数民族。主要信仰原始宗教，少数人信仰佛教或基督教。

佤族格言“格拉那格拉扬”意为“孝敬是礼”，反映了佤族重要的道德规范。

佤族人喜欢饮酒、嚼槟榔。嚼槟榔使许多人染成黑齿赤唇，以此为美。饮酒的酒具多用竹筒，凡节庆、婚丧、待客、议事时，都要按传统礼仪敬酒，有“无酒不成礼”之说。

不能骑马进寨，须在寨门口下马；忌送人辣椒和鸡蛋；忌任意进入木鼓房；忌讳送给少女装饰品；如果门前放一木杆，说明家里有病人，忌外人进入。

女性不准随便乱抓男性的头发，男性不能触摸女性的脚；忌讳别人摸自己的头和耳朵。

佤族传统节日主要有新火节、播种节和新米节。

苗族

苗族主要聚居在贵州、广西、海南、贵州、湖南、云南、广西等地。多数苗族人信仰的是本民族长期形成的原始宗教，它包括自然崇拜、图腾崇拜、鬼神崇拜、祖先崇拜。

苗族历史悠久，苗族人讲究真情实意，待人非常热情，最忌浮华与虚伪。主人路遇客人不抢走第一步，不走在前面；交谈中用敬语称呼；迎客要穿节日服装；对贵客要到寨外摆酒迎候；在客人面前，女主人不登高上楼；宴会上以鸡、鸭待客为佳肴，尤以家禽的心、肝最贵重，要先给客人或长者，然后客人再分给众人享用，次序是先长后幼。客人不要称主人“苗子”，他们喜自称“蒙”。

禁杀狗、打狗，不吃狗肉；不能坐在供奉苗家祖先神位的地方，火炕上的三脚架不能用脚踩；不许在家或夜间吹口哨；遇门上悬挂草帽、树枝或婚丧祭日，不要进屋；路遇新婚夫妇，不要从两人中间穿过；等等。

苗族主要节日有踩花山、打背节、祭鼓节等。

怒族

怒族是云南的古老民族之一。部分怒族人信仰喇嘛教或天主教。

怒族人民热情好客，只要客人进屋，主妇将以最快的速度为客人烹制佳肴，并同时送上两块石块粑粑，中间得夹一块煎鸡蛋或烤猪肉。两块粑粑象征夫妻二人，中间夹鸡蛋或烤猪肉象征有兴旺的后代，最后主人还要和客人共饮“同心酒”。客人不接受“同心酒”就是对怒族同胞的不礼貌。

按照怒族的礼节，到怒族人家中做客应带些烟、酒之类作礼物。火塘上方的神位不能坐人，也不得从这里经过。忌讳别人踩踏自己的影子。

怒族主要节日有鲜花节（又称仙女节）。

门巴族

门巴族主要聚居在西藏，是我国人口较少的民族。门巴族信仰藏传佛教或原始宗教。

门巴族人民好客，当有客人来访时，全家人携酒到村口为客人洗尘，并做好米饭、炖肉款待。宴请客人时，主妇要站立一旁为客人斟酒，并保证客人的酒杯总是满的。

部分门巴人不吃鸡、鸡蛋、马肉、狗肉和驴肉。一般不杀生，尤忌杀牛。家里有病人就在门口压上带刺的树枝，表示不希望外人进入。猎人出猎，身后不能跟人。猎人打猎前三天，家里不能煮酒，外人不能进屋。不能从客人面前走过，只能从客人身后绕行。

门巴族的主要节日与藏族一样。

珞巴族

珞巴族主要分布在西藏地区，是目前中国人口最少的民族之一。主要信仰原始宗教和藏传佛教。

珞巴族生活习俗受藏族影响较深，日常饮食及食品制作方法，基本上与藏族农区相同。珞巴人热情好客，在客人吃饭前主人要先喝一杯酒，先吃一口饭，以表示食物无毒和对客人的真诚。如果客人从远方而来，珞巴族还要拿出自己最喜欢吃的干肉、烤肉、奶渣、玉米酒、荞麦饼和辣椒等款待。正月初一，任何人都不能说不吉利的话，不许打骂狗、杀狗，忌食狗肉。

珞巴族主要节日有旭独龙、卧登杜阿哥节等。

哈尼族

哈尼族是我国西南边疆古老的民族之一，绝大部分分布在云南省南部。

饮茶和喝酒是哈尼族人的嗜好，所用的酒多是自家酿制的甜白酒。哈尼人喝有一种苦涩味的鲜茶。

哈尼族有许多禁忌，如产妇分娩，忌外人闯入室内；进村时不能披着衣服；不能用火塘上的三脚架烘湿鞋；禁止砍伐“龙树”和将污秽物扔到“龙树”下等。

哈尼族传统节日主要有“年首扎勒特”（十月节）、“吃扎扎”（五月节）、六月节等。

拉祜族

拉祜族是云南特有的民族。拉祜族信仰大乘佛教和基督教。

如有客至，都要敬酒献茶。献茶时，一般主人喝第一碗，第二碗敬客人，以表示真诚，茶水无毒，让客人放心。男女客人，即使是夫妇，借宿时也不能同住一室。

大年初一不准外族人进寨，住在家中或接近寨边的客人也不准离开，而是用好酒好肉款待他们，节后放行。外人不得随意拨弄火塘，不得从火塘上跨过。禁止打狗、杀狗。

拉祜族传统节日有拉祜年、扩塔节（春节）、火把节、月亮节和尝新节等。

独龙族

独龙族主要分布在云南省，西藏也有少数，是我国人口较少的少数民族。相信万物有灵，崇拜自然物。

独龙族人民好饮酒，喝的是自酿的低度水酒。凡亲友来往、生产协作、婚丧嫁娶、宗教仪式和节庆活动等都少不了酒。每当有客人远道而来或逢年过节，宾主都要相互搂着脖子，脸贴脸、嘴挨嘴地同时喝上一杯“同心酒”，以表达彼此间的友谊和忠心。

独龙族人民非常好客，如遇某家杀猪宰牛，便形成一种远亲近邻共聚盛餐的宴会。还有招待素不相识过路人的习俗，对过路和投宿的客人，只要来到家中都热情款待。认为有饭不给客人吃、天黑不留客人住，是见不得人的事。在进行一些原始的祭祀活动时，游客不能参观。

独龙族唯一的传统节日就是过年，一般在农历的冬腊月，即每年的 12 月到翌年 1 月，没有固定日期，具体日子由各村寨自己选定。

德昂族

德昂族是西南边疆现有居民中最古老的民族之一，主要散居在云南省。德昂族大部分信奉小乘佛教。

在绝大多数的村寨里有自己的佛寺和供奉的佛爷。

每当年节，年轻人都要把家里最丰美的饭菜送一份给村里的高寿老人，以示敬意。

德昂族人离不开茶，婚丧嫁娶、探亲访友，都以茶作为礼品，“茶到意到”。

佛龛和祖宗牌位禁止外人触摸，也禁止挂放东西。客人不能坐客厅内家长的卧具。禁止砍伐寨神树，也不能在树的周围大小便。此外，德昂族不允许外人进入并触动墓地之物。

德昂族人的被子的头和尾不能颠倒盖，不能坐在帽子、上衣和枕头上；忌拍摸男子的肩头和妇女的包头巾、衣物。

德昂族主要节日有泼水节、关门节、开门节、做摆、烧白柴等。

布朗族

布朗族是有悠久历史的少数民族，主要分布在云南。信奉小乘佛教，崇拜祖先。

布朗族人性格豪爽，朋友间有“有酒必饮，饮酒必醉”的习俗。喝茶是布朗族的另一个嗜好，并且善于制作各种茶。竹筒茶和酸茶是布朗族所特有的，民间还常把酸茶当作馈赠亲友的礼品。

布朗族人走路时，忌讳和别人擦肩而过，也不能从坐者腿上跨过；禁止任何人背靠院里的中柱和在中柱上拴马；进佛寺要脱鞋，入寺后不能吸烟，不能用手摸佛爷、和尚和老人的头部。平时禁止砍伐神树及周围的树木，不准在其中挖土取石，更不允许任何人在神林区内大小便。布朗族孕妇忌讳参拜佛爷，也忌讳参加别人的婚礼、葬礼和各种祭典。

布朗族主要节日有过新年（“桑堪比迈”）、关门节、开门节，还有和汉族相同的春节、清明节、端午节、中秋节等。

景颇族

景颇族是云南特有的民族。景颇族既有传统的超自然信仰，也有部分景颇族人信仰基督教。

景颇族人民坦诚好客，一直保留着“吃白饭”的待客习惯，认为让客人饿着肚子走最不体面。到别人家做客，要在主人指定的位置上就座，不得久立不坐。喝酒十分注重礼节，主人递上酒筒，客人要用双手托住酒筒的底部，不能只用一只手抓住酒筒的上部。饮酒时，只能用酒筒盖盛酒喝。

景颇族人不愿意别人碰他们的头和包头巾。客人离开主人家时，一定要礼貌地告辞。

景颇族主要节日有目脑纵歌节、能仙节、新米节。其中最盛大的节日为目脑纵歌节。

普米族

普米族主要聚居在云南、四川。主要信仰原始宗教（主要形式是“丁巴教”），少数普米族人也信仰道教或藏传佛教。

热情好客是普米族人的传统美德。正月初一待客，是普米族人民千百年来的传统习俗。

家里火塘上方的“神台”上不能摆放杂物，不能攀踏“神台”，不得用扫帚扫“神台”。不能在村寨的神山龙潭处砍伐树木、挖土搬石和乱丢杂物。游客参观各种祭扫仪式和丧仪时，先要征得主人同意，且参观期间不能说笑和有轻薄行为。孕妇不应参加祭祖活动及葬礼。客人在普米族禁止打狗，忌食狗肉、青蛙、马肉、猫肉，忌用手摸火塘上的三脚架和在灶上烘烤衣服。晚上不能扫地，不能吹口哨，不能理发、洗头、梳头；不能戴着斗笠进屋，不能在屋里唱情歌；客人不能背向火塘而坐；不能将帽子翻戴在头上；不能摸别人的头；吃饭时不能出声，添饭时不能反手舀饭。门口立有经幡旗杆，旗色为白色或红色，杆顶插把尖刀，表示家里有病人，外人不得入内。

普米族主要节日有大过年、大十五节、绕岩洞、转山会、尝新节等。

阿昌族

阿昌族是云南特有的民族。信仰南传佛教和道教。

阿昌族制造的铁器极负盛名，以“户撒刀”著称于世。

亲戚、好友来家里，一定要请他们喝米酒、吃饭，倾其所有以示对客人的尊重和诚心。有贵宾自远方来，还要在村口请他喝“进寨酒”。

吃饭礼让上座，如客人年轻、辈分小可推辞坐边座或下座；遇敬酒倒茶，忌不礼让就接受。阿昌族待客有劝饭习俗，无论会不会喝酒、喝茶，忌讳客人不接受；遇劝饭时，不管有无吃饱都要双手捧碗相接；双手接递或起身行礼，视为恭敬。

禁止正月初一杀家畜和伤害动物；妇女生孩子未满 7 天时，忌讳别家男子进入院内。

火塘受阿昌族重视，逢年过节要烧香，舂过年粑粑首先要祭祀火塘。火塘上的锅脚石或三脚架或木柴头，忌用脚踏踩或坐在上面，忌向火塘吐口水，也不能从火塘上跨过。门槛忌站、坐。忌妇女跨踩农具。

阿昌族主要节日有关门节、开门节、烧白柴、泼水节、火把节、窝罗节、浇花节和春节等。

仡佬族

仡佬族主要在贵州，广西、云南也有散居。仡佬族崇拜祖先，奉祀竹王、蛮王老祖、山神。

仡佬族人民热情好客，亲戚朋友相聚，都要以酒为礼，遇到喜庆或节日，酒必不可少。

仡佬族的待客之道也是其特色习俗——三么台（茶席、酒席、正席）。在宴会和某些公共场合，按辈分就座，小辈不能与长辈同坐上方。当青年人和老年人同席，要坐端正。饮酒时老、小不能嬉戏。上菜后，须由桌上老人请大家提筷并先夹菜，青年人方能动筷。

平时不能站立或坐在家门口；有分娩或有丧事的人家，外人不得入内；妇女生孩子未满 40 天的，不能跨门槛，也不能到井边挑水。

仡佬族人一年中最重要的节日有春节、清明节、祭山节、端午节、吃新节、中秋节、重阳节、牛王节、敬雀节、捉虫节等。

傈僳族

傈僳族是云南特有的民族。普遍信奉原始宗教。

傈僳族人民非常喜爱唱歌对调。待客至亲密友时，两人共捧一碗酒，相互搂着对方的脖子和肩膀，一起张嘴，使酒同时流进主客的嘴里，称“同心酒”。

产妇分娩时，外人不能闯入室内，尤其忌讳持刀、箭者闯入；屋内火塘上的三脚架，禁止蹬踏或移动，也不能溅上唾沫和鼻涕，不能用脚代手往三脚架下添柴；忌伤害蜘蛛；丧事期间，死者的亲友和同村人都禁止吃辣椒，否则被认为是对死者不敬。

傈僳族传统节日主要有年节（“阔时”）、收获节、火把节、中秋节、刀竿节等。

布依族

布依族是西南部一个较大的少数民族，主要在贵州。信仰祖先和多种神灵、摩教。

布依族人重礼好客，每当贵宾到来，必有“进门酒”“交杯酒”“格当酒”“转转酒”“千杯酒”和“送客酒”六道酒礼。

到布依族人家里做客，不得触动神龛和供桌，火塘边的三脚架忌讳踩踏。青年人不许在老人面前跷脚。村寨的山神树和大罗汉树，禁止任何人触摸和砍伐。男子不得进入妇女分娩的房屋。禁在屋内吹口哨、唱情歌。祭祀山神，妇女不能参加。正月初一、初二、初三忌动土。布依族送礼必须送双数。

布依族传统节日除春节、端午节、中秋节外，还有“二月二”“三月三”“四月八”“六月六”“牛王节”等。

基诺族

基诺族主要聚居在云南。基诺族是一个古老的民族，除具有一定的祖先崇拜和对诸葛孔明尊奉外，最具特色、占主要地位的宗教观是万物有灵。

基诺族种茶历史悠久，有著名的普洱茶。

基诺族民间一直保留有以酒代罚的习惯，一般要罚 10 碗酒，重则罚两头猪、百余斤大米和几十斤酒，请全村共餐。

基诺族人认为给客人夹菜不礼貌。饮酒时只要客人不放杯，主人一定要奉陪到底。

产妇不能吃用铜、铁锅煮的饭；祭山神的食物一定要在野外煮食，不准拿进寨；在民间有吃鸡肉可以治病的说法。

太阳鼓是基诺族最神圣的祭器和乐器，每个村寨一般有两面，即公鼓和母鼓，任何人不得随意触摸、敲击。

传统节日以过年（“特懋克”）为重，具体时间由各村寨自定，多在农历腊月间。还有新米节。

西北地区民族礼仪与习俗

回族

回族是中国少数民族中人口较多的民族之一。主要聚居于宁夏，在甘肃、新疆、青海、河北以及河南、云南、山东也有不少聚居区。信仰伊斯兰教。

穆斯林之间的问候，问者要说“按色俩目阿来库目”，答者要说：“按色俩目”，也可简化说“色俩目”。在宗教场合或晚辈见到长辈，问“色俩目”的同时，还要右手平放于胸前鞠躬。

回族人非常注意并尊重别人的自尊，顾全别人的面子，不喊外号。平时见面都要问安。客人来访，要先倒茶，还要端上瓜果点心或自制面点招待，而且所有家庭成员都来与客人见面、问好。如果遇上老年客人，还要敬“五香茶”或“八宝茶”。送客时，全家人都要与客人道别、祝福。有时远客、贵客还要送出很远才分手。

取水前一定要洗手，盛水容器中的剩水不能倒回井里。凡有条件的地方，饭前、饭后都要用流动的水洗手。回族人多数不抽烟，不饮酒。用餐时，长辈要坐正席，晚辈不能和长辈同坐在炕上，应坐在炕沿或地上的凳子上。茶叶和红糖是回族人的节日佳品。

居住较集中的地方建有清真寺，由阿訇主持宗教活动，“阿訇”是清真寺教务主持，非常受穆斯林和回族人的尊敬。

回族民间节日主要有开斋节（也叫肉孜节）、古尔邦节、圣纪节等。

土族

土族主要聚居在青海。普遍信仰藏传佛教，还崇拜祖先，信奉关帝、二郎神、菩萨等。

土族人民纯朴好客，民间有“客来了，福来了”的说法。敬客时，首先要敬酥油茶，并摆上一个“西买日”（插有酥油花的炒面盒子），端上一盘大块肥肉，同时在肥肉上插一把刀子，然后用系有白羊毛的酒壶为客人斟酒，以表示吉祥如意。还有的地方客人一到，首先要向客人敬3杯酒，谓之“吉祥如意三杯酒”；送客也要敬3杯，谓之“上马三杯酒”。饮酒时，有边饮边歌的习惯，以畅饮酣醉为快。如不能喝酒，要用中指蘸三滴，对空弹三下。

忌讳用有裂缝的碗给客人倒茶；不能问客人“吃饭没有”或“吃不吃饭”等话；在客人面前吵架、打孩子被认为是下逐客令。不能同未婚女士开玩笑。忌在佛堂、大殿内吸烟、吐痰、乱翻乱摸和大声喧哗；忌从僧侣的跪垫和其他物品上跨过；忌对酥油灯打喷嚏和咳嗽。

土族主要节日有春节、观经会、晒佛节、正月十五、擂台戏、鸡蛋会、青苗会、花儿会等。

东乡族

东乡族主要聚居在甘肃，其余散居在宁夏、新疆等地。信仰伊斯兰教。

尊敬老人，晚辈出门归来见老人需躬身问安；对老人无论倒茶、递食都要双手呈送；老人坐炕必居中，食必先。客人来访，都是长者出门远迎，请客人到炕上就座（男客上炕须脱鞋，女客可不脱），用家中最好的茶饭招待。

正餐时东乡族人喜用鸡待客，鸡尖（鸡尾部）最为尊贵，一般只有席间主客和年长者才有资格享用；东乡族待客最隆重的是端全羊。即把羊的各个部位如脖子、肋条、前后腿、羊尾巴依次上盘，使餐桌上样样俱全。男客由男主人招待，女客由女主人招待，女客可与男客同吃同坐；主人陪客时，一般是站在桌旁给客人不停地盛饭取菜，自己不坐也不吃。

吃饼和馒头要掰开吃，不能整吃；忌用食物开玩笑；忌在人面前袒胸露臂；禁带污浊之物进入墓地和清真寺。

东乡族有四大节日，即开斋节、古尔邦节、圣纪节、阿守拉节，都来源于伊斯兰教。

撒拉族

撒拉族主要聚居在青海，其余分布在甘肃、新疆等。信仰伊斯兰教。

撒拉族人民热情好客，讲究礼节，彼此之间互道“色俩目”问安。

到撒拉族人家里做客，必须尊重其宗教信仰。做客时要喝水、洗漱，须请主人代劳，切忌自己动手；油香、烙饼、馓子等，要掰开再吃。餐饮时避免提及猪肉等词汇。进餐时，忌讳随便拨弄盘中的食物，不要随意靠近锅灶。吃抓饭时，饭前洗手。

严禁在清真寺内及其附近吐痰或携带污浊之物进入清真寺；做礼拜时，他人不得从面前走过；忌在水井、水塘附近洗涤衣物；与人谈话时忌咳嗽和擤鼻涕；在老人面前不能有失礼的行为。宰牛羊时，旁人忌说“杀”，应说“宰”；撒拉族人家里有人去世应说“定了”，忌说“死了”。

撒拉族主要节日有开斋节、古尔邦节、圣纪节。

保安族

保安族主要聚居在甘肃，少数散居于青海。信仰伊斯兰教。

保安族人见面都要互致“色俩目”，年轻人见到长辈还要鞠躬。

保安族人民热情好客。客人到家里来，会立即请到炕上，用最好的茶饭招待，客人吃得越多，主人越高兴。做客时不能进厨房、女人的卧室，不许坐在门槛上。在家庭生活习俗等方面与信仰伊斯兰教的民族大体相同。

忌食猪、马、驴、狗和一切猛禽的肉；忌吃一切自死动物；忌食动物的血；忌饮酒；新娘忌入席，婚后3天忌食男家饭。客人进餐时不得剩饭。

保安族主要节日有开斋节、古尔邦节、圣纪节等。

裕固族

裕固族主要分布在甘肃。主要信奉藏传佛教即喇嘛教。

客人来的时候，老人会在门口请客人进帐篷，安排客人坐在左侧面朝门口的贴地板床上，这是贵宾席。最好按他们的习俗，先用双膝跪坐，然后盘腿坐下。一般是按男左女右分坐。

裕固族的传统是先敬茶后敬酒。有客人来时，裕固人总是先请客人喝酥油炒面茶，然后才用手抓羊肉和青稞酒款待。客人喝奶条时，一定要吃干净沉在碗底的“曲核”（一种呈块状的奶制品），这表示已吃够，不然主人还会添加。以酒待客是传统习俗之一，习惯吃饱后再喝酒，敬酒都是敬双杯，认为把客人灌醉是尽主人之谊。划拳之风盛行。

骑马去裕固族牧民家，在离帐篷比较远的地方就得下马，以免惊动畜群。马鞭不论长短一律放在帐篷外面。离开时，应牵着马走一段路，等主人回去再上马。穿红衣、骑红马的人不准进帐篷。

春节是裕固族最大的节日。

锡伯族

锡伯族主要分布在新疆、辽宁和吉林等省区。主要信仰萨满教、喇嘛教。

锡伯族人吃饭时禁止用筷子敲打饭桌、饭碗，或把筷子横在碗上。全家人进餐时按长幼就座，以西为上。

锡伯族人民有讲究礼仪、尊老爱幼、尊重教师的传统美德。晚辈在路上遇见长辈时要问安并让路；平辈见面要相互问好。客人来访，儿媳要出来装烟、倒茶，如果装烟、倒茶的人和客人辈分相等，客人应起立或欠身双手接；当客人告别时，全家人要出来送到大门口。

久别重逢须行“打千”礼，逢重大节日、婚丧必行跪礼及磕头礼，这个习俗传承至今。

锡伯族人忌食狗肉，忌穿戴狗皮制品；不许坐、踩或跨过衣帽、被、枕；穿过的裤子、鞋、袜不能放在高处；不许坐、踩锅灶，也不许坐或站立在门槛上；不能在屋内吹口哨；当大门口挂有红布条或一束草时，表示家里有病人或产妇，外人不得入内。

锡伯族有许多传统节日，大多和汉族相同。本民族化节日有西迁节和抹黑节。

维吾尔族

维吾尔族主要聚居在新疆，少量居住在湖南、河南等地。信仰伊斯兰教。

维吾尔族人民待人接物很讲礼貌，当在路上遇到尊长和朋友时，习惯把右手掌放在左胸上，然后把身体向前倾 30 度，并连说：“按色俩目阿来库目！”

尊重长者。晚辈要先向长辈施礼，走路让长者走在前面，谈话让长者先说，入座让长者坐上座，吃饭先端给长者。

习惯请客人坐上席，先给客人倒茶水或奶茶，摆上馕、各种糕点、冰糖等，夏天还要摆上一些瓜果。如果用抓饭待客，饭前要提一壶水，请客人洗手，洗后用手帕或布擦干。吃完饭后，由长者领做“都瓦”（祷告），待主人收拾完餐具，客人才能离席。长者领做“都瓦”，客人不会做可不做，但不能嘲笑、东张西望或起立。吃饭时，客人不可随便拨弄盘中食物，不可随便到锅灶前，一般不把食物剩在碗中，同时注意不让饭屑落地，不慎落地时，要拾起来放在自己跟前的“饭单”（开饭前铺在毛毡上的彩色印花布）上。用盘吃抓饭时，不能将已抓起的饭粒再放进盘中。

忌用单手接送礼物；忌穿短裤、短小衣物外出；睡觉时禁头东脚西，禁四肢平伸仰卧。做客时洗完手不可将湿手乱甩；不能在长者就座之前坐；吃剩残物不要乱扔；用餐时不要从餐布或主人面前跨过；不要当着主客的面吐痰、擤鼻涕；在屋里就座时，要跪坐，忌双腿直伸、脚朝人等。

维吾尔族传统节日有肉孜节、古尔邦节、初雪节等。

塔塔尔族

塔塔尔族主要分布在新疆，是我国人口较少的少数民族。主要信仰伊斯兰教。

塔塔尔族人民十分重视礼仪，见面以握手问好，妇女多握双手。对长者非常尊重，走路、谈话、吃饭均先让长者。妇女生小孩是大事，亲戚朋友都要来祝贺、送礼。

进餐时每个人面前都放一块小手巾，用以擦拭嘴、手并防止食物溅在衣服上。吃饭时习惯用勺子、刀子、叉子。上茶、上饭先送给长者，然后再按年龄大小先后递送。饭毕要做“巴塔”（祈祷）才算用餐结束。

除传统的伊斯兰教禁忌外，还禁忌在水渠、水池、水井、涝池附近洗衣服，禁忌在涝池内洗澡、游泳。与人交谈和吃饭时，最忌讳擤鼻涕、吐痰、打哈欠和放屁。忌和妇女开玩笑。不准在住房附近、水源旁边、清真寺、墓地周围大小便、吐痰或倒脏水。

塔塔尔族主要节日有肉孜节、古尔邦节和撒班节。

俄罗斯族

俄罗斯族主要散居在新疆，其余散居在内蒙古、黑龙江等地。信仰东正教。

俄罗斯族人性情开朗，说话幽默，民族自尊心较强，接人待客讲究礼节。

接吻、鞠躬、握手等礼节也很普遍，亲人或好友久别重逢时要拥抱，双方互吻面颊，两边各一下。异性之间一般只握手。遇有长辈或妇女时，不宜先伸手，等对方主动伸手时再与之握手。对初次见面的女士只行鞠躬礼，不握手。

到俄罗斯族人家中做客或办事，进屋要先敲门，得到允许后才能入内，进屋脱帽。坐在主人让给的位子上，不能坐床。来客不得随便吸烟，想要吸烟时须经主人同意。

遇到有人打喷嚏，周围的人要祝其健康，打喷嚏的人应表示感谢。在公众场合不能抠鼻子、伸懒腰、挠痒、大声咳嗽。交谈时，不能用手指他人。

俄罗斯族人忌讳“星期五”和“13”这两个数字。俄罗斯族人忌讳送黄颜色的礼品，认为黄色象征着不忠诚；喜欢蓝色礼品，认为蓝色代表着友谊。对女子，在任何情况下都不要当面问其年龄。

俄罗斯族主要节日是圣诞节和复活节，此外还有报喜节、成年节。

哈萨克族

哈萨克族主要聚居在新疆，其余分布在甘肃、青海等地。多信仰伊斯兰教，一部分人信仰萨满教。

哈萨克族人见面都喜欢伸出双手握住对方，表示尊重和热情。妇女见面一般点头问候。

哈萨克族人尊敬老人，喝茶吃饭要先敬老人，一般在进餐时习惯让长辈先坐，其他人依次围着餐布屈腿或跪坐在毡子上。进餐前，主人用壶提水让客人洗手，然后把盛有羊头、后腿、肋肉的盘子放在客人面前，客人要先将羊头腮帮上的肉割食一块，再割食左边耳朵之后，将羊头回送给主人，大家共餐。食毕大家同时举起双手摸面，做“巴塔”（祈祷）。客人中如果有男有女，一般要分席。

年轻人不准当着老人的面饮酒；不准用手乱摸食物；不准跨越或踏过餐布，不准坐在装有食物的箱子或其他用具上。忌讳当面数主人家的牲畜；不能跨过拴牲畜的绳子，也不能骑马进羊群；忌讳他人当面赞美自己的孩子，尤其不能说“胖”；忌客人在家门口下马和骑快马到家门口下马。

哈萨克族主要节日有古尔邦节、肉孜节、那吾热孜节等。

塔吉克族

塔吉克族主要分布在新疆。信仰伊斯兰教。

男子相见，互相握手或互吻手背。妇女相见，长辈吻幼辈的眼或前额，幼辈吻长辈的手心，平辈互吻面颊和嘴唇。男女同辈相见，女方吻男方的手心或握手。

对来访的宾客会热情欢迎，竭诚款待。用餐时，主人先敬客人一碗羊肉汤，再端上大盘的“手扒羊肉”。主人要先把羊头献给席间最尊贵的客人，待客人割下一块肉时，再把夹着羊尾油的羊肝分别献给各位客人，以示敬重。之后开始蘸盐水吃肉。

对粮食和食盐特别珍惜，认为脚踩食盐和食物是罪人。

骑马到塔吉克族人家中做客时，不能在门口下马，更忌讳快马到门口下马，这意味着报丧或有其他不吉的消息。应慢步绕到毡房后面下马。

不得骑马穿过羊群或接近羊圈，忌讳羊在产羔时去观看。每逢星期三、星期日不出售牲畜，也不偿还债务。

以古尔邦节、肉孜节和圣纪节为三大节日。还有独具特色的肖公巴哈尔节（迎春节）、皮里克节（灯节）、祖吾尔节（引水节）、铁合木祖瓦斯提节（播种节）。

乌孜别克族

乌孜别克族是我国人口较少的民族，散居在新疆的南部和北部地区。信仰伊斯兰教。

路上男士相遇，手放于胸前鞠躬后握手；妇女相见，手放于胸前鞠躬后可拥抱。

乌孜别克族人民注重礼节，尊重长者，说话、行路均让长者先。

用餐时，人口多的人家分席用餐，孩子和妇女另设一席。

对远道而来的客人盛情款待。常用抓饭招待客人，客人至少要吃一点，否则会被认为不礼貌。老年人吃饭时常用双手摸脸做

“都瓦”。

吃饭时严禁脱帽，不能当着客人的面咳嗽。家中只有壮年妇女一人时，忌外人进家。大庭广众之下不能赤膊，更不能穿短裤。特别注意饮水水源的清洁卫生，忌在水渠、水池、水井等水源附近修猪圈、厕所，游泳、洗澡或洗衣物。

乌孜别克族的饮食习惯遵守伊斯兰教的要求。

乌孜别克族主要节日有圣纪节、肉孜节、古尔邦节等。

柯尔克孜族

柯尔克孜族主要聚居在新疆，还有一部分居住在黑龙江省。大部分柯尔克孜族人信奉伊斯兰教，新疆塔城、额敏县的柯尔克孜族人大部分信仰藏传佛教，同时有原始信仰。

当两人面对面谈话时，忌咳嗽、擤鼻涕、打哈欠等。忌媳妇的臀部对着长辈，故媳妇自屋里出来禁忌转身，只可退着出来。客人出门时也应背朝门退出。最忌撒谎、欺骗和诅咒。

柯尔克孜族人民十分好客，有“友谊与热情是柯尔克孜人的金子”的名言传世。凡有客人来访，不论相识与否，都要热情招待并拿出最好的食品待客，其中以羊头肉待客最尊敬。请客人吃羊肉先请吃羊尾油，再请吃胛骨肉和羊头肉。客人也要分出一些给主人家的妇女和小孩，表示回敬。客人的餐具里，不能有残羹剩饭。

饭前洗手后，余水不可乱甩，须用布擦干。男客不可从女主人手中直接接取食物。吃饭时不可揭开厨房门帘窥视，餐后背向门退出。

柯尔克孜族主要节日是纳吾热孜，也过古尔邦节和肉孜节。

中南地区民族礼仪

畲族

畲族主要居住在福建、浙江两省的广大山区，其余分布在江西、广东和安徽等地。畲族主要是祖先崇拜和图腾崇拜，十分重视祭祖。

畲族是一个文明礼貌的民族。有客人到家中做客，都要先敬茶，一般要喝两道："一碗苦，两碗补，三碗洗洗嘴。"客人只要接过主人的茶，就必须喝第二碗。如果客人口很渴，可以事先说明，喝到满意为止。若来者是女客，主人还要摆上瓜子、花生、炒豆等零食。

忌用单只手捧茶招待客人；酒桌上忌空碗；上别人家做客，吃点心时忌吃光，应有所剩余；忌用脚踩地上的饭粒。正月初一，忌抬轿、吹喇叭；忌食狗肉、蛇肉。二月十九日观音生日忌做污秽事，三月三日不下田等。

畲族节日有中秋歌节，每年二月、七月、八月十五日的祭祖日。

黎族

黎族主要聚居在海南省。道教在黎族中影响较大。

"三月三"是黎族特有节日。黎族同胞大多嗜酒，用山兰米酿造的酒是远近闻名的佳酿，常作为贵重的礼品。竹筒饭是黎族的传统风味食品。

平常忌讳别人当面提及先辈的名字，否则会引起对方的不快甚至争吵。在大庭广众面前不可以叫别人的外号。

招待客人用餐时，对男客先酒后饭，对女客先饭后酒。宾主分开对坐。请酒时，主人先双手举起酒碗向客人表示请酒，然后自己先把酒一饮而尽。接着，把米酒逐个捧给客人，客人把酒喝完后，主人还给每个客人嘴里送一口肉菜，表示尊敬。通常，主人只陪客人喝酒，不陪客人吃饭，怕客人不好意思把饭吃饱。

黎族重要节日除三月三，还有春节。

壮族

壮族是中国少数民族中人口较多的，主要分布于广西、云南、广东、湖南、贵州、四川等省区。信仰道教、摩教，以及祖先、自然崇拜。

尊老爱幼是壮族人民的传统美德。路遇老人要主动打招呼、让路，在老人面前不跷二郎腿，不说污言秽语，不从老人面前跨来跨去。路遇老人，男的要称“公公”，女的则称“奶奶”或“老太太”。

壮族人民招待客人的餐桌上务必备酒，敬酒的习俗为“喝交杯”，其实并不用杯，而是用白瓷汤匙。

客人到家，必在力所能及的情况下给客人最好的食宿，对客人中的长者和新客尤其热情。用餐要等最年长的老人入席后才能开饭；长辈未动的菜，晚辈不得先吃；给长辈和客人端茶、盛饭，必须双手捧给，而且不能从客人面前递，也不能从背后递给长辈；先吃完的人要逐个对长辈、客人说“慢吃”再离席；晚辈不能落在全桌人的最后吃完饭。

壮族人忌讳农历正月初一这天杀牲；有的地区的青年妇女忌食牛肉和狗肉；妇女生孩子的头 3 天（有的是头 7 天）忌讳外人入内；忌讳生孩子没满月的妇女来家里串门。登上壮家竹楼都要脱鞋。壮族忌讳戴着斗笠和扛着锄头或其他农具的人进家。火塘、灶塘是壮族家庭最神圣的地方，禁止用脚踩踏火塘上的三脚架以及灶台。壮族青年结婚，忌讳怀孕妇女参加，怀孕妇女尤其不能看新娘，更不能进入产妇家。

壮族地区严禁捕杀青蛙，也不能吃蛙肉。

壮族人几乎每个月都要过节，如春节、“三月三”歌节，还有七月十五中元节、清明节、中秋节、端午节、重阳节、尝新节、冬至、牛魂、送灶等。

瑶族

瑶族是中国最古老的民族之一，主要聚居在广西、湖南、云南、广东、江西、海南等地的山区。瑶族人民的信仰属于多神崇拜。

瑶族人民热情好客，凡是进瑶家的客人，都会受到尊重和热情款待。“挂袋子”与“瓜箪酒”是瑶家待客的典型礼节。

吃饭时老人和尊贵的客人坐上座。遇有客人，要以酒肉热情款待，有些地方要把鸡冠献给客人。向客人敬酒时，一般由少女举杯齐眉，以表示对客人的尊敬；也有的以德高望重的老人为客人敬酒，被视为大礼。客席上，金黄厚实的腊肉奉为上品，主人会热情地把大块腊肉夹给客人，客人接受主人才会高兴。

绝大部分瑶族人禁食猫肉、蛇肉、狗肉。忌用脚踏火炉撑架；忌在火炉里烧有字的纸张；进入瑶家忌穿白鞋和戴白帽，因为白色象征丧事；忌坐门槛；穿草鞋不能上楼；不能坐主妇烧火的凳子；到木排上，忌说“伞”，说到“雨伞”时，应说“雨遮”；遇人伐木，忌说“吃肉”等。

瑶族传统节日很多，大节日有春节、清明节、社王节、盘王节、祝著节等。

京族

京族主要聚居在广西。京族的宗教信仰为多神教，兼信道教、佛教，也有部分人信天主教。

在京族的渔家做客，千万别说饭烧焦了，因为“焦”与“礁”同音，怕触礁。在船上不要说“油”，把油称为“滑水”。移动物品时应拿起来，别拖着或推着移动，因为有“搁浅”之嫌。

逢初一、十一忌别人进门借火、借盐；沙滩上的渔网忌人跨过；制作新渔网和在新网下海时，忌讳不相干的人走近观看或说东道西；在船上忌把碗覆置。

京族除了过和汉族相同的春节、端午节、中秋节外，还有哈节。

高山族

高山族主要居住在台湾省，也有少数散居在内地的福建、浙江等地。高山族还保留有原始宗教的信仰和仪式。

高山族人爱吃槟榔，尤以年纪大者为甚，如果家里来了朋友或客人，请吃槟榔被认为是待客之道。

高山族人喜欢在节日或喜庆的日子里举行宴请和歌舞集会。每逢节日要杀猪、宰老牛，置酒摆宴。

高山族人非常尊敬老年人，还爱喝酒。一般是饮用自酿的酒，如粟酒、米酒和薯酒。

妇女怀孕后忌用刀斧。外出时，如果遇到乌鸦被认为不吉利，要立即返回家中改天再外出。在捕鱼、出猎或祭祀期间，家里不能断火；祭祀期间不能吃鱼，忌讳祭祀中打喷嚏。

高山族经常把祖灵祭、谷神祭、山神祭、猎神祭、结婚祭、丰收祭等作为欢庆的节日，如播种祭、平安祭、阿立祖祭、丰年祭、竹竿祭、猴祭与大猎祭、矮灵祭、飞鱼祭等。

仫佬族

仫佬族主要分布在广西。仫佬族以信奉道教为主，也信佛教。

进门时不能踏门槛，挖煤时不许讲不吉利的话。大年初一不能扫地、不能洗衣服，也不能劈柴。二月初一不进地，六月初一不做工。外出经商忌讳煮饭不熟和打破碗、碟等。忌食猫肉、蛇肉，有的地方还忌食狗肉和猪心。

仫佬族节日较多。除了十月、十一月外，几乎每个月都有节日。三年一次的依饭节（即喜乐节）较为隆重。

毛南族

毛南族主要分布在广西和贵州，是中国人口较少的山地民族之一。毛南族信仰多神。

唱歌是毛南族人最喜爱的文娱活动。

毛南族成年男子都好喝酒，认为“非酒不足以敬客”。正月初一不能骂人或说粗话；家有病人时用两根棍子叉在门口，外人不得进入；不能用脚踏灶，烧柴时必须把粗的那头先送进灶内。

毛南族节日主要有春节、清明节、端午节、中元节、重阳节以及自己独特的节日——分龙节。

土家族

土家族分布在湖南、湖北、重庆、贵州等地。土家族信奉多种神，没有固定的宗教信仰，因神明大多和祖先有关。

土家族人爱唱山歌，注重礼仪，见面时要互相问候，家有来客必盛情款待。土家族人平时粗茶淡饭，有客至，夏天先喝一碗糯米甜酒，冬天就先吃一碗开水泡团馓，然后再以美酒佳肴待客。一般请客人吃茶是指吃油茶、阴米或汤圆、荷包蛋等。

土家族人无论婚丧嫁娶、修房造屋等红白喜事都要置办酒席，一般习惯于每桌七碗、九碗或十一碗菜，回避八碗菜、十碗菜。

姑娘及孕产妇不能坐在堂屋门槛上，成年男女忌坐同一条板凳；不准用脚踏火坑和三脚架，以免亵渎神灵；不能以脚踩灶，在灶门口烘脚，认为是对灶神不敬；忌挑空桶、倒背背篓和扛着锄头进屋。

土家族人自称是“白虎之后”，以白虎为祖神，白虎在土家族人的心目中有着举足轻重的地位。

土家族民间非常重视传统节日，自年始至年终，可谓月月有节。主要有过年、二月二日、女儿会等。

东北、内蒙古地区民族礼仪与习俗

满族

满族主要分布在东三省及北京。主要信仰萨满教、佛教等，也有很多人不信教。

满族人孝敬长辈，注重礼节，在路上遇见长辈，要侧身微躬，垂手致敬，等长辈走过再行；不但晚辈见了长辈要施礼，在同辈人中年轻的见了年长的也要施礼问候。亲友相见，除握手互敬问候外，有的还行抱腰接面礼。

接待客人不避内眷，家庭女性成员都可以参加对客人的敬酒等活动。给客人上菜必须成双成对，客人一旦接受妇女的敬酒就必须喝干，否则是不礼貌的。

满族传统住房一般为西、中、东三间，大门朝南开，西间称西上屋，中间称堂屋，东间称东下屋。西上屋设西、北、南三面炕，西炕为贵，北炕为大，南炕为小，来客住西炕，长辈多住北炕，晚辈住南炕。

忌打狗、杀狗和忌食狗肉；不戴狗皮帽、不铺狗皮褥，忌讳戴狗皮帽或狗皮套袖的客人。

满族主要节日有春节、上元节、二月二、端午节、中秋节、中元节、腊八节、走百病、颁金节等。

朝鲜族

朝鲜族主要分布在吉林省，少部分分布在黑龙江、辽宁、内蒙古等地。朝鲜族宗教信仰以基督教发展速度较快，其信徒也明显增多。

老人处处受到尊敬，儿孙晚辈都以照顾体贴祖辈为荣。晚辈不能在长辈面前吸烟；吸烟时，年轻人不得向老人借火，更不能接火；与长者同路时，年轻者必须走在长者后面，如有急事非超前不可，须向长者恭敬地说明理由；途中遇有长者迎面走来，年轻人应恭敬地站立路旁问安并让路；晚辈对长辈说话必须用敬语，平辈之间初次相见也要用敬语。晚辈不能在长辈面前喝酒，席间若无法回避时，年轻人应举杯背席而饮。吃饭时匙放在汤碗里，把匙子放在桌上是失礼行为。节日饮食喜欢和邻居分尝。

朝鲜族人喜食狗肉，但在婚丧和佳节的时候不吃。

朝鲜族主要节日和汉族相同，另外较为重要的有 3 月 3 日春游活动和9月9日登高活动。

除了传统节日外，小儿周岁、结婚、老人六十大寿，都要大摆筵席，宴请宾客。

赫哲族

赫哲族，主要分布在黑龙江省，人口较少。

赫哲族的礼仪以家长制为中心，尊老并保持长者的权威。

赫哲人在喝第一口酒前，要用筷头蘸少许酒甩向空中和洒向大地，以示敬祖先和诸神。但不喜欢喝茶，多数人一年四季均喜欢喝生凉水。

捕鱼期间忌说怪话、谎话，否则触犯神灵，空网而归。捕鱼者如家有丧事，到捕鱼场后须在网滩上架起一堆火，从火上跨过，以熏晦气。狩猎的人相遇，一定要请到自己的住处吃一顿饭。

孕妇和月经期妇女不准到渔场和渔船上，否则捕不到鱼；妇女不能坐跨捕鱼、狩猎的工具；妇女不能用脚踢船头，否则会失去福气等。

春节是最重要的节日。也过元宵节、端午节、中秋节、“二月二”节、清明节、“腊月二十三”祭灶神。赫哲族聚居区的赫哲族还过“乌日贡”节。

蒙古族

蒙古族的分布几乎遍及全国各地，主要聚居在内蒙古自治区。信仰喇嘛教。

蒙古族见面要互致问候，现在主要用鞠躬礼和握手礼，即便是陌生人也要问好。

家中来客，首先献上奶茶，端出奶皮、奶酪。喝过奶茶，主人会敬上奶酒，盛夏时节还会请客人喝马奶酒。招待来客的佳宴有手抓羊肉和全羊席，往往用全羊席来款待贵客。

骑马、驾车接近蒙古包时忌重骑快行，以免惊动畜群。门前有火堆或挂有红布条等记号时，表示这家有病人或产妇，外人忌进入；客人不能坐西炕，因为这是供佛的方位；忌食自死动物的肉和驴肉、狗肉、白马肉；办丧事时忌红色和白色，办喜事时忌黑色和黄色；忌在火盆上烘烤脚、鞋、袜和裤子，不能用刀子挑火、插入火中或从锅中取肉；禁止在参观寺院经堂、供殿时吸烟、吐痰、高声喧哗，以及乱摸法器、经典、佛像等。

蒙古人认为马以头为尊贵，严禁打马头，不准辱骂马。

蒙古族民间传统节日有蒙古族新年（春节）、成吉思汗纪念节、白节（又称白月、查干萨日）、祭敖包、那达慕等。

达斡尔族

达斡尔族主要分布在内蒙古、黑龙江、新疆等地。主要信仰萨满教，少数人信仰喇嘛教。

达斡尔族人民敬老、互助和好客。对长者，无论是在路上行走，还是出入房门，青年人都要让路；儿女外出归来，要给老人请安；凡有好吃的或是老人喜欢吃的食品，首先要敬给老人或给老人留一份。当有客人来访时，主人要递烟、敬酒、端出奶制品热情招待，若是贵客临门，还要增加“瓦奇”（猪肘子）和手扒肉等佳肴款待。无论谁家宰杀牲，都要选出好的肉分赠给邻居和亲友。

达斡尔族人的居室以西屋为贵。西屋又以南炕为上，多由长辈居住，儿子、儿媳及其孩子多居北炕或东屋，西炕则专供客人起居。

祭龙王时，不准妇女观看；渔场内不准背手走路；鼠日、火日忌开犁播种；忌砍伐祭祀树；忌用白桦、榆木盖房；女子不得在偶数年龄成婚；忌外人携武器进入达斡尔族人的住所；女子忌上房顶；女子忌跨男人身体；女子孕期内不得往灶里看；忌外人横卧炕上；忌用尖状物指人。

达斡尔族主要节日有阿涅节、库木勒节、黑灰日等。

鄂温克族

鄂温克族主要聚居在内蒙古和黑龙江。多数人信萨满教，牧区居民同时信藏传佛教。

驯鹿是鄂温克族的吉祥物。

到鄂温克族人家里做客，主人把皮垫摆在哪里，客人就在哪里落座，不得随意挪皮垫。客人落座后，女主人随即端上奶茶，然后煮兽肉。如果来者是贵客，通常还要献上驯鹿的奶。鄂温克族人待客必须有酒，敬酒时主人高举酒杯先往火中倾注点滴，自己先喝一口再请客人喝。

产妇未满月前，忌外人带枪或钥匙进屋，以防产妇断奶。父母在世时，儿子不得蓄胡须；下午忌理发、刮脸，戴孝者尤忌；忌说“死”，如果老人死了，要说“成佛了”；忌谩骂牲畜；忌宰杀或出卖没停奶的母畜；禁止女人摸男人的头。

鄂温克族人敬火如神。无论是在家中还是在野外，均不用有刃的东西拨火，不用水泼火，不能把污秽之物扔进火中，不许女人从火上跨过，不能用脚踩火，等等。吃肉、喝酒时也要先敬火。举行结婚仪式时，新婚夫妇要敬火神。

鄂温克族主要节日有民间传统祭祀节日、米格鲁节、敖包等。

鄂伦春族

鄂伦春族主要分布在内蒙古、黑龙江，主要居住在大兴安岭山林地带。是中国东北部地区人口最少的少数民族之一。信奉萨满教，崇拜自然物。

鄂伦春族人民很注重礼仪，尊老爱幼是传统。年轻人不能叫长辈的名字。晚辈见到长辈用请安礼，平辈人见面也要互致请安礼问候。出远门前和回来后都要向长辈请安。出门或狩猎中遇到长辈，在相距很远的地方下马，步行迎上去请安，待长辈人过去后才能骑马行路。无论在什么场合，都必须让老者坐在正位，饮酒要由老人先开杯，吃肉、吃饭要先等老人举刀、动筷。

鄂伦春族人民好客，宾友光临除好酒、好肉招待外，客人临别时还要馈赠自家的土特产。

猎马和猎狗被称为“猎人的伙伴”，一般不杀马和狗，也不吃马肉和狗肉。

不能用刀或铁器捣火，否则冲犯火神。

鄂伦春族男女有别，男客人不能坐儿媳妇和姑娘的铺位，女客人也不能坐男人的铺位。

鄂伦春族主要节日有春节、篝火节、抹黑节。

道教礼仪与禁忌

道教是我国的本土宗教。

起源

道教，是发源于古代本土春秋战国的方仙道，是一个崇拜诸多神明的多神教原生的宗教形式，主要宗旨是追求长生不死、得道成仙、济世救人。在古代中国传统文化中占有重要地位，在现代世界也获得了积极发展。道家从战国时代即为诸子百家之一，道教把原为道德哲学家神化了。汉朝后期产生教团，益州（今四川）的天师道奉老子为太上老君。至南北朝时道教宗教形式逐渐完善。老子李耳（太上老君）是唐室先祖，唐代尊封老子为大道元阙圣祖太上玄元皇帝。

道教认为“道”是化生万物的本原。在中华传统文化中，道教是与儒学和佛教一起的一种占据主导地位的理论学说和寻求有关实践炼成神仙的方法。

现在的道教，是指在中国古代宗教信仰基础上，承袭方仙道、黄老道和民间天神信仰等大部分宗教观念和修持方法，逐步形成的以“道”作为最高信仰。主要奉太上老君为教主，并以老子《道德经》等为主要经典，追求修炼成为神仙。

经典

四大基本经典：老子《道德经》《黄帝阴符经》《周易参同契》《周易》。

节日

道教节日多与民俗有关，又吸收中国传统节气时令，所以道教的节日很频繁。

三会日和三元日。三元日是从三会日演变过来的，分别是正月十五，天官校戒，上元斋日；七月十五，地官校戒，中元斋日；十月十五，水官校戒，下元斋日。

戊日。戊日是道教的重要忌日，道教称作“戊不朝真”。其法以干支纪日，分为“明戊”和“暗戊”。如戊子、戊寅等六戊为明戊，四月的寅日、八月的申日等为暗戊。

祖师诞辰。如“二月十五太上老君诞辰”等三清四御尊神的诞辰及各宗派各自崇拜的祖师神的诞辰。

交往

可以称呼他们为“道长”，尊称“先生”“道士先生”或“先生”“道爷”“师傅”等；和他们熟悉的，可以称呼“姓氏 + 道士”或“姓氏 + 道主”。

见面行拱手礼和稽首礼，一般不行世俗的握手礼和鞠躬礼。非道教人士见道教人士一般行稽首礼，又称作揖礼，即见面时，正对对方，双手抱拳，举到与眉眼平齐处，深深弯腰，双手抱拳自然下垂到与腹部平齐处，再立正抱拳于眉眼平齐处，同时口称问候语“无量天尊”或“道长慈悲”等。

到庙里衣冠整齐，不能穿背心、短裤、拖鞋。进殿堂一般是靠门的右侧走，或靠左侧走，不能在中间走，不能当道走，走路时不宜高声。

道教提倡素食，禁忌酒和五辛。即使可食肉的道教派别，也不吃四种肉食——牛肉、乌鱼、鸿雁、狗肉。五辛一般指葱、蒜、韭、薤、兴渠（阿魏）。

道人吃斋、诵经和静坐时，不得打扰。不可问年龄或俗事。

佛教礼仪与禁忌

佛教在我国有广泛的信仰基础。

起源

佛教在公元前6世纪以前，由古代印度北部迦毗罗卫国王子乔达摩·悉达多创立。佛教自创立以来就在古印度广泛传播。与婆罗门教艰涩的教义相比，释迦牟尼的说法简单易懂，且一向主张众生平等，对于女性和奴隶也一视同仁，所以佛教从一开始就受到社会底层百姓的欢迎，甚至一些王国的君王也成为佛教信徒，从而更加有利于佛教的广泛传播。

佛教创立后，向南传到斯里兰卡等南亚地区，后又传到泰国、缅甸、老挝等东南亚国家和我国云南边境地区，称为南传上座部佛教；向北沿着丝绸之路传到中国汉地，沿着喜马拉雅山脉传到我国西藏地区，称为北传佛教。由中国传入朝鲜半岛、日本、越南、新加坡等国家和我国香港地区。10世纪后半期，北传佛教又形成了藏传佛教（又称喇嘛教）。

经典

《金刚经》《千手千眼无碍大悲心陀罗尼大悲神咒》《般若波罗蜜多心经》《大藏经》《大佛顶首楞严神咒》《华严经》《佛说阿弥陀佛经》等。

节日

佛诞节。佛诞日——释迦牟尼诞生日。在我国每年的农历四月初八，是我国佛教徒纪念教主释迦牟尼佛诞辰的一个重要节日。各佛寺一般会举行诵经法会，并根据“佛生时龙喷香雨浴佛身”的传说，教徒要以香水洗释迦牟尼佛像。

佛成道日。释迦牟尼在菩提树下悟道成佛的日子。一般在农历十二月初八，届时佛寺要举行纪念仪式，并煮腊八粥以供佛。

佛涅槃日。释迦牟尼逝世的日子。一般在农历二月十五日。但是释迦牟尼逝世的年代，南传佛教与北传佛教相差59年，南传佛教认为是公元前545年，北传佛教认为是公元前486年，后者是我国公认的年代。

世界佛陀日。东南亚一些佛教国家把佛诞、成道、涅槃三个节日合并起来，称作“维莎迦节”，时间是五月中旬的月圆日。1954年在缅甸仰光召开的世界佛教徒联谊会第三次大会规定为“世界佛陀日”。在东南亚一些佛教国家，这是一个全国性的传统节日，会举行规模盛大的庆祝活动。

佛欢喜日。农历七月十五的佛欢喜日也称盂兰盆节、僧自恣日，是我国佛教中最大的节日之一，是佛教徒举行供佛敬僧仪式及超度先亡的节日。

藏传佛教节日传大召，这是藏传佛教的一种仪式，意为“大祈愿”法会。法会从藏历正月初三至二十四，拉萨三大寺僧众及卫藏、安多和康区各地信众齐集大昭寺进行各种宗教活动。正月十五日夜拉萨八角街陈列酥油灯、酥油花，歌舞庆祝，称为灯节。法会上举行辩经，考选藏传佛教最高学位——格西。法会最后以送鬼仪式结束。

还有传小召，则在藏历每年二月下旬，为期10天，进行有关宗教活动。法会期间三大寺僧侣在大昭寺参加辩经，选拔二等格西，规模小于传大召法会。

交往

佛教徒不吃荤，不喝酒。这里主要是指汉传佛教的禁忌。而南传佛教和藏传佛教饮食禁忌较少。

进佛寺时，最好不要从中门入，且不要脚踩门槛。

有人做礼拜时，不在他的头前行走。

寺中的法器或贡品不可以擅动，包括钟鼓鱼磬、锡杖衣钵等物。

对出家人的称谓，僧尼可称“法师”或“师傅”，“和尚”实际上则是很受尊重的称呼，遵照佛教的制度，只有寺院中的方丈、主持才能够称为“和尚”。

男士到比丘尼寺院，不能进尼众寮房，和比丘尼说话时要有其他人在场。

见到僧侣，可以合掌问讯。同僧侣共处时，不敬烟；同桌就餐时，不敬、劝酒，不劝吃肉，不宜向他们提议干杯（包括茶、饮料等）。

佛教中有很多日常禁忌。饮食方面，素食是最基本、最重要的一条。素食包括不吃“荤”和“腥”。“荤”是指有异味的蔬菜，如大蒜、大葱、韭菜等；“腥”是指肉食，即各种动物的肉，甚至蛋。不饮酒、不吸烟，也不吃零食。

不开戒规戒律的玩笑，不应邀请僧人做不符合佛教清规戒律的活动，如唱歌、跳舞等。

参观寺院应衣冠整洁，勿大声喧哗、指指点点、评头论足。寺院里不可以谈情说爱，乱开玩笑。到寺院观光，未经允许不要进寺院禅堂，特别是女士。

忌讳手挡在他们头顶或碰他们的头部。

在信奉藏传佛教的地方，还要注意：集体念经或喇嘛修诵时，禁忌瞪眼或直视久看喇嘛的脸。举行法会期间，禁忌越过僧人队列和喇嘛攀谈闲聊。佛塔周边，禁忌取用信徒献在佛塔上的任何供品。路过寺庙、佛塔以及玛尼堆、经旗杆时，都应按顺时针方向绕行。对塔前烧施的桑烟，禁忌扔投污食或其他物品。手中的转经筒不得以逆时针方向转动和打开筒盖。禁忌携带佛像、佛经以及有关法物上厕所。

基督教礼仪与禁忌

基督教是对奉耶稣基督为救世主的各教派的总称，包括天主教、基督新教（也简称新教，中国民间称为耶稣教）、东正教。

起源

按照基督教经典的说法，基督教产生于1世纪的巴勒斯坦地区的犹太人社群中——创始人耶稣于公元1世纪30年代开始在巴勒斯坦地区传教。

1世纪结束前即逐渐发展到叙利亚、埃及和小亚细亚等地，并扩及希腊及意大利。在4世纪以前基督教是受迫害的，直到罗马帝国君士坦丁大帝发布米兰敕令宣布它为合法宗教为止。在公元380年时狄奥多西大帝宣布基督教为罗马帝国的国教，并且所有人都要信奉。1054年，基督教发生了大分裂，东部教会自称为正教（东正教），西部教会称为公教（天主教）。16世纪又从天主教中分裂出新教以及其他许多小的教派。

经典

基督教基本经典是《圣经》，以《旧约全书》（与犹太教经典相同）和《新约全书》两大部分构成。

节日

复活节。是为纪念耶稣复活的节日，为每年春分月圆后的第一个星期天，具体日期常为4月4日。

耶稣受难日。具体日期为复活节前的星期五，通常为每年的4月1日前后。届时在教堂举行隆重的活动，一般常放假休息。

圣诞节。是耶稣诞生日，每年的12月25日。这是信奉新教和天主教国家最盛大的节日，就像我们的春节，通常从12月24日圣诞节的除夕开始进行庆祝。圣诞节前，各大商场、超级市场都会减价出售各种圣诞节用品和生活必需品。一般放假3天。

交往

在信奉基督教的国家里，生、死、嫁、娶无不打上宗教的烙印。结婚是一种须在教堂举行且由神父或牧师主持的仪式。初生的婴儿按照教规应进行洗礼，并取教名，认男、女监护人为教父、教母。教徒死后，需请神父来料理后事。

基督教视十字架为圣物。除在教堂中使用，也常做成项链悬挂于胸前，或立于死者墓前，以示人的灵魂与耶稣同在。

忌讳崇拜除上帝以外的偶像。向基督徒赠送礼品，要避免上面有其他宗教的神像或者其他民族所崇拜的图腾。要尊重基督徒的信仰，不能以上帝起誓，更不能拿上帝耶稣开玩笑。神父和牧师，是天主教与新教对其神职人员的不同称呼，不能混为一谈。

基督徒有守斋的习惯。基督教规定，教徒每周五及圣诞节前夕只吃素菜和鱼类，不食其他肉类。天主教还有禁食的规定，即在耶稣受难节和圣诞节前一天，只吃一顿饱饭，其余两顿只能吃得半饱或者更少。基督徒在饭前往往要祈祷，和基督徒一起用餐时，应待他们祈祷完毕后，再拿起餐具。

非基督徒进教堂应衣冠整洁，进去后要脱帽。与人谈话应压低声音，不得妨碍正常的宗教活动。当教徒们祈祷或唱诗时，旁观的非教徒不可出声。当全体起立时，则应当跟随其他人一起起立。如有人分饼和面包给自己，非教徒应谢绝。

讨厌“13”这个数字和“星期五”这一天。在基督徒眼中“13”和“星期五”是不祥的，要是13日和星期五恰巧是同一天，基督教徒常常闭门不出，这些时间也最好别有邀约。

伊斯兰教礼仪与禁忌

伊斯兰，又译作伊斯俩目，指顺从和信仰创造宇宙的独一无二的主宰安拉及其意志，以求得两世的和平与安宁。信奉伊斯兰教的人统称为“穆斯林”，意为“顺从者”。

伊斯兰教包括逊尼派和什叶派两大派别，其中逊尼派占多数。

起源

伊斯兰，公元7世纪由麦加人穆罕默德在阿拉伯半岛上创传。

逊尼派被认为是主流派别，又被称为正统派，分布在大多数伊斯兰国家，中国穆斯林大多是逊尼派。什叶派信徒主要分布在伊朗，还存在于其他一些国家和地区，如伊拉克等国。

1000 多年来，伊斯兰教由一个民族的宗教，接着作为一个封建帝国的精神源泉，尔后又作为一种宗教、文化和政治的力量，一种人们生活的方式，在世界范围内不断发展，30 多个国家将伊斯兰教定为国教。

经典

《古兰经》是伊斯兰教的唯一经典。伊斯兰教认为《古兰经》是安拉“神圣的语言”，是一部“永久法典”。它是伊斯兰教信仰和教义的最高准则，是伊斯兰教法的渊源和立法的首要依据。穆斯林以其为伊斯兰教的圣书，也是指导穆斯林行为的规范。

节日

开斋节。伊斯兰教历 10 月 1 日，我国穆斯林称肉孜节。穆斯林在开斋节要净身、理发、剪指甲，穿上新衣，吃枣子。到清真寺举行会礼，去、回要走不同的路。较富裕的穆斯林要施舍。会礼后，亲友互访，互赠礼品，举行庆祝活动。

宰牲节。伊斯兰教历 12 月 8 日至 10 日，到清真寺举行会礼。宰牲献祭，牲畜肉分三份，一份送亲友，一份施舍，留一份自食。亲友间互相拜会。

登霄节。伊斯兰教历 7 月 17 日，纪念传说中穆罕默德夜晚上天朝见安拉，登霄节夜晚，穆斯林举行礼拜、祈祷等活动。

圣纪节。伊斯兰教历 3 月 12 日，穆罕默德诞生和逝世的日子。穆斯林到清真寺举行圣会，集体诵读《古兰经》，宣扬穆罕默德的生平业绩。

阿舒拉节。伊斯兰教历 1 月 10 日，是安拉创造人、天国乐园、火狱的日子，也是阿里之子侯赛因殉难日。穆斯林在该日自愿斋戒。什叶派则举行哀悼仪式和游行等。

白拉台夜。伊斯兰教历 8 月 15 日夜，是安拉决定凡人一年生死祸福之夜，白天斋戒，夜晚诵经，祈求赐福。

盖德尔夜。伊斯兰教历 9 月 27 日夜，是安拉颁降《古兰经》之夜。这天晚上做一件善功胜过平时做 1000 个月的善功。穆斯林夜晚去清真寺做礼拜，诵经，有的还彻夜不眠。

交往

严禁吃自死物、血液、大肉，严禁食用诵非安拉之名而宰杀的动物，严禁食用猛禽猛兽和不反刍的畜类。严禁饮酒，禁止一切与酒有关的致醉物品，禁止从事与酒有关的生意，严禁服用一切麻醉品和毒品，禁止吸烟。

但凡需要说“cheers”（干杯）的场合，可以说“ok”。

禁止男性穿戴高贵服饰、禁止妇女显露美姿和装饰、禁止男人佩戴黄金饰物，忌讳男子模仿妇女、妇女模仿男子。

禁止在公共场所大小便，禁止用右手处理污秽事物，禁止在做礼拜时吐痰、打哈欠、吃东西，禁止吃生葱、生蒜后去清真寺做礼拜，忌讳贪食。

严禁重利盘剥，禁止在商品中掺假、以次充好，禁止缺斤少两，严禁出售违禁物品，禁止在经商中使用欺骗手段。

严禁作伪证、说谎，禁止污蔑、谗言、诽谤，禁止讥笑并以诨名相称，禁止侦探他人隐私、嫉妒、妄言嬉行，禁止背后非议。

严禁赌博、求签、占卜看相、妖术，严禁佩戴护身符。

小提示大道理

政务交往中，一言一行已不是个人行为的问题，而是代表政府甚至国家的形象。所以在民族或宗教交往中，如何体现出我们公务人员是“贴心人”，了解并尊重风俗，这是我们公务人员应该思考并做到的。

第九课

外事礼仪

THE
NINTH LESSON

他山之石

来自《人民日报海外版》。中华人民共和国成立初期的礼宾素质教育，显然还未引起一些高级干部的足够重视。1956 年发生的一件失礼事件，让周恩来总理十分生气，抓住这个失礼事件，进行认真整顿和完善。

1956 年 2 月 19 日，在机场为柬埔寨首相西哈努克送行。西的专机起飞后，未待盘旋飞去，周总理和各国驻华外交使节都还站在原地未动，我方参加送行仪式的很多干部却纷纷离去，据说是急着去先农坛体育场看足球赛。周总理把他们叫回来，严厉地批评他们无组织、无纪律，是大国主义的表现，是外交上的失礼行为。

根据周总理的指示，1956 年 5 月 9 日，外交部以国务院名义下发了《接待外宾注意事项》，共列 12 条，其中包括迎送贵宾演奏国歌时，“应该肃立、脱帽、行军礼”“贵宾飞机起飞或专车开动时，应该挥手致意；在送行的主要领导同志和各国使节未离开的时候，不要先行离场”。另外对参加宴会、晚会、陪同外宾参观、听外宾演讲以及各种交际场所，应该注意的种种礼节细节，都提出具体要求。

今天我们的外交礼宾工作严谨、周到、细致的好作风，就是周恩来总理言传身教，手把手培养起来的。

我们各级公务人员在外事往来中，也应务必做到严谨、周到、细致，平等、友好、热情地交往，以增进了解、促进合作。

现在，政府及国企的外事交往日益频繁、普遍，不管是在国内接待，还是出国访问、参观、交流、洽谈。对外交往中注意外事礼仪，无疑将有助于我们讲好中国故事、传播好中国声音。

外事礼仪准则

联合国宪章在“序言”中阐述了“大小各国平等权利”的信念。宪章第二条规定了联合国及其会员国应当遵循的七项原则。其中第一项就规定：“本组织系基于各会员国主权平等之原则。”

所以现代国际关系应以公认的“主权平等”为基础。“主权平等”既然是现代国际关系的基本准则，作为公务人员国际交往中的一种行为规范的外事礼仪，当然也必须遵循这一准则。“主权平等”的原则在外事礼仪中主要体现在以下五个方面。

尊重国家尊严

国家尊严受到尊重，国家元首、国旗、国徽不受侮辱。礼仪活动是为了体现有关各方的友好关系，如果一方的尊严受到损害，感到难堪，就必然会损害双边关系。对于国家元首、国旗、国徽等国家主权的代表或象征，不但不能受到侮辱，而且要表现出应有的尊敬和礼遇。所以，在遇到升国旗、奏国歌的正式场合，必须肃穆致敬。

外交特权和豁免

国家的外交代表，按照国际公约的规定，享有外交特权和豁免。这种外交特权和豁免，不但是工作上的需要，而且体现出相互的尊重。所以，有关各方既不应当滥用外交特权，也不应当侵犯外交特权，而是应当遵照有关国际公约的规定，享用外交特权和豁免。

不干涉他国内政

不以任何方式强制他国接受自己的意志；不以任何借口，干涉别国的内部事务，既不要强加于人，也要避免“强人所难”。不论是“客随主便”，还是“主随客便”，实际上都要尊重对方的风俗习惯、宗教信仰、政治体制，不应当非议和干涉对方。

注意“对等”和“一视同仁”

在相互交往中，实行“对等”和大体上的“一视同仁”。所谓“对等”实际上就是“礼尚往来”。例如，相互交往的双方人员，其身份要大体相当；派代表团互访时，双方的接待规格应相差不多。

但是，所谓“对等”“一视同仁”都是相对的。在外事交往中有时为了体现自己的外交政策，需要作出一些特殊的安排。例如，1984 年，英国首相撒切尔夫人来华访问，中英双方达成了关于香港问题的联合公报，在她访华的短短 36 个小时中，中方为她安排了 14 场活动。邓小平、胡耀邦、李先念等国家领导人在同一天会见了她，被认为是一次“破格”的接待。可见，国际礼仪的运用也是一种外交艺术，礼仪规则不应当是机械的条条框框。

礼宾体现“主权平等”

“礼宾序列”也要体现各国“主权平等”。国际会议上各国代表的位次，一般是按会议所用文字的国名字母顺序来排列。而签订条约协定，应遵守“轮换制”，即每个缔约国在其保存的一份文本上名列首位，它的代表在这份文本上首先签字。在国际活动中，各国代表的序列，应以代表的职务高低或就职时间的先后顺序作为排列依据。

在文字的使用上，每个国家都有使用本国文字的权利。签订国际条约协定时，本国文字和他国文字具有同等效力，而经过有关国家的协议，也可以只使用某一种国际通用的文字。

其他十一条通则

除根据“主权平等”原则体现的五点外事礼仪准则外，还有世界通用的十一条通则。

维护形象。在外事交往中，公务人员的一言一行，都代表着国家的形象。如果对自我形象毫不修饰，不但难言对交往对象的尊重，而且有损人格、国格。所以，在外事活动中，都要时时刻刻注重个人的言谈举止、服饰仪容，不能蓬头垢面、不修边幅。

不卑不亢。这是事关国格、人格的大是大非问题。既不畏惧自卑、低三下四，又不自大狂傲、放肆嚣张，而要堂堂正正、从容不迫、落落大方、一视同仁。

求同存异。求同就是遵守国际惯例，取得共识、便于沟通、避免周折；存异就是注意“个性”，了解具体交往对象的礼仪、习俗、禁忌，并予以尊重。这也是我们提倡的“和而不同，美美与共”的体现。

入乡随俗。当自己身为东道主时，通常讲究“主随客便”；当自己充当客人时，则又讲究“客随主便”。接待人员必须充分了解交往对象的风俗习惯，并无条件地尊重，不能少见多怪、妄加非议。

信守约定。在一切外事活动中，都必须认真而严格地遵守自己的所有承诺，说话务必算数，许诺一定要兑现，赴约必须准时。万一由于难以抗拒的因素而失约，必须尽早向有关各方通报并如实解释，同时郑重致歉，主动承担损失。

不必过谦。在交往活动中涉及自我评价时，虽然不应自吹自擂、自我标榜、一味地抬高自己，但也不必妄自菲薄、过度谦虚客套。比如，当对方赞扬得适当，直接回应“谢谢”即可。

尊重隐私。凡涉及他人收入支出、年龄大小、感情生活、健康状况、家庭地址、个人经历、信仰政见、所忙何事等，都属于个人隐私，外事交往中，在交谈时要避免涉及这些“隐私权”。

女士优先。在一切社交场合，每一名成年男子，都有义务主动自觉地以自己的实际行动尊重、照顾、体谅、关心、保护女士，并且要想方设法、尽心竭力地去为女士排忧解难。这一点我们在外事交往中应注意。

爱护环境。不毁损自然环境，不虐待动物，不损坏公物，不乱堆、乱挂私人物品，不乱扔、乱丢废弃物品，不随地吐痰，不随意吸烟，不任意制造噪声。

以右为尊。外事交往中，大到政治磋商、文化交流、谈判签约，小到私人接触、社交应酬，但凡有必要确定、排列主次尊卑时，“以右为尊”都是普遍适用的，即以右为上、为尊，以左为下、为次。

化解他人尴尬。在外事交往中，不管是外宾来我国，还是我们在国外，我们自己避免发生尴尬的同时，还应尽可能在能力和意识范围内，在他人发生尴尬时尽可能不露声色地帮忙化解，这是双方平等友好交往的助力剂。

来自《羊城晚报·羊城派》2023 年 8 月 11 日的消息。我国外交部长于 2023 年 8 月 10 日正式开启对新马柬三国的访问。新加坡外长在新加坡植物园的餐厅设宴款待。我方外长下车后，新加坡外长首先为自己没有打领带道歉，两人亲切拥抱，我方外长随即也拿掉了自己的领带赴宴。

英国的温莎公爵以“不爱江山爱美人”闻名于世。当年，英国曾宴请一位印度部族头领。席间，每人面前都有一个盛着水的精美玻璃器皿。那位客人看到后以为是一道美味，不假思索地把水端起来喝干了。周围的人见此都面面相觑，不知道该怎么办。只见温莎公爵也从容地端起他面前的洗手水一饮而尽。这时其他客人才醒悟过来，纷纷端起自己的洗手水喝干，品尝了这道别具风味的“菜肴”，巧妙地化解了客人的尴尬。

外事着装礼仪

外事活动中，无论是在国内接待来宾，还是出国参观访问，都要注意着装问题。总体来说，服装要朴素、大方、整洁，同时要考虑场合着装。

男士可以穿全世界最流行的服装——西服，当然更可以穿我们的国服——中山装或自己的民族服装。

参观游览时可以穿便服，如穿西服就不用打领带。夏季除中山装、西服、民族服装外，一般可以穿两用衫和短袖敞领衫。

而在出席庆典仪式、正式宴会、正式会见外宾等正式的因公活动时，就应穿西服、中山装或民族服装。

女士按不同季节和活动性质，可以穿西服（下身长裤或裙子）或民族服装，中式上衣配裙子或长裤、连衣裙、旗袍。夏天可以穿衬衣配长裤或裙子。不可以穿皮裙或网眼、镂空丝袜。

参加隆重的社交性质的活动，如晚宴、舞会时，可以穿旗袍或民族服装。也可以改穿中式长裙或连衣裙，如黑色的无袖连衣裙（俗称小黑裙），外面可以再搭一件披肩。

如果是出国参观访问，服装当然还要尊重东道主的要求和当地风俗，如去穆斯林地区时。

不同的称呼礼仪

在国际交往中，正确恰当地使用称呼，既可以显示出自身的修养和风度，也是向他人表示尊重友好的一种礼仪。由于各国、各民族语言不同，风俗习惯各异，表现在称呼上差别很大。如果称呼错了，不但会闹出笑话、引起反感，甚至还会产生误会。

曾风靡一时的美国电视剧《成长的烦恼》中，父亲杰生、母亲麦琪和三个孩子组成了幸福的一家子。孩子经常直呼他们所尊敬的父亲杰生和母亲麦琪姓名。最小的孩子本恩对姐姐卡萝尔和哥哥迈克也是直呼其名。

很多中国人都感到很惊讶：那个小男孩竟敢直呼哥哥、姐姐的名字甚至父母的名字！在我们看来，长幼有序，对长辈绝对不能“直呼其名”，否则就是大不敬的行为。

在中国，小李、小刘这样的称谓，让人感觉很亲切，但这样称呼外国人却让他们反感；反过来，外国人喜欢用名字称呼对方，表示亲切。中国人称呼亲朋好友往往用“大哥”“大姐”“大叔”“大婶”之类，还喜欢用他人头衔前面加上姓氏来称呼，如“赵局长”“钱处长”“孙部长”之类；而外国人用于称呼的正式头衔只用于法官、高级政府官员、军官、医生、教授和高级宗教人士。除此之外，不论男士或女士，不管年龄、身份相差多大，也以“你”相称，甚至可以直呼其名，在他们看来，不仅没有不尊重的感觉，反而显得十分亲切。

但德国人对“您”与“你”的使用极慎重，不同场合、年龄、关系都不能随便用。初次见面，对成年人应当称“您”。对年满 14 周岁的学生，教师也要用“您”这一称呼，否则会被认为不承认学生应有的地位。法国人则普遍喜欢使用第二人称，含义为“您”。

表现在称呼上，中外的尊卑观念及表达尊卑观念的方式差异很大。比如，在中国，年轻人称呼年长的人，在姓氏后面加一个“老”，以示尊敬，如“您老”“李老”“周老”。可在国外，“老”却意味着衰朽残年，无所用处，所以忌讳“老”字，包括在称呼上，否则会引起对方的不悦。

国外一般对男士称先生，对女士称夫人、女士、小姐。对已婚女士称夫人，对未婚女士统称小姐。不了解婚姻情况的女士可称小姐，对戴结婚戒指的年纪稍大的可称夫人。这些称呼可冠以姓名、职称、衔称等，如“布莱克先生”“议员先生”“市长先生”“上校先生”“玛丽小姐”“秘书小姐”“护士小姐”“怀特夫人”等。

对地位高的官方人士，一般为部长以上的高级官员，按国家情况称“阁下”、职衔或先生，如“部长阁下”“总统阁下”“主席先生阁下”“总理阁下”“总理先生阁下”“大使先生阁下”等。对有地位的女士可称夫人，对有高级官衔的女士，也可称“阁下”。但在美国、墨西哥、德国等国没有称“阁下”的习惯，所以在这些国家可称先生。

君主制国家，按习惯称国王、皇后为“陛下”，称王子、公主、亲王等为“殿下”。对有公、侯、伯、子、男等爵位的人士既可称爵位，也可称阁下，一般也称先生。

对医生、教授、法官、律师及有博士等学位的人士，均可单独称“医生”“教授”“法官”“律师”“博士”等。同时可以加上姓氏，也可以加先生，如“卡特教授”“法官先生”“律师先生”“博士先生”“马丁博士先生”等。

对军人一般称军衔，或军衔加先生或女士，知道姓名的可冠以姓与名，如“上校先生”“莫利少校”“维尔斯中尉先生”等。有的国家对将军、元帅等高级军官称“阁下”。

对教会中的神职人员，一般可称教会的职称，或姓名加职称，或职称加先生，如“福特神父”“传教士先生”“牧师先生”等。有时主教以上的神职人员也可称“阁下”。

在日本，对妇女一般称女士、小姐。对同事、朋友或熟人，一定要在名字前加姓氏。如果知道对方的职业或身份，则要称其职务。称呼同学、朋友和同事习惯用“君”。如“铃木君”“山本君”，对于上级或不认识的人则不用。对老师、作家、医生、律师、编辑及其他社会地位较高的人士称“先生”，如“中岛介川先生”。

拥抱礼节并不简单

在国外，拥抱礼是常见的见面礼和道别礼。

正式的拥抱礼，两人面对站立，各自举起右臂，将右手搭在对方左臂后面；左臂下垂，左手扶住对方右腰后侧。以自己的方向而言，先左侧拥抱，再右侧拥抱，最后再次左侧拥抱。拥抱时，也可以用右手掌轻拍对方的左臂后侧，以示亲切。普通场合不必这么讲究，拥抱次数一下、两下或三下都行。

拥抱时间的长短，视双方关系亲密程度而定。礼节性的拥抱一般时间较短，双方身体也不必贴得很紧。在欧洲、美洲、大洋洲等国家，男女老少之间都可以行拥抱礼。而在亚洲、非洲的绝大多数国家，尤其在阿拉伯国家，拥抱礼仅用于同性之间。

一位中国的留学生初来美国学校报到。一位热心助人的美国姑娘，帮他把行李搬到房间，然后还简单地聊了几句。在美国姑娘离去的时候，他拥抱和亲吻了那女孩一下，以示感谢。让他想不到的是，一会儿警察来了，把他铐上就走。原来那位美国姑娘报了警，说他性骚扰。他向警方解释说在国内看的美国电影，电影里面美国男女之间拥抱和亲吻是很平常的事。

即使在美国这样个性张扬的国度，拥抱也要看场合、看关系，并不是任何陌生异性之间都可以拥抱、亲吻的。现在的美国，男士即使拍拍女同事肩膀，都有可能会受到警告。

东欧的斯拉夫人十分热情，拥抱的动作最大，热烈而有力，被称为“熊式拥抱”。而拉美人的拥抱如同握手一样普遍。

中东、西欧和非洲的一些民族则有拥抱肩头或脸颊的习俗。在也门，当晚辈拜见或告别长辈，要用双手紧紧抱住长辈的双肩，并尽情亲吻其肩头。而在西班牙，男士见面则有拥抱肩头的习俗。

喀麦隆人、中非人和埃塞俄比亚人有“拥抱脸颊”的习俗。在喀麦隆，亲友见面时先握手问候，然后互贴脸颊以示亲热。为使两人的脸颊紧紧地贴在一起，双方均要用手抱住对方的头用力往自己脸上搂。在中非，要抱住对方的头往自己右脸颊上贴一下，左脸颊上贴两下。在埃塞俄比亚，亲朋好友见面时，总是互相搂住对方肩头，让双方的脸颊频频相碰，接触的次数越多表示关系越密切。

不一定了解的吻礼

《信息时报》曾报道，杭州爱乐天使合唱团在莫斯科大学礼堂演出结束后，该校新闻系主任雅辛·查苏耳斯基教授上台，礼节性地亲吻演员的右手表示祝贺。其中一个女演员被亲吻时急忙把手抽了回来，放在身后使劲擦，足足擦了一分钟。这让查苏耳斯基教授十分尴尬。

吻礼分为两类：一类是亲吻礼，即两人面部接触并以吻表达情感的礼节。另一种是吻手礼，是以吻手背表达情感的礼节。

欧美人，特别是意大利、法国、荷兰、德国、美国人，多喜欢“亲吻礼”，但亲吻礼对象不同，亲吻的范围界限也不同，“不能越雷池半步”。阿拉伯国家的吻礼只亲吻对方一边面颊，且限于男士之间。

行亲吻礼时，往往与一定程度的拥抱相结合。亲吻礼依双方关系的亲疏程度不同，亲吻的部位也不尽相同。父母及长辈对子女及晚辈一般只吻额头部位；晚辈吻长者，只能吻长者的下颌部位；朋友、同事间一般吻左、右面颊；情侣或夫妻之间吻嘴唇，以示爱慕之心；交往不深的男女之间，男士只能吻女士的手指或手背。

行吻手礼时，男女双方相距约 80 厘米。眼睛注视着对方，男士主动屈膝弯腰向前鞠躬，向女士发出吻手礼的邀请。女士如果愿意接受吻手礼，则伸出右手，手心向下，手轻轻向左前方抬起约 60 度。男士则抿住唇部在女士手背上轻吻一下，再将手缓缓松开，礼毕。手腕及其以上部位是行礼禁区。如果女方不伸手，则不宜行吻手礼，但如果女士在行吻手礼后有擦手的动作，是对行礼男士的不尊重。行吻手礼时要一视同仁，不能厚此薄彼。

英国的朋友见面常以握手为礼，很少用到拥抱礼和亲吻礼。在英国，任何男士都不允许向英国女王行吻手礼，否则被认为是一种冒犯。俄罗斯前总统叶利钦不顾英国王室禁忌而强吻英国女王的手，让英国人尴尬至今。行吻手礼仅限在室内，在街道上或是车站、商店等公共场合都不适用。

其他见面礼节

还有其他几种见面礼节，在国外也常遇到，外事交往前我们一样需要了解。

贴面礼节

贴面礼经常和拥抱礼一起使用，主要在阿拉伯地区和欧洲地区使用，尤其在法国。

行礼的时候，两人面对面站好，相隔大约可以互相拍肩膀、握手的距离，头往前伸，一边脸稍仰起来，轻轻地在对方伸过来的脸上贴一下。贴脸的次数，两下、三下、四下都有，法式贴面礼贴五下的都有。就自己的方向而言，一般先贴右脸。在阿拉伯地区，贴面礼只限于熟识的男士之间。

合十礼节

来自新浪网2023年5月5日的消息。上海合作组织成员国外长会议在印度果阿邦首府帕纳吉市举行。印度外长以印度传统的合掌礼欢迎各位各国外长和与会人员，大多参会者也同样回以合掌礼。我国外长则以中国传统的抱拳礼回敬。

合十礼，又称“合掌礼”，就是双手十指并拢相合为礼。双掌十指在胸前相对合，手指并拢指尖向上，掌尖与鼻尖基本持平，双手掌尖略向前倾斜，双腿站直，上身微躬，稍低头。行礼时，合十的双手举得越高，越体现出对对方的尊重，但不高于额头。

行合十礼时，可以口诵祝词或问候对方，也可以面含微笑，但不能反复点头。在东南亚、南亚信奉佛教的地区以及我国傣族聚居区，还有印度，合十礼应用普遍。

鞠躬礼节

鞠躬礼，在国内除了服务岗位的接待场合外，主要适用于向别人表示感谢、领奖或讲演之后、举行婚礼或参加追悼活动等。

行鞠躬礼时，脱帽立正，双目凝视对方，然后弯腰、上身前倾，女士双手自然相搭在小腹前，男士双手自然放在体侧。下弯的幅度越大，表示的敬重程度就越大。鞠躬的次数，喜庆场合不宜连鞠三次。

在日本、韩国、朝鲜等，鞠躬礼应用普遍。

中外寒暄大不同

詹莫斯·尼芮是新闻记者，她刚刚从北京回到纽约总部。在办公楼乘电梯时遇到了一位中国同事，她笑着跟中国同事打了招呼，这位同事关切地说："詹妮弗，你瘦了！"詹莫斯·尼芮说，如果她以前没有来过中国的话，中国同事说了这样"关切"的话，可能会让她顿生不快、产生误解。但她现在知道，中国同事说出这样的话来并不一定是对你无礼，那只是向你表示友好和关心。

我们中国人热情好客，在人际交往中饱含热情和坦诚，嘘寒问暖，似乎没有可保留的。像年龄、职业、收入、婚姻状况、子女等话题，觉得都是理所当然的闲聊话题。

我们说的"去哪儿""忙什么呢""吃了吗"等，一般情况下只是类似于“你好”的寒暄语，是不必非得具体回答。但如果以此问候国外人士，就有干涉他人私事的嫌疑，显然会让对方无法接受。而“吃了吗”这句话，在外国人看来和打招呼没有关系，而是认为你要邀请他去吃饭，他们的下一句话可能就是建议你去哪个饭店请他吃饭了。

比如，所买物品的贵贱，在外国人看来，如果询问所买物品的价格，是在探问对方的经济条件、能力，这同样是不能用来寒暄、闲聊的谈资。

但在国外特别是欧美发达国家，还有像年龄、地址、工作单位、收入、婚姻、家庭、信仰、个人行为动向等话题，都是个人隐私范畴，忌讳他人问及，所以都不能用来寒暄。西方人见面时如果是上午则说早上好，下午说下午好，傍晚说晚上好。和熟人打招呼则以“你好”作为开场白、问候语。谈论天气显然不存在干涉他人隐私这样的问题，所以寒暄时使用最频繁的话题就是天气的状况或预测：“今天天气看起来不错”，然后再谈及其他，如体育、音乐，或者再谈论共同感兴趣的话题。但不宜谈及政治、宗教信仰、种族问题等，这些话题既容易产生歧义，又难免带有个人偏见，难以营造和谐的交往氛围。

外事接待与送别

在外事交往中，应认真按照外事的礼仪规范行事，使我们的迎送工作成为友好往来的良好开端。

外事迎送

得知外宾来访，首先要做的是迎接工作。按照国际惯例，要根据来访目的和来访者身份确定迎接规格。

“外事无小事。”外事接待及欢迎仪式所涉及的各个流程相关人员、所涉及的所有物品包括交通工具、鲜花等，都应提前有序地专事专人负责，绝不能出现临时凑数、应付的情况。

来自《观察者网》的消息。2016年9月19日报道，乌克兰总统彼得·波罗申科携夫人玛丽娜前往美国参加第71届联合国大会，但在机场迎接他们的却是“破烂的地毯”。波罗申科和夫人站在飞机边上、一张寻常百姓门口的垫子那样大小且脏兮兮的“红毯”的照片在外网上被网友疯传。毯子小到总统和夫人都无法一起站在地毯上。有网友评论道，这样的地毯更适合用于卫生间，而非用于迎接总统。各国网友评论道，只能说东道主美国明显有失礼仪，也说明根本不在意这位来宾……

迎接规格，首先相关联的是迎接的人员。组织方的主要迎接人员一般应和来宾的身份相当，但因特殊情况，如当事人不在当地、身体不适不能出面，不能完全和来宾身份相当时，可以由职位相当的人员或副职出面迎接，但不应相差太大。

迎接规格，还关联迎接仪式。在外事交往中迎接贵宾时较为常见的是安排献花。当外宾抵达时，在参加迎接的主要领导人和外宾握手之后，将花献上。

迎接工作中公务人员必须准确掌握来宾乘坐的飞机（车、船）抵达的时间，在外宾抵达之前到达迎接地点等候外宾，并备好专用车辆接送外宾到达酒店。

酒店的安排，必须考虑来宾的生活习惯、宗教信仰，以及来宾身份等。条件允许的情况下，一般优先安排来宾所在国的跨国连锁酒店。

将外宾送达酒店后可以离开，给外宾留下充足的休息时间。离开前应告诉外宾下一步的活动计划，并征得同意。同时为外宾留下电话号码，以便及时提供帮助。

在会见外宾时，应热情友好，不卑不亢。会见分为会谈性和礼节性两种。前者的时长一般在 1 小时左右，后者一般时长在 15~30 分钟。

会见一般安排在会客室，按照国际惯例，外宾坐在主人的右边。译员、记录员坐在主人和主宾的后面。其他外宾按礼宾顺序在主宾一侧就座，当座位不够时可以在各自的后排加座。

在外宾离去时，也要做好送行的礼仪工作。派专人协助外宾办理出境或机票（车、船票）手续，以及帮助外宾提拎行李、办理托运手续。道别时，可按外宾国度的行礼习惯告别，同时说“欢迎再次访问”“祝一路平安”等。在离开机场、车站时，如有外宾在本地的工作人员也来送行，则礼让他们的车辆先走。

在迎送工作中还要注意陪车的问题。在迎接外宾抵达、欢送外宾以及一些访问活动时，一般应当安排人员陪车，以起到接待和引路的作用。陪车时应注意座次安排及上下车顺序。

上下车的顺序以“后上先下”的原则。“后上先下”的礼节体现了主客有序的礼仪，外宾为重、为尊。

车内的座次上以“以右为尊”的原则。在陪车时，应请外宾从右侧门上车，坐在右座，主人从左侧门上车，坐在左侧，翻译人员坐在副驾驶座上。后排同时坐三人时，顺序应是：右边为上，左边为次，中间为再次，前排副驾驶为最次。不过，如果外宾上车后，已经坐到主人座位上，这时应灵活处理，主随客便，不必再请外宾挪位置。

礼宾次序

礼宾次序是外事礼仪的重要内容。各国关于礼宾次序排列不完全一致，我国一般有以下几种排列方法。

一是按外宾的身份和职务高低顺序排列。我国官方活动通常采用这种方法。

二是按参加国国名的字母顺序排列。在国际会议和国际体育比赛中，一般采取这种方法，并按英文字母顺序进行排列。

三是按派遣国通知代表团组成的日期排列，如各国代表团的身份、规格大体相等，通常用这种方法。有时还按各国代表团到达的时间先后排列礼宾次序。

礼宾次序所体现的是东道国对各国来宾的礼貌和尊重，这是非常敏感的问题，不分大国小国、强国弱国、富国穷国，都应平等和尊重。所以在外事接待中必须慎重，且一次外事活动中只宜用同一种排列方法。

悬挂国旗

国旗代表一国的地位和尊严。悬挂国旗视不同的场合有不同的规范。在室外的旗杆或建筑物上挂旗，一般是日出升旗，日落降旗，司职人员表情应庄严、肃穆。升旗时，护旗人要托起国旗的一角，国旗触地是极不严肃的。在重要的场合，如一国政府所在地，升旗需有专职人员严格按升旗仪式规范行事。重要的时刻，如外宾来访、国际体育比赛、国庆庆典，升旗时需要奏国歌。

遇到一国元首来访，外宾通过的主要街道应悬挂两国国旗，在其住所和交通工具上也要悬挂两国国旗。

悬挂双方国旗以右为上，左为下；客在右，主在左。汽车上挂旗，以车辆正常行进方向为准划分左右。在外宾所在的重要场所挂旗，升旗时应有专职仪仗兵负责，并要向其他国国旗行军礼。

国旗不能够倒悬，一些国旗因字母和图案原因，不能竖挂。有的国旗竖挂则需要另外制旗。

各国国旗的颜色及长宽比例均由本国宪法明文规定，国旗图案不能在商品广告、产品宣传等非正规场合乱用。另外，撕扯、践踏、焚烧国旗的行为都是绝不允许的。

国旗挂在墙上时应挂其正面。

当某领导人逝世，为表示哀思，国旗要下半旗。下半旗时要首先把旗升到杆顶，再下降至离杆顶 1/3 处。

演奏国歌

国歌和国旗一样，是一个国家的象征。它一般只在正规迎送场合和仪式上演奏。

外国领导人来访，在欢迎仪式上，军乐队应高奏两国国歌。这时乐队以管乐为主，服装要整齐划一。通常为表示对外宾的尊重，先行演奏来宾国国歌。

有些国家规定，在正式场合演奏国歌，本国公民都应跟着旋律轻声应和，有的还要求行举手礼，军人则要行军礼。我国在这方面没有明文规定，只要求在演奏国歌时，在场的人起立，姿态端庄，表情严肃，不可嬉笑、喧哗，不在场内随意走动。

许多国家都规定，除了进行现场直播的电视台摄像记者，其余记者在演奏国歌时，都应该像所有人一样立正，而不应有任何特殊。

国歌的曲调和配器都有许多严格的规定，任何人不得擅自更改。不能以戏谑的方式演奏或演唱国歌，不得在娱乐场所演奏或演唱国歌。

翻译人员礼仪要求

在外事工作中，翻译人员扮演着重要角色。上至国家领导间的交往，下至外交谈判、和外宾因公交往都少不了翻译。

翻译人员要有良好的个人形象。作为翻译，形象不能喧宾夺主，特别是在重大的外交场合上，个人形象既要得体又要低调。翻译人员同主人、客人一样，要穿指定的服装。主人穿正装，翻译人员也应穿着正式的职业装；在宴会、舞会等非正式场合，如果主人穿礼服，则男、女翻译人员也应穿小礼服。

女性翻译人员应适当化妆，但不要浓妆艳抹。男性翻译人员也应打理好头发，护理好面容。

在翻译工作开始前，翻译人员不要吃有异味的食物，如葱、蒜、韭菜等。

在外事接待的宴会场合，翻译人员不能像主、宾那样自由进食，要时刻留意双方的交谈，吃东西时，嘴里所含食物要尽量少些，以不妨碍说话为宜。即使主、客间暂时没有对话、不需要翻译时，也不要自顾自地吃东西。万一有人突然讲话而需要翻译，自己嘴里又含着东西，就尴尬了。

在外事活动中，每一名翻译既是专职翻译，又是外事工作者，在这种特殊的身份下，翻译者不仅要具备专职的翻译素质，还要具备外事工作者的素质，而且必须有坚定、正确的政治立场。

口译的音量应适度，以在座人员都能听清为宜，不要过高或过低，在人数较多的社交场所进行一般性讨论时，要适当压低声音，不要干扰他人交谈。翻译人员要跟随接待单位主要接待人员一起活动，及时翻译，不能独自活动，更不要喧宾夺主。当对方直接向翻译人员发问时，可以礼貌地解释自己需要问一下己方的主谈人，而不要抛开主谈人单独和对方直接交谈双方的会谈事项。

出访礼仪与外事纪律

相较于人民群众来说，公务人员更加代表的是国家的形象。所以出访出差身在国外时，务必注意外事礼仪和外事纪律，否则稍不注意可能影响国家形象甚至给国家造成损失。

注意礼仪

提前了解尊重出访国的风俗习惯，遵守社会公共道德。

来自2019年3月22日《环球网国际》的消息。韩国《朝鲜日报》3月21日报道称，近日访问东南亚三国归来的韩国总统文在寅在访问期间屡屡出现“外交错误”和“外交失礼”，引发国内外的批评。包括在访问文莱并出席由文莱总统主持的国宾晚宴时提议“干杯”，遭到了部分文莱方出席者关于“外交失礼”的指责。文莱作为伊斯兰国家，是严禁出售酒类和在公共场合饮酒的。文在寅提议干杯后，部分文莱方出席者未予以回应，而一部分则表现出反感并阻止韩方出席者干杯。

拜访、会客或邀请他人商谈工作，要事先预约，按时赴约，不守时是很失礼的行为。

尊重老人和妇女，上下车辆和电梯时应对她们予以照顾，出入应礼让她们先行。

公共场所不要失态。不要高谈阔论，不要大声喊人或逗笑，不要在公共场所脱鞋、换袜、伸懒腰、哼小调等；不要乱扔瓜果皮壳、烟蒂、纸屑等杂物；吐痰、咳嗽、打喷嚏、擤鼻涕时要用手帕掩住口鼻，面向一旁表示歉意。

在看演出或进餐时不许吸烟。在允许吸烟的场合，现场有女士时，应征得同意后再吸烟。不要边走路边吸烟，进入会客室、餐厅前应把烟掐灭。

在国际交往中，应平等、友善地相待他人，不分国家大小、强弱、贫富，不分生人、熟人。

严禁酗酒。酒醉误事的例子不胜枚举。即使平时嗜酒如命，在对外交往中，在国外时也必须无条件注意，即使有条件饮酒时，也不得超过本人酒量的1/3。

外事纪律

来自《中国纪检监察报》2017年11月8日的报道。某国企两位领导干部就进口原材料事宜出国考察，在某国际机场中转回国停留期间，经人推荐，各自购买了两本外国学者所写歪曲我军历史、诋毁诬蔑我国老一辈国家领导人的所谓揭秘类书籍，并私自携带入境。之后，二人将该书借给亲朋好友传看时被公安机关查扣，从而受到严厉处分。

不得携带或购买色情书刊、图片出入境，歪曲中国或国家领导人的书刊也不可以购买。手机上也不应保存色情类图片或聊天表情。

不负面评议国家领导人和国家的大政方针，对于不知情的道听途说，不附和他人的说辞，哪怕对方是你熟悉的华侨或和同事私下议论也不可以，小心隔墙有耳或被窃听，即使调侃或开玩笑也不应该。大家熟知的某央视著名主持人，就是在一次看起来随意的、都是“熟人”（包括外国人）的饭局中，调侃、负面评论国家前领导人，被人拍下放到网上，从而造成极坏的影响，个人被撤职。

在国外或当着外宾的面，对国内敏感事件不作任何评论，以免被别有用心者利用。

做好保密工作，少一点好奇与侥幸，不该说的不说，不该做的不做，管住自己的嘴，守好自己的位。

我们是公务人员，且因公出国，所以在国外期间，未经许可不得擅自与外国任何机构和个人联系，不接受陌生人的单独邀请。

在因公出境期间需要个人行动时，必须向团、组长说明去向和返回时间，得到批准后才能外出。外出时随身携带好护照等证件，以备检查。未经我驻外使领馆或我驻港澳机构同意，不得离团单独在外留宿。

在遇到策反、挑拨、拉拢、威胁、利诱时，应有理、有节地斗争，并在事后及时告诉团、组领导向我驻外使领馆报告。当发现有其他可疑情况或意外事件时，也同样应及时报告。

党的十九大代表、女翻译、军职人员刘芳，在国外曾几次遇到有预谋的策反。她的处理方式是保持警惕、不理睬，第一时间离开事件发生地并立即向组织报告此事。

出国时秘密文件、资料必须严格地按规定使用。严禁自行携带秘密文件、资料出国，包括装有此类信息的笔记本、电脑甚至优盘、移动硬盘等。不得携带机密文件、资料外出游览、参观、探亲访友及出入公共场所或搭乘公共交通工具。

凡向国际科学技术会议提交的学术论文，不应涉及国家机密。应对方要求而提供的技术资料（包括对外报价资料）、重要谈判讲话内容、发言提纲等，也不能涉及国家机密。出国访问考察所得的技术资料和技术情报，只能作为内部交流，不得公开发表，资料的来源不得对外泄露，除非国外已经公开发表。

在对外交往中，不得把内部秘密向外国人泄露，也不能将没公开的事项随便讲（包括行程），这里的“讲”，不仅是口头上，还包括现在的通信或聊天工具、微信朋友圈、短视频等。如需研究重要对策，应选择在保密的地方进行。

当用电话联络或向亲友发私人信件时，不得涉及国家机密，也不得涉及第三国的机密。

个人行李物品注意严格保管，提高警惕，发现可疑情况立即报告，并进行检查。

外事礼品赠与受

在电视剧《世纪之约》中，当特罗博得代表法方送给中和公司一瓶葡萄酒时，中和公司认为来而无往非礼也，热情接待了法方代表，并安排了15天游山玩水作为表示对法方的尊敬，并派警卫人员保护其安全。然而法方代表却认为中和公司的以“总统般的待遇”接待两个普通法国人令他们尴尬，也侵犯了他们的自由。中方认为的“厚礼”，却得到了适得其反的效果。

不论在哪个国家，交往双方互赠礼品是常事。适当的礼品可以表达彼此的敬意和良好祝愿。鉴于风俗习惯的不同，无论是礼品选择还是赠礼、受礼，中外都有很大的不同。而我们在选择礼品时，往往认为价值高的就是好的，价值低了“拿不出手”，且不太注重礼品的包装甚至不包装；认为营养品是非常实用的送礼选择。而赠送时也倍加谦虚，会说“随便买的”“也是别人送的，放在家里没用”之类，接受者也是再三推辞，最后才“勉强”收下。

在国外，选择礼品时，特别要注意从交往对象的心理分析，选择我们本地的具有地方或民族特色的物品，这样的礼品在任何人看来都是最有纪念意义的。礼品的挑选要考虑受礼人的性格、爱好与品位；要考虑不同的国家、民族或地区的风俗习惯，因为同一件物品，在一个地区是受人欢迎的，在另一个地方则未必。不要触犯对方的宗教禁忌、民族禁忌和个人禁忌，注意礼品的品种、色彩、图案、形状、数目和包装。总体来说，现金和有价证券、贵重珠宝首饰、药品与营养品、广告类的或宣传用品（上面有单位名称或广告语的物品），为受礼人所忌讳的物品，涉及国家或商业机密的物品、私人物品（如内衣、化妆品）等，都不宜作为礼品。在外事往来中，水果一般不是礼品的选择对象。如果应邀去家里做客，很多国家流行送酒，但只是送一瓶，如果“好事成双”地送两瓶，反而会被主人认为你嫌他是酒鬼。

一般情况下，赠送礼品不必太多考虑礼物的实用性，也不必选择昂贵的，最好能和对方所赠送的价值差不多。还应注意包装，外国人认为礼品的包装也属于礼品的组成部分，甚至有时候包装所花费的费用比礼品本身的价值还要高。

某国企领导讲过一个故事。美方合作伙伴来中国和该企业洽谈合作。洽谈过程很愉快也很顺利。为表示热情和友好，美方回国之际，该企业送给他一幅非常精美的清明上河图刺绣。他带回美国后高兴地展示给其他中国朋友看，朋友们告诉他，这一幅刺绣价格在1万元人民币以上。他当时就被惊到了：一方面觉得自己被“贿赂”了，另一方面怀疑合作方是不是赚了他很多钱，不然为什么要送这么贵重的礼物。最终，他把这份昂贵的礼物上交给公司，以示“清白”。结果就是，在之后敲定合同细节时，双方进展得很艰难。

所不同的是，送给阿拉伯人的应是相对贵重的礼品，这样他们才会认为符合礼节。他们在赠礼后也希望收到同样贵重的回礼，因为阿拉伯人认为来而不往有失尊严。喜欢丰富多彩的礼品，喜欢“名牌”货，送礼品给他们的妻子被认为是冒犯。

送给外宾，可选择的有：丝织品、熊猫相关主题的礼物，精巧的充电宝，故宫博物院的文创礼品，中国瓷器工艺品，有中国风的其他物品如京剧脸谱、国画或书法作品，等等，都是不错的选择。

像给法国人送带有仙鹤图案的礼物，给德国人送尖锐的物品，给意大利人、法国人、巴西、秘鲁送刀具，给巴西人送手帕，给印度人送牛皮制品，给日本客户送梳子或刀具，给穆斯林送人形礼物、酒、雕塑和仕女图案礼物，给阿拉伯人送古色古香的古董或有仕女图案的礼物……都是会让对方感到不悦甚至翻脸。所以，具体交往哪一国的人士，应提前了解，避开风俗禁忌。

在国外赠送礼品时，应郑重其事地双手递给对方，并说“这是我精心挑选的，希望你喜欢”之类的话。像中国式的“这是随便买的”“不值几个钱”等客套话，会让他们觉得你真的是随便买的，并不在意与他的友谊。如果能够在对方欣赏礼物的同时，将礼物的背景、内涵和意义等逐一解释，甚至适时插入一些历史典故，对方当然会更加欣喜。

在接受他人礼品时，应恭敬有礼地双手接过并致谢。如果用中国式的再三推辞，容易被外国人理解为真的不愿意接受这份礼品而只好尴尬地收回。如包装好的礼品，还应当面拆开后表现出喜欢并夸奖。但日本人、韩国人、泰国人、马来西亚人一般不习惯于当面打开礼品包装。收到寄来或托人送来的礼品，应回复寄一张名片或简函，以示谢意。

种族问题不要碰

据2009年1月12日的《广州日报》报道，英王室成员哈里王子称呼两名军校同学为“巴基斯坦佬”（Paki）和“包破布头巾的人”（Raghead）。人权组织随即指责哈里出言不逊，有种族歧视之嫌。英国王室随后赶紧发表致歉声明，说哈里王子对他的冒犯性用语表示歉意，称哈里王子“不存在恶意”。不管什么身份，如不谨言慎行，一旦被认为种族歧视，无疑是一件麻烦事。

2016年1月，泰国一家美容公司发布30秒广告片，其中肤色白皙的女性微笑着说“拥有白皙的皮肤就能赢”，而衬托她的是神情沮丧的黑皮肤女性。该广告遭到暴风雨般的批评，被指充满种族主义色彩。

种族问题是严肃的问题，虽然国外包括美国在内的不少国家种族问题仍然严峻，但我们在国外不管是旅游、学习、出差都不要触碰，以避免不必要的麻烦。

20世纪中叶，美国黑人牧师马丁·路德·金为了种族歧视问题经过了多年的努力并为之献出宝贵的生命，这在一定程度上引起了人们对种族问题的关注并加速了种族歧视的消除，虽然美国社会因种族歧视而发生的案件依然经常发生。时至今日，在不同民族之间交往时，种族问题仍是最敏感问题之一。如果处理不慎，不仅容易产生误解，甚至会带来重大纠纷。

在称呼上，就像国外“Chinaman”“Chinky”是对中国人的蔑称一样，中国人的“洋鬼子”“大鼻子”是对外国人歧视性的称呼。

“Paki”被认为是对印度人、巴基斯坦和孟加拉人的蔑称；而把阿拉伯人称作“Raghead”、把越南人称作“Nammer”、把日本人称作“Jap”，把意大利、西班牙人或葡萄牙人称作“Dago”，把犹太人称作“Kikes”，把波兰人称作“Polacks”，这些都是带有种族偏见的。

另外，把黑人称作“Nigger”、白人称作“Honky”都是冒犯。

冒犯宗教信仰或者民族禁忌的事物或行为，也往往会被认为是种族歧视。比如，所有信奉伊斯兰教的人都对猪特别忌讳，忌食猪肉及其制品，就连猪及和猪相似的熊、熊猫等图案也忌讳；信奉印度教的人视牛为神物，忌食牛肉及忌用和牛相关的制品；阿拉伯民族禁忌六角星图案，在他们接触的物品上有偶像和女人的图也被视为禁忌。

对一个民族或者国家具有象征意义的任何事物，包括人物、图腾等，如果使其受到不尊敬对待，也会被认为有种族歧视的嫌疑。

另外，政务往来中，不管是交淡还是邮件、手机短信（微信）沟通，务必慎用网络词汇或网络图片，对不明就理的杜绝使用。尤其网络外语单词或图片或许带有种族歧视或宗教、民族冒犯的含义，如果因为是网络用语或网络图片我们公务人员就盲目使用，万一造成误解就尴尬了。

国外住宿礼仪

英国曾有华人因阳台晾晒女性内裤，被邻居敲门询问是否提供色情服务，连当地警察也“怀疑他们可能在从事色情活动”。一位美籍华人曾在《羊城晚报》撰文称，中国人的一些习惯到了美国让人反感。这位华人认识的几家中国人都被邻居投诉，说他们在阳台上晒衣物。其中一家更雷人，在阳台上一溜排开文胸和内裤，成为社区里的一大风景和笑话。

在酒店里住宿，当门童为自己开启大门，或向自己问好时，要表示感谢或予以回应。

在酒店大厅办理入住手续等候中，注意举止文明，降低音量，不要打扰、干扰他人，同时注意隐私距离。

即使对酒店房间格局或设施好奇，也只可以欣赏自己的房间，不要对开着门的其他客人房间探头探脑。

当接受酒店里所提供的各项服务时，对为自己服务的工作人员，同样要充分尊重和体谅。另外，穿睡衣、拖鞋走出客房，以及在阳台上甚至窗外晾晒个人衣物，都被认为是没有修养的行为。

档次越高的酒店，设备越先进或越新颖，遇有不明白的可以直接询问服务员或导游。而且在有任何疑问或其他难题时，都可以向客房服务员、总服务台或公共关系部门咨询或求助。

国外酒店客房内的电话拨打外线会收费，而且普遍比较昂贵，这一点要注意。从当地往外打电话的需求较大时，可以买电话卡。

了解酒店房间物品的付费情况（包括电视节目是否收费）。可以问酒店大堂，不要想当然。另外，不要自作聪明地偷食酒店的食物或违规使用物品。比如，媒体多次报道过有人把饮料从下面掏一个洞喝掉，从上面看仍像未动过；有人用酒店开水壶煮方便面……我们公务人员如果也这样干，就有损人格、国格了。

而且，国外酒店一般不允许两名已经成年的同性共居于一室之内，除非一家人。不提倡住客在自己房间里会晤来访者，特别是异性来访者，会客可以去酒店的前厅或咖啡厅。

在酒店内部的公共场所，一定要注意放低自己说话的音量。即使是在自己的房间里，也应当保持安静，不要制造与周围环境不和谐的噪声。

不要在阳台晾晒内衣裤和被子等。

从酒店外出最好拿上酒店卡片，以便在迷路或语言不通时，还有卡片上的酒店电话、地址。

外事请客和被请

外事中的用餐问题，无非就是请对方或被对方请。都分别要注意什么呢？

不管是请还是被请，在进出宴会厅或就座前，男士应礼让女士，女士应礼让女客人。不要仅限于和中国人交谈，而是要和同桌的外宾接触交谈。

不管天气多热，不能当众解开纽扣、脱外衣。小型便宴，主人可以请客人宽衣，男宾可以脱下外衣挂在衣架或椅背上。

请客时

宴请外宾，要注意的问题主要有菜单选定、用餐的方式、宴会的位次、用餐的环境等。

菜单选定，就是点什么菜。首先要知道不点什么菜，不点触犯个人禁忌的菜肴，可以通过事先询问得知。不点触犯民族禁忌的菜肴，如美国人不吃羊肉和大蒜，俄罗斯人不吃海参、海蜇、墨鱼、木耳，英国人不吃狗肉和动物的头、爪，法国人不吃无鳞鱼，德国人不吃核桃，日本人不吃皮蛋，阿拉伯人不吃大肉、狗肉等。不点触犯宗教禁忌的菜肴，这方面绝对不容许有丝毫的违犯，这在本书第八课“民族与宗教礼仪”中已有专门介绍。也避免点不好下手的菜，如大闸蟹、炖粉条，吃这些菜可能会因吃相不雅而让对方觉得难堪。

可以点的菜有哪些呢？民族特色的菜，如春卷、扬州炒饭、鱼香肉丝、宫保鸡丁、麻婆豆腐、咕老肉、酸辣汤等。本地风味菜，如北京的烤鸭、上海的炒鳝糊、天津的八卦鱼肚、内蒙古的烤羊腿、太原的过油肉、济南的糖醋黄河鲤鱼、开封的灌汤包子、哈尔滨的得莫利炖活鱼、长春的地三鲜、顺德的菊花鱼生、芜湖的芥菜圆子、湘潭的毛家红烧肉、大连的咸鱼饼子、宁波的黄鱼海参等。还有餐馆的“特色菜”“看家菜”，尤其是有典故的菜。另外就是外宾自己喜欢的菜，如在条件允许时，在中式菜为主的同时上一些对方中意的家乡菜。

考虑用餐方式。主要是考虑当用筷子用餐时，要考虑用哪种用餐方式。当然，可以是“混餐式”用餐方式，即和我们平时一样。再有就是“分餐式”用餐方式，即“中餐西吃”，每种菜都是每人一份。还有自助餐。另外就是“公筷式”用餐方式，即和我们平时一样，只是在夹公共食物时一律用公筷。

宴会的位次怎么排呢？宴会的座次排定，又具体分为座次的排列和通告两方面内容。座次排列在本书第三课“政务宴请的组织”的“礼宾位次”中已有专门介绍。

排定宴会的座次后，向全体受邀者通告。通告宴会座次可以在请柬上注明每一位赴宴者所在的桌次，或在宴会厅入口处附近悬挂宴会桌次示意图，也可以在现场安排引位员，负责来宾尤其贵宾的引导。另外可以在每张餐桌上放置桌次牌以及每一位用餐者的姓名卡，以便大家“对号入座”。外事中的座位卡应以中文、外文两种文字书写，我们宴请时惯例是中文在上，外文在下。

用餐环境，应选择安静优雅、交通方便的餐厅，且菜肴制作水平、口味和卫生都应是良好的。如客人有特殊宗教信仰，选择餐厅时务必照顾到客人的宗教信仰问题。

被请时

接到正式宴会请柬，能否出席应提前答复主人。出席宴会应正点或提前几分钟到达，并根据指定的座位就座。

对招待食品的数量和质量不要随意议论或流露不满；离开时，不可以“打包”带走香烟、饮料、水果等剩余物品。

在参加家庭宴会时，要注意对方的风俗习惯。如习惯送花，可以酌情向女主人送花，但不可以送菊花、杜鹃花。

如果主人坚持要客人点菜，客人可以告诉对方，自己完全“客随主便”，或恭敬不如从命，只点一道即可。

西餐的座次安排和中餐略有不同。西餐一般用长桌，排座主要有两个办法。

可以是第一主人、第二主人（女主人）在长桌对面而坐，餐桌两边可以坐人，也可以不坐人（如图 9–1、如图 9–2 所示）。

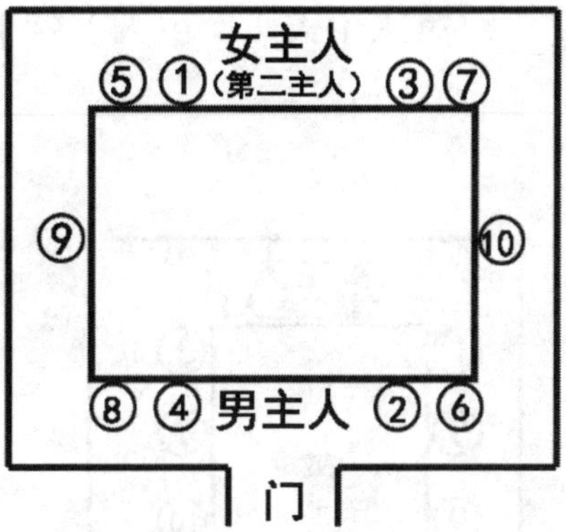

图 9-1　男、女主人居中而坐时位次的排列之一

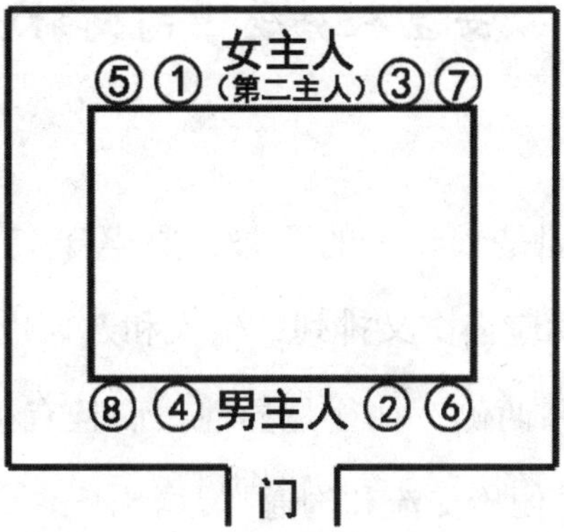

图 9-2　男、女主人居中而坐时位次的排列之二

也可以是第一主人、第二主人（女主人）就坐在长桌两端（如图9–3所示）。

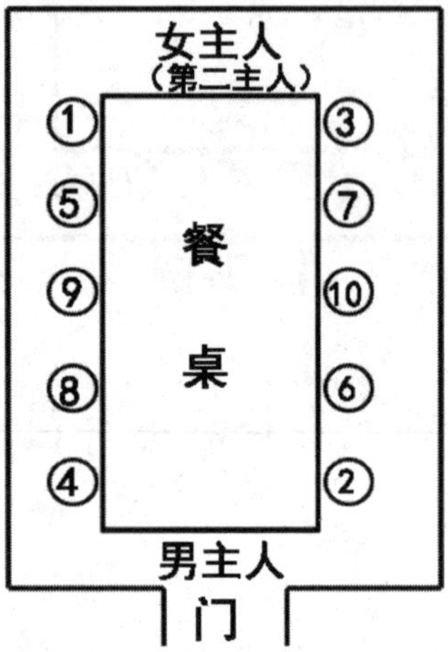

图 9-3　男、女主人分坐于两侧时位次的排列

在西餐中，特别是较隆重的西餐，要遵守交叉排列座次的原则。依照这一原则，男女应当交叉排列，生人和熟人也要交叉排列。所以，一个用餐者的对面和两侧，往往是异性，而且有可能是互不熟悉。这样坐最大的好处就是便于交流和沟通。

葡萄酒品鉴礼仪

葡萄酒的饮用方式和中式酒不同，开怀畅饮被认为是大忌。对点酒、开酒、品尝等，都有其独特的讲究。

按色泽分为红葡萄酒、白葡萄酒和玫瑰红葡萄酒。但白葡萄酒并非就是白色，只是相较于红葡萄酒而言。

按形态来分有起泡酒和静止酒。香槟属于起泡酒。静止酒就是不会冒气泡的酒，如干红和干白。

按糖度来分又分为干型、半干型、半甜型和甜型。

按酒精度来分，葡萄酒的酒精度一般在8%~14%，而加强型葡萄酒的酒精度在15%~22%。如葡萄牙波特酒和西班牙雪莉酒。前者在发酵中加白兰地，后者则在发酵后添加。

在西餐宴会中的酒，分为餐前酒、佐餐酒、餐后酒三种，总体来说就是口味清淡的菜式与香味淡雅的、色泽较浅的酒水相配；深色的禽类肉菜肴与香味浓郁的酒水相配；餐前选用旨在开胃的各式酒品；餐后选用各式甜酒以助消化。

餐前酒，也称开胃酒，是在正式开餐前喝，或配开胃菜。如法国和意大利生产的味美思酒；也有用鸡尾酒作为餐前酒的，如血腥玛丽。

西餐里的佐餐酒都是葡萄酒，而且大多数是干葡萄酒或半干葡萄酒。正餐或宴会上选择佐餐酒原则：白酒配白肉，红酒配红肉。鱼类及海味菜肴和肉类相配的酒品有干白葡萄酒、淡味玫瑰葡萄酒，如德国的莱茵白葡萄酒、法国的布多斯白葡萄酒、美国的加州葡萄酒、中国的王朝白葡萄酒等。一般选用半干型的口味。

餐后酒指的是在用餐之后，用来助消化的酒水。常见的餐后酒是利口酒，又叫香甜酒。最有名的餐后酒就是白兰地酒。

点酒，一般由主人点；当主人不懂酒时，可以请懂酒的客人代点。也可以把想喝的量、自己的预算、喜欢的口味等基本要求告知服务员，请其推荐。他们会为你做出专业的服务。

葡萄酒的价格从几十元到逾万元的都有，看酒来自哪个酒庄和酒的年份。一般不错的法国红酒都来自波尔多区。在餐厅里你可以点一瓶、半瓶或者论“杯”点酒。

酒送来后，点酒人要检视酒庄名、酒名、年份是否正确。如以你的酒为荣，可以让客人看看酒标名，因为上面有酒的来历、出生年月等信息，懂酒的人会据此了解酒的品质。

餐前至少把白葡萄酒在冰箱里冷藏 2 个小时，或在有冰水的酒桶中放 20 分钟。

开瓶前先注意酒温（冰）度是否适宜。白酒冰至 8~12℃，红酒 10~18℃（夏天气候热，可先冰一下），气泡酒 8~10℃。开瓶前切忌把酒瓶摇来晃去，以免有沉淀污浊了酒。如在餐厅里用餐，开瓶后可检查软木塞是否有发霉现象，如有就应要求服务人员换一瓶。

开瓶后，服务人员会先倒一点酒给点酒人试喝，试喝人要看看酒的颜色，轻轻地晃晃酒，再闻闻酒香，最后再喝一小口品尝一下，然后微笑点头示意就行了。服务人员就会继续添酒。

多年陈酿酒，开瓶后可以要求“呼吸透气”，名为“醒酒”；有的则用醒酒器“呼吸透气”，再由点酒人试酒。

斟酒时，红葡萄酒斟 1/3 杯就行；白葡萄酒斟 2/3 杯，白兰地酒斟 1/2 杯；起泡酒分两次斟，先斟 1/3 杯，待气泡稍退再斟至 3/4 杯。

一个杯子不要前后倒不同颜色的酒。

品酒时，持红、白葡萄酒的酒杯方法不同。喝常温（16~18℃）的红葡萄酒时，用食指和中指夹住杯柱，掌心向上托住杯子；喝冰镇红、白葡萄酒时，手的拇指、食指和中指捏住杯柄，手部不接触杯子，以免影响酒温。杯子放在桌面，手持杯脚，轻轻晃动杯子，使酒液在杯中晃动，让酒和氧气结合，产生香气（晃杯动作只需三五秒钟，不必晃个不停），可以使口感更佳。

把一小口酒含在口中，让酒在嘴里回荡一下，以均匀地感受酒液的味道，然后再慢慢咽下。西餐中，大口吞咽葡萄酒，被认为是一种失仪。

边品酒边透过酒杯看人、拿着酒杯边说边喝、吃东西的同时喝酒等，都是失礼行为。

西餐的晚宴后通常还会有餐后饮，即餐后再斟上一些特别的饮料：利口酒、白兰地酒或甜酒，以助消化，也可以是一杯咖啡。餐后饮最著名的还是白兰地酒，另外还可能是一些上好的甜酒：雪利、波特、马爹利等。这时候也是主随客便，绝不强行劝酒，大家边饮边聊。

西餐礼仪

贾处长出国考察，和接待方一起用西餐。贾处长自信满满，因为提前做了攻略，怎么用刀叉、怎么对付不同的食物……正如预想的那样，他的用餐举止跟合作方一样自然、得体，双方边用餐边友好地沟通着。这时上了一道菜，贾处长尝了尝，觉得味道太淡，便看到了桌上的胡椒瓶，于是伸手拿过来就往自己的食物上抖。可能是没掌握好力度，也可能胡椒瓶拿得太高，他马上就忍不住想打喷嚏，赶紧转身连打两个喷嚏。同桌的好几个人也都忍不住开始打喷嚏……那一刻，他尴尬得恨不能找个地洞钻进去。

西方文化因其使用的餐具，也被形象地称为刀叉文化，和筷子文化的饮食习惯相比，有着截然不同的特点。我们不适应西餐食物、不熟悉西餐餐具，就像外国人不会用筷子、不适应中餐食物一样，不是什么难堪的事情。只是如我们能熟悉西餐礼仪，在对外交往中就会更加从容，并避免不必要的误解和尴尬。

餐具礼仪

西餐中用盘子盛食物，用刀叉即切即吃，喝汤则有专门的汤匙，而且各种不同的酒还有专门的酒杯。用刀叉的基本原则是右手持刀或汤匙，左手拿叉。如果有两把以上，应由最外面的依次向内取用。也就是说，第一道菜用最外侧的餐具，然后依顺序向内推移，每道菜用一副餐具，直到每件都用过为止。刀叉的拿法是轻握尾端，食指按在柄上，不可以翘着小指头拿刀。如果感觉不方便，可以换右手拿叉，但更换频繁则会显得粗野。吃体积较大的蔬菜时，可用刀叉来折叠、分切。较软的食物可放在叉子平面上。如果菜肴上桌时上面特别附有餐具，那就要使用附有的餐具。

在使用刀叉进餐时，从外侧往内侧取用刀叉，要左手持叉，右手持刀。切东西时左手拿叉按住食物，右手执刀将其切成小块，用叉子送进嘴里。使用刀时，刀刃一定要向内。

说话时可以拿着刀叉，但不能挥动。不用刀时，可用右手持叉，但如果需要做手势时，就应放下刀叉。不要一只手拿刀或叉，而另一只手拿餐巾擦嘴，也不可一只手拿酒杯，另一只手拿叉取菜。在使用刀叉时，尽量不使其碰撞，以免发出大的声音。

右手拿汤匙柄端，食指在上，按住汤匙的柄，拇指和中指在下面支撑。喝汤时，是由内向外舀。每次不要舀得太满，而且是汤匙的尖端部分对着自己的嘴部。

各种匙类、餐刀及用途：

A. 雪糕匙：用来吃雪糕等；

B. 小咖啡匙：用于调味品、鱼子酱以及餐后咖啡；

C. 冰饮料匙：用于食用高脚杯的饮料甜点；

D. 茶匙：用于咖啡、茶水、水果及某些甜点；

E. 汤匙：用于甜点、麦片粥及汤；

F. 正餐刀：适用于切除了鱼之外的所有正菜；

G. 牛油刀：用来切小黄油块、软奶糖、酸辣酱以及开胃小菜；

H. 牛排刀：用来切肉；

I. 正餐叉：除了鱼之外，适用于吃所有的主菜；

J. 沙拉餐叉：用来吃沙拉、鱼肉、馅儿饼、点心以及冷盘时用；

K. 开胃食品餐叉：用来吃海鲜、开胃水果、龙虾时用，吃泡菜、橄榄时也可以用（如图 9–4 所示）。

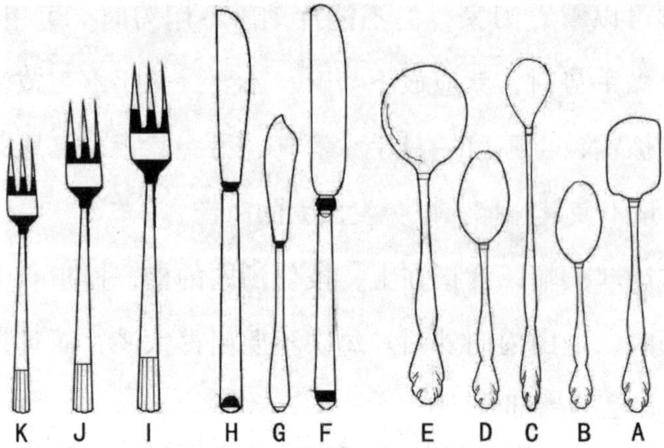

图 9-4　各种餐具

还有各种杯类及用途：

A. 吉格杯：多用于烈性酒的纯饮，又叫烈酒纯饮杯；

B. 古典杯：多用于盛加冰块的烈性酒和古典鸡尾酒；

C. 坦布勒杯：多用于盛长饮酒或软饮料；

D. 高杯：可以装盛任何软饮料；

E. 比尔森式啤酒杯：这是传统的啤酒杯；

F. 鸡尾酒杯：鸡尾酒专用酒杯；

G. 啤酒杯：用来盛啤酒；

H. 白兰地杯：用来盛白兰地酒；

I. 雪利酒杯：主要用于盛雪利酒；

J. 白葡萄酒杯：比红葡萄酒杯略小，主要用于盛白葡萄酒和用其做成的鸡尾酒；

K. 红葡萄酒杯：主要用于盛红葡萄酒和用其做成的鸡尾酒；

L. 笛形香槟杯：最好的盛香槟酒的酒杯，酒的气泡不易很快散去，主要供盛香槟酒和香槟鸡尾酒用（如图 9-5 所示）。

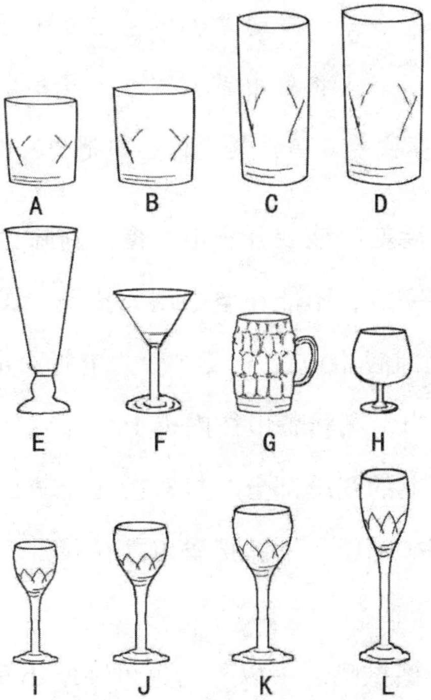

图 9-5　各种杯类

西餐里经常会有洗指碗——盛着水的精致小碗。上了需要用手解决的菜，比如虾，就会同时有洗指碗。换句话说，如果和某道菜同时端上来的还有洗指碗，也就说明这道菜可以“动手”。洗的时候把一只手的手指伸进去轻轻地洗一洗后拿起来，再伸另一只手，然后在餐巾上轻轻地擦一擦。

餐巾使用

《北京青年报》在《用餐时切忌用餐巾擦餐具》一文中提到，用餐中体现个人修养。许多人不知道拿餐巾怎么办才好。应等大家坐定后才可使用餐巾……很多人将餐巾系入腰带，或挂在衬衫领口、垫在骨碟下，或者用餐巾擦拭餐具等，其实这些都是失礼的。

在餐桌前坐定后就应该展开餐巾，覆盖到膝盖上。展开餐巾并折放的过程要在桌下完成，不能在空中用力抖动。如果是参加宴会，则应看主人的动作，铺餐巾应在主人之后。午餐餐巾应该全面展开来，而大面积的晚餐餐巾，则将餐巾往内折 1/3，让 2/3 的开口朝外平铺在腿上，盖住膝盖以上的双腿部分。打对折在于防止错拉餐巾，开口朝外则是方便拿起擦拭嘴巴。不能把餐巾掖在腰带、裙子或领口，也不应将餐巾垫在骨碟下面。

除了使用餐巾擦拭嘴、手以外，也可在吐出鱼骨头或水果核时，用餐巾擦嘴。擦嘴时，拿起餐巾的末端顺着嘴唇轻轻压一下，弄脏的部分为了不让人看见，可往内侧卷起。将鱼骨头或水果核吐出时，可以用餐巾遮住嘴后，用手指拿出来或吐在叉子上再放在餐盘上。也可以直接吐到餐巾内，再将餐巾向内侧折起。

用餐中，取出手帕或面纸而不用餐巾，反而有违反用餐礼仪之嫌。虽然餐巾可以弄脏，但是用来擦脸、擦汗或者擦鼻涕，或者是将口红整个印在餐巾上都是失礼的。涂了口红的女士在用餐前，应先用面纸轻压把口红粘掉，不可以把整个唇印落在餐巾上。

切忌用餐巾擦拭餐具，否则主人或餐厅会认为你嫌餐具不干净，让主人或餐厅都尴尬。

暂时离开座位时，将餐巾折好放在椅子上。用餐结束后，可以把餐巾随意折叠放在甜点盘的左边，如果甜点盘已拿走，就放在自己餐位的中间。不要鼓鼓囊囊一大堆放在桌上，也没有必要折叠成最初的样子。

开始与结束

电视剧《红楼梦》中，大家都可以看到，每次用餐时只有等贾老夫人拿起筷子动口吃的时候，其他人才纷纷举筷吃饭。贾老夫人在贾府是最有地位的人。也就是说中餐里，只有在座年龄最长或者地位最高的人拿起筷子时，其他的人才能开始。不管年龄最长者或者地位最高者是男是女。

西餐中延续了社交中的“女士优先”原则，女士在宴会中是主角，要看女主人行事。当女主人铺餐巾时，其他人也可以拿起餐巾铺在腿上。女主人等到每位客人都拿到菜后才拿起她的刀叉，客人才可以拿起刀叉，这就表示正式开始了。

西餐中通常有两次干杯：第一次在开餐之前，主人以干杯来欢迎各位来宾。第二次是在甜品上来之前，主人提议为尊贵来宾敬酒。这时主人要站起来敬酒，宾客仍然可坐着。当每个人为他干杯时，尊贵来宾这时并不饮，因为他不能为自己干杯。所有人干杯之后，尊贵来宾再起身致谢，并举起酒杯干杯。

西餐进行中，中途想略作休息后再继续吃，应把刀叉放在垫盘上呈“八”字形，刀口朝内，叉尖向下。当吃完一道菜、餐具可以收走时，刀叉要平行摆放在垫盘上，刀口朝内，叉尖向上（如图 9–6 所示）。

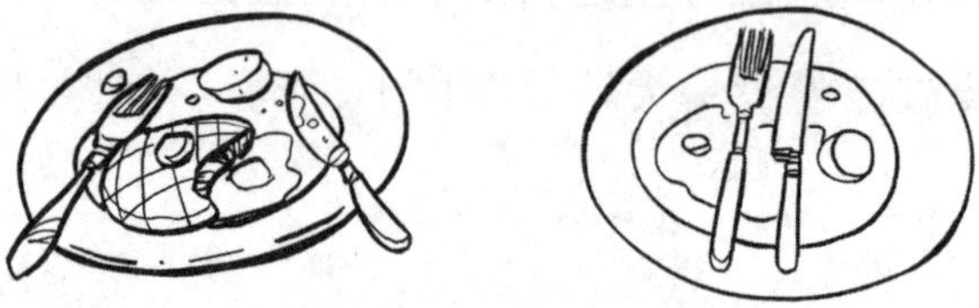

稍后继续吃　　已吃完可收走餐具

图 9-6

一起用餐的女士或邻座女士起身暂时离座，男士应微微欠身相送；女士回来时再欠身相迎。

当女主人将铺在腿上的餐巾拿起放在桌上时，表示用餐结束了，所有人都要停止用餐、放下餐具。这时，男士应帮助邻座女士拉椅子。女主人应先离座，客人再一起随着离开，餐巾放在桌子上。这时候，人们一般会退出餐厅，到客厅或者其他房间里，一边喝咖啡（或茶）一边聊天。

西餐结束后，第一个告辞的应该是主宾，因为其他客人在主宾之前告辞是失礼的。要离开时应礼貌地跟主人或者其他客人打个招呼。

如是西餐正餐，最好在第二天上午给主人打个电话或发个微信以表达感谢。

用餐举止礼仪

喝汤要用汤匙，用汤匙从里往外舀，把汤送到嘴里喝下，吸汤时不能发出声响。汤快喝完时，可以一手把汤碗或者汤盘由内向外倾斜，另一手持汤匙由内向外舀汤喝。即使再烫，不可以吹气，也不能倒回汤盘里。而是等自然凉或舀起来稍作停留再喝。暂停喝汤或中途离席但一会儿还要喝，将汤匙凸面朝下放在汤碗（盘）里就行了。如果喝完汤或者不想喝了，则将汤匙凸面朝下放在靠外侧垫盘里。不可将汤匙全部含在嘴里或者搭放在桌子上。

面包通常和黄油搭配，吃的时候用手把面包撕成能一口吃的小块，要蘸一块，吃一块。不要拿着整个面包咬着吃。

吃意大利面条可以叉子、汤匙并用，用叉子慢慢挑起少量面条，将其绕在叉齿上呈团状时用汤匙辅助。不应直接往嘴里吸。

西餐中的肉一般是大块的，无论是羊排、牛排还是猪排都要用刀叉将其切成小块，边切边吃。不要一口气都切成小块后再吃，也不要用叉子把整块肉叉到嘴边，边咬边吃。

吃有骨头的肉时，可以用手拿着吃。要想吃得更优雅，还是应用刀。用叉子把整片肉固定（可以把叉子朝上，用叉子背部压住肉），再用刀沿骨头插入，把肉切开，边切边吃。需要用手拿着吃的时候，会同时附上洗指水。吃一般的菜，当手指脏了，也可以请服务人员端洗指水来。

吃鱼时，用刀在鱼鳃附近划一条直线，刀尖刺入一半，把鱼的上半身挑开，再从头开始，把刀叉在骨头下方，往鱼尾方向划开，把鱼骨剔掉并挪到盘子的一边，最后再把鱼尾切掉。由左到右，边切边挑起来吃，如果有专用匙则用匙舀着吃。还有小刺的话，就在吃的时候直接用手从嘴里拿出小刺。吃完一面，把鱼刺剔掉再吃下面的鱼肉，不可以翻过来吃。

吃虾时，直接用手抓住带壳的虾尾，把虾身浸一下调味品再吃。吃完把虾壳放在盘子一角。

吃蟹时，先把蟹的钳子全部拽下来放在一边，并从打开的一端吸出肉。端上桌的蟹一般是切好的，所以在吃蟹肉的身体部分时，只要用刀叉将肉挑出来，蘸着调料吃就行了。

吃蜗牛时要用特别的夹具，而且盛装蜗牛的金属器皿一般很热，不要直接用手触碰。左手拿着夹具压住蜗牛壳，右手用挖蜗牛的食器把蜗牛肉取出来后就可以直接吃了。

吃蚝和吃蜗牛差不多，用左手捏着蚝壳，右手用蚝叉取出蚝肉，蘸着调味料吃。

对沙拉中大块（片）的蔬菜，可用叉或刀切成小块（片）。对沙拉中的豌豆可以左手持叉，右手持刀，用刀把豌豆推到叉子上。

往面包、蛋卷、饼干或者吐司上抹黄油要用刀，而且小块面包只能抹少量的黄油。不要往蔬菜上抹黄油，否则会被认为是对厨师的侮辱。

芦笋菜中有汤汁，可以先切成小块，再用叉子叉着食物。如果芦笋很大而且需要蘸汁，应先把头切下，然后分开来吃。

土豆片和土豆条是用手拿着吃的，但土豆条里有汁的话就要用叉子。如果土豆条太大，就用叉子叉开，不要挂在叉子上咬着吃。把番茄酱放在盘子边上，用手拿或用叉子叉着小块蘸汁吃。烤土豆在食用时往往已被切开，如果没有切开则用刀从上部切入，用手或叉子将土豆掰开一点，浇上一些专用的调料或调汁，如奶油或酸奶，盐、胡椒粉等，每次加一点。

吃带有腥味的食品时，如鱼、虾、野味等均配有柠檬，将汁挤出滴在食品上。

上甜点大多会附汤匙和叉子。冰激凌、布丁之类的甜点容易滑动，可以用叉子固定并集中，再放到汤匙里吃。蛋糕、西饼用汤匙吃。没加工的水果，应刀叉配合使用：梨或苹果不能整个去皮，要用刀先切成四到六块，削皮去核后再吃；香蕉应先剥皮，再切成数段食用。没有刀叉的话，可以用手将果核从嘴中取出，放在果盘边上，不能直接吐到餐桌上。

当遇到不知道怎么下手的菜时，先不用着急上手，而是观察他人，跟在后面操作总不会错。

被邀请用餐，不管是家宴还是在餐厅，菜肴合口可以多吃些或吃完，即使不合口也要象征性地吃一点。对菜肴品头论足是不礼貌的，会被认为是对餐厅、对厨师、对主人的不敬。

日餐礼仪

日餐礼仪讲究很多，但有些也会让其他国家的人感到惊讶。比如吃寿司，日本人习惯手拿寿司浸一浸酱油，然后直接放入口中；吃面，日本人直接从汤碗把面吸啜入口，且必会发出响声，吃面发出响声是表示面食很美味，也是对厨师表示赞赏。

什么地方用餐

日本人通常在餐馆请客吃饭，而不是在家里。在家请客仅是为表示亲近，所以待客饭菜简单。越是高级款待，越安排在环境安静的餐馆。而重要宴请往往是在没有多余装饰的和式包厢里。

服装穿着上，避免穿有破洞的袜子。女士还要注意，避免穿短裙等不方便跪坐的服装。

正式宴会，晚辈应比长辈先到。进入包厢要脱鞋，人面向包厢脱下鞋（背对包厢脱鞋子是不礼貌的），蹲坐在廊间，用手将鞋拎起掉头往内放，将鞋尖朝外。进入包厢后，主人或上司应坐在靠内离门口最远的地方，职位最基层的人则坐在离门口最近的地方，方便帮忙传菜或关门。而私人聚会，该付钱的人应坐在离门口近的地方。正式宴会应该是双脚跪坐，大腿压住小腿，左右脚掌交叠；也可以双脚弯成倒“V”形，斜坐在垫子上。随身的包放在自己背后。

在用餐之前要说欣赏的话，表达对这顿饭食的欣赏之意。

日餐筷子礼仪

日餐对筷子的使用要求很多。从筷袋里取出筷子后，把筷袋应竖放在食物左侧或坐垫边上。筷子则横摆，用餐中途要将筷子放回筷枕时，一样要横摆，不能正对他人。筷子沾有残余菜肴时，用餐巾纸擦干净，不能舔。如果没有筷枕，就将筷套打个结，当筷枕用。用餐完毕，将筷袋放入原来的纸套巾，摆回筷枕上。

日式礼仪要求双手拿取筷子。首先右手手背朝上拿住筷子中间，再以左手手心朝上从下面托起筷尖；这时右手滑向筷子右端同时手掌反转朝上并调整到夹取食物的角度，再放开左手。当食用完毕要把筷子放回筷枕时，手法上把上述的顺序颠倒即可。

当手里有碗，要拿筷子时，则用左手中指和无名指之间（或无名指和小指之间）夹住筷子左端，然后右手反转拿住。而手里有筷子要拿碗时，则先放下筷子。

用筷子还忌：拿着筷子东张西望，连夹几种菜，东挑西拣，用筷子撕食、刺、叉食物等。

日餐饮酒礼仪

正统的日餐通常备有日本米酒，通常会在互相祝酒后再开始用餐。即使客人不想喝，主人也希望客人能假装喝一小口。

男士持酒杯，用拇指和食指轻按杯缘，其余手指自然向内侧弯曲。女士持酒杯，右手拿住酒杯，左手以中指为中心，用指尖托住杯底。

如果客人酒杯是满的，主人不会勉强客人一口喝干。大家按照自己喜欢的方式喝酒，只是彼此会留意对方的酒杯、观察兴致，恰当地给对方斟满。两人对饮时，必须先帮他人斟酒，然后再由对方帮自己斟，不能自己斟酒。斟酒时，都由右手拿起酒瓶，左手托住瓶底。接受斟酒时，要以右手持杯，左手端着酒杯底部。

用餐举止礼仪

一餐饭食一般包括一碗饭、一碗味噌汤、两道或三道菜肴，配菜越多越体面。用餐的正确次序是先喝小口热汤，后吃哪道菜都行，但不要集中吃光同一道菜肴，应按顺序循环吃每道菜肴。

芥末是日餐必需的调料。用芥末的时候，将芥末蘸到生鱼片上，再夹起生鱼片在另外一边蘸酱油后食用。蘸佐料时应蘸食物前部 1/3，轻轻蘸取。吃生鱼片时，应先从油脂较少、白肉的鱼片开始食用；而油脂较丰富或味道较重，如鲑鱼、海胆、鱼卵等，则到最后食用。

寿司的正确吃法是一口吃完。另外，日本人吃寿司一般不蘸芥末，因为寿司里已加了芥末。吃时只蘸酱油，品味寿司的原汁原味。如果想放芥末，可用筷子把芥末涂抹在寿司上，再用手拿着寿司，用鱼肉那一面蘸一点酱油一口吃掉。这样做可以避免酱油、芥末抢了鱼香的风头。

在吃日本菜时最好不要用筷子搅拌小碟中的酱油和芥末，因为地道的日本人认为这样是不懂得品尝日本菜的失礼做法。

日本人认为将主人准备的菜肴吃干净是表示对主人点菜用意的褒奖。如果菜有剩下，认为客人不是嫌做得口味不对就是客人心情不好，主人则会感到自责。

在同一餐的不同时间会端上不同种类的茶，一般来说，用餐之前会端上绿茶，用餐期间及用餐之后会端上煎茶。

用餐后，主方会对客人说“谢谢你今天的赏光，很荣幸与你用餐”等礼貌用语；客人则说：“我用完餐了，谢谢您丰盛的招待。”隔天，客人可以再打电话回礼一次，谢谢对方昨天的招待。

阿拉伯餐礼仪

在我们眼里，阿拉伯民族是古老而又神秘的，似乎连阿拉伯餐也蒙上了些许神秘色彩。从餐具文化上说，阿拉伯餐属于手指文化圈。所以，用手指抓食是一种饮食文化，也是一种独特的生活方式。

阿拉伯餐常识

阿拉伯人的饮食烹调方法相对简单，食物的最大特点是腻、甜。

主食主要有两种：大饼和手抓饭。其中阿拉伯大饼最常见，吃大饼时要蘸着阿拉伯人最喜爱的霍姆斯酱。副食可以分为两类，蔬菜类一般是凉拌生吃，肉类烹调方法以烤为主，或是炸，偶尔也炖。

阿拉伯人的传统名菜首推烤全羊，只有在节日或招待贵宾时才享用，这也是宴会的压轴菜。烤全羊是把一只肥嫩的羔羊除去头脚，掏空内脏，塞满大米饭、葡萄干、杏仁、橄榄、松子等干果和调料，用蛋黄、盐水、姜黄、孜然、胡椒粉等调成糊，将整个羊身涂满，然后放在大火上烤。

日常更多是食用叫作“卡巴布”的烤肉，类似于国内的烤羊肉串。

还有一种比较流行的土耳其式烤肉“哈瓦拉马”，卖“哈瓦拉马”的餐馆往往在临街处立起一个烤肉架子，上面挂着一坨坨的各种肉，有鸡肉，有羊肉，但以牛肉为主。被炙烤的肉随铁柱子不紧不慢地转动着，烤熟一层切一层。

阿拉伯人的蔬菜“沙拉”往往就是将各色蔬菜切成碎块，拌在一起直接食用，或加点盐，或加点糖，或浇上点酸奶，总之就是非常简单，但是看上去颜色非常鲜艳。最经常食用的蔬菜有洋葱、西红柿和卷心菜。

阿拉伯人几乎每天都离不开大饼。通常就着酸黄瓜、西红柿酱、霍姆斯酱吃大饼。如果不喜欢素食，也可以将烤肉放入大饼的夹层中。

现代虽然有部分受过西式教育的阿拉伯人改用叉勺吃手抓饭，但大多数阿拉伯人还是习惯直接用手进餐。

传统的阿拉伯人习惯用手抓着吃饭，这是手抓饭得名的由来，而且必须是右手。饭里有黄油、羊油、盐、羊肉末、西红柿酱、胡萝卜、葡萄干、杏仁、洋葱及各式混合干果等作料。取食时，右手拇、食、中三个手指将米饭撮拢一起，然后用力夹紧后送入口中。他们用手抓饭的技术十分熟练，即使很烫，也能用手指迅速地撕下一小块肉条、菜肴送入口内。即便是带有汤汁的食物，也都能这样全部吃下去。

虽然在饭店宴客或比较正式的宴会中，阿拉伯餐与西餐类似，也是先上汤，然后是沙拉、烧烤，最后是甜点。但在阿拉伯人日常三餐中，正餐不上甜点，而是在用茶点时专门吃甜点。

阿拉伯人的甜点最突出特点是甜，制作非常讲究，无论从色、香、味哪个角度说，都绝不次于欧洲最著名的甜点。阿拉伯人非常喜欢甜食，平均食糖量是世界平均量的 32 倍。

阿拉伯人不喝酒，最重要的饮品是咖啡和茶。有时候，一杯咖啡再加几样甜点，就是阿拉伯人的一顿便饭。经济条件稍好的，咖啡用具都是银的，咖啡不仅现煮，有时还要加巧克力、牛奶或是糖，经过特别加工，咖啡混杂着烤咖啡豆和辛辣的小豆蔻粉的香味。阿拉伯人主要喝红茶，而且往往放半杯甚至大半杯的白糖，有时还会随手放进几片鲜嫩薄荷叶。

注意事项

阿拉伯人信仰伊斯兰教，饮食方面的禁忌比较多，除了《古兰经》中要求禁止食用的外，阿拉伯人可以食用的，除水果、蔬菜以及大多数水产品外，主要就是牛、羊、驼等大牲畜和鸡、鸭、鹅等家禽，而且凡是陆地上的动物都要按照规定的程序屠宰，否则即使是上述动物的肉也不可以食用。

除此之外，阿拉伯人一般还不吃动物的内脏，也不吃奇形怪状的动物，如甲鱼、乌贼等。被很多中国人视为珍品的“野味”，如娃娃鱼、蛇等，更在他们禁食之列。

商务宴请时，不宜邀请阿拉伯女士，同时自己也尽量不带女伴。问候寒暄时，不要提及他们的妻子，否则是非常失礼的。同样，如果赠送礼物，也不用考虑他们的妻子。

就餐场所不应有任何娱乐活动，应远离娱乐、喧嚣场所。

在伊斯兰教的斋月期间，不要有宴请阿拉伯人的活动。

阿拉伯人在迎接客人或者送客时，同性之间手拉手是表达热情的正常礼仪行为。

阿拉伯人在吃饭前都要低声念“奉普慈、特慈的真主之名”。这句话可以说是阿拉伯人真正的“日常用语”，不仅在饮食前，在讲话前，甚至在做各种事情之前都要念。这也是各国穆斯林通行的习惯。在饭后，阿拉伯人习惯做“都瓦”（祈祷），捧起双手，感赞造物主的恩惠，然后用双手摸脸。做客的人在做“都瓦”时往往要祈求造物主赐福于主人，以表示对主人家盛情款待的感谢。

阿拉伯人做祷告时，同一个餐桌上的所有人都应停止用餐，默默等候，绝不能打断祈祷、表示不耐烦甚至当场以此开玩笑。

印度餐礼仪

到印度家庭做客，进门必须脱鞋。

印度人通常一天吃两顿饭，第一餐是在上午 8 点后，第二餐基本在晚 8 点以后。但西式生活的印度人也一日三餐，每餐包括开胃菜、汤、主菜和甜点，根据个人食量点菜，也可以不要开胃菜。

印度人调味喜用咖喱、辣椒和黄油，不喜油腻。不吃菇类、笋类、木耳。奉牛为神圣，忌讳吃牛肉。信奉印度教和锡克教的人，忌讳吃猪肉、牛肉。一般不喝酒，喝酒违反宗教习惯。有喝茶的习惯，茶一般是加牛奶和糖，喜欢用舌头舔着喝。

印度人吃饭的方式还保留着某些传统的习惯。在家中吃饭时，每人面前摆放一个大盘子，把米饭盛上，再浇上菜和汤，然后用手稍加混合，捏成团，就抓着送进嘴里。在街头的小吃摊、小吃店以及寺庙里，人们通常用一种干树叶压制成的盘子来盛食物，有的餐馆则给每个吃饭的人一片新鲜的大树叶子，用来盛米饭等食物。

由于宗教的原因，素食者特别多。而且社会等级越高，吃荤越少。请印度人吃饭，先要搞清楚对方是不是素食者，否则会很尴尬。严格的素食者，是连鸡蛋也不吃的，但牛奶一般都喝。有些虔诚的印度教徒，吃饭前还要做祷告。

印度人实行分餐，所以吃多少盛多少，不要剩饭。用餐时吃饭速度与对方相同，吃得太快或太慢都是不好的。

虽然在许多正式场合，印度人已经开始用刀叉吃饭，但私底下仍然习惯用手抓饭。手抓饭是印度人长久以来的就餐习俗，吃饭前洗净手。印度大部分菜被制作成糊状，这样便于用手抓饼卷着吃，或是抓米饭拌着吃。

印度人只用右手抓食物，而左手绝对不触碰食物。印度人认为，左手是专门用来处理不洁之物的，所以在吃饭时，他们的左小臂一般沿桌边贴放，手垂放于桌面以下，或是干脆把左手藏在隐蔽的地方。

给他人递食物、餐具，都得用右手。

在餐厅用餐结束后，服务员会给客人用小碗端来洗手水，水里漂着用于清洁的柠檬片和用于装饰的花瓣，当然只能清洗右手。

亚洲国家礼仪与习俗

日本

常用礼节。初次见面，向对方鞠躬 90 度，不一定握手。很重视自己的面子，在礼节中要处处维护对方的面子。遇到女宾，女方主动伸手才可以握手。如果需要谈话，应到休息室或房间交谈。用手抓自己的头皮是愤怒和不满的表示。

习俗忌讳。不喜欢吃肥肉和猪内脏、羊肉。不吃松花蛋。筷子要放到筷托（即筷枕或筷架）上，忌用同一双筷子让大家依次夹取食物。忌“9”“4”等数字。最忌绿色，忌荷花图案。赠送礼品注重阶层或等级，不宜送太昂贵的礼品，不要送刀，不喜欢在礼品包装上系蝴蝶结。不太喜欢茉莉花茶，也喝不惯中国的烈性白酒。

韩国

常用礼节。用咖啡、不含酒精的饮料或大麦茶招待客人时，客人欣然接受才是受欢迎的。男士见面打招呼互相鞠躬并握手，并只限于点一次头。和韩国官员打交道一般可以握手或是轻轻点一下头。女人一般不与人握手。

习俗忌讳。吃饭时忌戴帽子，否则终身受穷。对边吃饭边谈话非常反感。公共场所不大声说笑。对数字“4”非常反感，忌讳用双数停杯罢盏。

新加坡

常用礼节。新加坡特别讲究文明礼貌，一旦有人做出不文明的举动，很可能会影响双方的关系。与客人相见一般行握手礼。男女之间比较恰当的方式是等妇女先伸出手来，再行握手。

习俗忌讳。认为紫色、黑色不吉利，忌讳黑色、白色、黄色。忌"7"数字，不喜欢乌龟。随地吐痰、扔弃物、用公厕不抽水冲洗都要受到法律制裁。非常讨厌男子不是宗教原因而留长发或蓄胡子。

泰国

常用礼节。接受主人邀请后，一般不能再随意改变主意，否则显得反复无常极不礼貌。见面的时候，双手合十，互致问候。拜访大公司或政府部门必须提前约定时间。

习俗忌讳。不能抚摩别人头部。忌讳左手服务。露鞋底会被认为极不友好。绝不用红笔签名。禁忌狗的图案。

印度尼西亚

常用礼节。一般以握手为礼，和熟人之间用右手按住胸口互相问好。作正式介绍时，如果对方有两个以上名字，只选用一个短名和首字母缩写名。称呼时，只能使用他们的第一个姓。初次见面，要把自己的名片送给主人，否则将会受到冷遇。

习俗忌讳。忌讳用左手传递东西或食物。忌讳摸孩子的头部，认为这是缺乏教养的行为。忌讳老鼠和乌龟。和印度尼西亚人交谈应避开政治、宗教等话题。对别人送的礼品要欣然接受，但不要当面打开包装。

马来西亚

常用礼节。同客人见面时，一般施握手礼。年轻人见到老年人时，一般要相互紧握双手，然后再双手朝胸前做抱状，身体朝前弯下（如鞠躬）。男子之间，一般要互相接触一下右手，然后各自用右手扪胸示礼。妇女见到男子，施礼前要先用手巾盖住手掌，再同男人的手掌相接触，然后把手伸至胸前做抱状，同时身体稍向前弯下鞠躬。会宾宴客从不备用酒水，而是以茶或其他饮料来代酒干杯。认为宾客在主人家不吃不喝，是对主人的不尊敬。

习俗忌讳。头部和背部是神圣不可侵犯的地方；不能用右手食指指某个地方、某个人或某件物品；忌讳用左手；伊斯兰教徒严禁在公共场所拥抱、接吻；到穆斯林朋友家中做客，切勿站或坐在主人家用于祈祷的地毯上，落座后勿将脚底显露在他人面前。忌讳乌龟。用左手递送礼物或马上打开礼物都被认为是不礼貌的。

印度

常用礼节。印度人是用摇头表示赞同，点头表示不同意，用手抓耳朵表示自责；召唤某人的动作是将手掌向下摆手指，但不能只用一个指头；指人也要用整个手掌，不能用一两个指头。主客见面，都要用双手合十在胸前致意。男子不能和妇女握手。一般关系的男女不能单独谈话。除上洗手间外都不使用左手。

习俗忌讳。信奉印度教和锡克教的人，忌讳吃猪肉、牛肉。一般不喝酒。印度人最不喜欢吃大荤，社会地位越高，吃荤越少。黑色、白色和灰色，被视为消极的、不受欢迎的颜色。不喜欢玫瑰花。牛在印度是神圣不可侵犯的，所以不能送牛制品。礼品不要用黑色或白色的包装纸包礼物。

沙特阿拉伯

常用礼节。不要主动向妇女问好和行礼。和男子打交道，也切勿问候其夫人或恋人。爱用咖啡待客，客人接过后一饮而尽才算礼貌。拒绝接受食物和饮料被认为是对主人的侮辱。男人之间手牵着手走路是相互友好和尊重的表示。女士在沙特阿拉伯低胸露背和穿紧身上衣不受欢迎。

习俗忌讳。忌用脚对着主人，更不要把腿架起来，露出鞋底是对主人的不敬。避免谈论政治和宗教，不谈论沙特阿拉伯妇女的社会地位，也不要谈猪、狗及他们所禁忌的东西。不要把阿拉伯湾称为波斯湾。初次相见，切勿送礼；送给阿拉伯人的物品，价值不能低，不能送带有星星、动物图案的物品，更不能送女人的画片、图像等；不能给他们的妻子送礼；礼品忌酒类、猪皮、猪毛制品和带有熊猫图案的东西。送礼要在有第三者在场时进行。

阿联酋

常用礼节。阿联酋人对外国人行握手礼，不要主动向妇女问好和行礼。拒绝接受礼物等于拒绝送礼者，是一种侮辱。去当地人家里做客，要注意不要过分称赞某件东西，否则他会将这件东西送给你作为礼物。

习俗忌讳。在阿联酋境内严禁吃猪肉和饮酒。每个穆斯林每天必须做5次礼拜，在做礼拜期间，旁边的人不得和他说话。不要在双方初次见面就送礼，不能将酒或含酒精的礼物送人，不要送太便宜或太贵重的礼品，也不要送带有星星图案的礼物。

大洋洲国家礼仪与习俗

澳大利亚

常用礼节。谦逊礼让，重视公共道德，组织纪律性强，时间观念强，赴约准时并珍惜时间。喜欢上酒店进行交谈，且边吃边谈。女性比较保守，接触时要谨慎。在门外高声叫人会让人反感。

习俗忌讳。忌讳兔子。不吃狗肉、猫肉、蛇肉，不吃动物的内脏和头、爪。厌恶味精。除土著居民习惯以手抓食外，一般都使用刀、叉。忌讳数字“13”和星期五。

新西兰

常用礼节。在社交场合与客人相见时，一般惯用握手施礼；和妇女相见时，要等对方伸出手再施握手礼。新西兰人也施鞠躬礼，不过鞠躬方式独具一格，要抬头挺胸地鞠躬。新西兰的毛利人会见客人的最高礼节是施“碰鼻礼”，碰鼻子的次数越多，时间越长，礼就越重。视当众剔牙和咀嚼口香糖是不文明的举止。

习俗忌讳。视数字“13”为凶神。忌讳男女同场活动，包括看戏或看电影。他们视当众吃东西、喝水、抓头皮、紧裤带等为失礼的举止。毛利人对有人给他们照相是极为反感的。不愿谈论有关种族方面的问题。不喜欢吃带黏汁或过辣的菜肴。给新西兰人送礼物时，不可过多或贵重。

欧洲国家礼仪与习俗

英国

常用礼节。非常有时间观念。着装非常讲究场合化。见面时对尊长、上级和不熟悉的人用尊称，并在对方姓名前面加上职称、衔称或先生、女士、夫人、小姐等称呼。

习俗忌讳。交谈要避免对视。交谈内容“不问他人是非”，一般不谈论政治、宗教及皇家的事情。最忌讳打喷嚏，视流感为大病。不喝清茶，一般先在杯里倒上冷牛奶或鲜柠檬，再倒茶加糖。忌大象和孔雀图案。不吃狗肉以及过咸、过辣或带有黏汁的菜肴。忌讳数字“13”、“3”和星期五。给英国人送礼物宜选不贵且有意义的。

法国

常用礼节。和法国人约会必须事先约定时间，准时赴约，但不要太提前。法国人是使用亲吻礼频率最高的国家，主要是相互之间亲面颊或贴面颊。至于吻手礼，则主要限于男士在室内象征性地吻一下已婚女士的手背，但少女的手不能吻。

习俗忌讳。吃的菜比较生，牛排、烧羊腿只烧到七成熟，水鸭烧到三四成，牡蛎一般生吃。忌吃辣的食品。忌讳黄色的花、黑桃图案、墨绿色；忌讳仙鹤、孔雀、大象图案。忌讳数字“13”、“3”和星期五。不送香水或化妆品给异性。不要送菊花、康乃馨、石竹花、纸做的花和桃花，送的花不能捆扎。

德国

常用礼节。在德国，称“您”表示尊重，称“你”则表示地位平等、关系密切。不喜欢直呼其名，要以全称或其姓加“先生”“小姐”“夫人”等或头衔相称。如果同时喝啤酒和葡萄酒，要先喝啤酒，然后再喝葡萄酒。女士在一般的公共场合穿低胸、紧身、透明的性感上衣和超短裙，是让人反感的行为。

习俗忌讳。忌讳吃核桃。忌红色、茶色、深蓝色。忌讳蔷薇和菊花。服饰和其他商品包装上忌用纳粹标志。忌讳数字“13”和星期五。

不要送剑、餐具和包好的花。对礼品的包装纸很讲究，但忌用白色、黑色或咖啡色的纸包礼品，更不要使用丝带作外包包装。

意大利

常用礼节。在正式场合，穿着十分讲究。见面礼是握手或招手示意；对长者、有地位和不太熟悉的人，要称呼他的姓，加上“先生”“太太”“小姐”和荣誉职称。

习俗忌讳。不要谈论政治和美国橄榄球。忌讳数字“13”和星期五。给他人送花时，不可送菊花、石竹花。手帕、丝织品和亚麻织品绝不能作礼品送人。

俄罗斯

常用礼节。以“您”字表示尊敬和客气。外出时，十分注重仪容仪表。赴约要准时；在社交场合，处处尊重女性。

习俗忌讳。不吃海参、海蜇、墨鱼、木耳。忌讳黑色。偏爱数字“7”。厌恶兔子和黑猫。送花要送单数。

美洲国家礼仪与习俗

加拿大

常用礼节。上班时，要穿西服、套裙。参加社交活动往往穿礼服或时装。握手是一种友好的表示。公务时间很注意个人仪表和卫生。请客吃饭时不设烟酒招待客人。切勿将加拿大与美国相比较，这是加拿大人的一大忌讳。布置宴席的座位，一般要用偶数，忌用奇数排座。

习俗忌讳。以肉食为主，偏爱法式菜肴、烤制食品。忌食肥肉、动物内脏、腐乳、虾酱及带有腥味、怪味的食物。忌讳黑色和紫色。忌讳数字“13”和星期五。

美国

常用礼节。美国主要礼节和欧洲相似，但比欧洲随意一些。和美国人交谈，要面对面直视对方，并且要保持50~150厘米，不能用食指指点对方。在公共场合和别人面前，不能蹲在地上或双腿叉开而坐。推崇年轻，讳言年老。

习俗忌讳。不喜欢清蒸和红烩菜肴、过烫过热的菜肴，味道忌咸。忌讳黑色。忌蝙蝠图案。不吃狗肉、猫肉、蛇肉、动物的头、爪及其内脏等，也不吃生蒜、韭菜、松花蛋等。忌讳数字“13”和星期五。忌讳赠礼带有企业标志的便宜礼物，也不能赠送过于贵重的礼物。

墨西哥

常用礼节。在社交场合最常用的礼节是微笑和施握手礼。他们和熟人、亲戚朋友或情人之间相见，一般都惯以亲吻及拥抱。他们在赴约时，一般都不习惯准时到达，认为迟到15~30分钟是一种礼节风度。

习俗忌讳。忌讳数字“13”和星期五。他们认为公共场所“男子穿西服，女子穿长裙”才合情理。忌讳送给他们黄色、紫色和红色的花。忌讳蝙蝠及其图案和艺术造型。因为他们认为蝙蝠是一种吸血鬼，给人以凶恶、残暴的印象。

巴西

常用礼节。通常以拥抱礼或亲吻礼作为见面礼节，只有在十分正式的场合才用握手礼。巴西人认为迟到10~20分钟是很正常的事。以葡萄牙语为自豪，所以交往中葡萄牙语是第一用语。巴西被誉为“足球王国”，非常乐于谈论足球。巴西人主张不同的场合应该着装不同，非常重要的场合男士一定要穿西装，女士要穿套裙。

习俗忌讳。不喜欢谈带有种族歧视的笑话，也不喜欢谈论阿根廷。避免用“OK”手势，因为在巴西这是下流含义的手势。送礼忌讳送手帕，认为送手帕会引起吵嘴和不快。也不宜送刀，认为刀会割断友谊。忌讳棕黄色，不喜欢紫色、咖啡色。

阿根廷

常用礼节。流行以握手为礼，交换名片频繁。拜访绝对要事先预约。服装是他们据以做“人物评价”的基准，喜欢穿保守式样的西装。去参观访问或做客最好西装革履，整整齐齐。在餐厅吃晚餐，也要穿西装，系好领带。

习俗忌讳。避免谈论有争议的宗教、政治问题。可以谈谈体育，特别是足球以及当地的公园。送礼品不要送衬衫、领带之类贴身用的物品。

非洲国家礼仪与习俗

埃及

常用礼节。埃及人和朋友相见，常称呼对方为阿凡提，意思是先生，原来这一称呼只限于王室，现在这一称呼已被广泛使用。埃及人见面时一般是握手，随后亲吻对方的脸。

习俗忌讳。初次相见，切勿送礼。礼品忌酒类，不能送带有动物形象的物品包括熊猫，更不能送印有女人的画片、图像等。不能给阿拉伯人的妻子送礼。送礼要在有第三者在场时进行。在斋月期间，不能在当地人面前吃喝东西或吸烟。忌吃猪肉、海味和各种动物的内脏以及奇形怪状的食物。忌熊猫形象。不吃辣椒和蒜。忌蓝色和黄色。

南非

常用礼节。南非人普遍见面礼节是握手礼，他们对交往对象的称呼则主要是“先生”“小姐”或“夫人”。在黑人部族中，尤其是广大农村，南非黑人往往会表现出与社会主流不同的风格。商务谈判只允许使用英语对话。他们习惯以鸵鸟毛或孔雀毛赠给贵宾，客人可以把羽毛插在帽子或头发上。

习俗忌讳。信仰基督教的南非人，忌讳数字“13”和星期五；南非黑人非常敬仰自己的祖先，他们特别忌讳外人对自己的祖先言行失敬。

尼日利亚

常用礼节。见面时要在对方右手上轻轻弹扣几下以示敬意，然后才握手问候。初次见面，握手时须先用自己的左手握住自己的右手，然后才用右手和对方握手。不愿谈论政治，忌讳别人当面宣扬无神论。用左手持物、食指指人是一种挑衅；如果张开五指并伸向他人表示侮辱；交谈中盯视是失敬的表现。

习俗忌讳。信奉伊斯兰教的尼日利亚人禁食猪肉和其他未经正式宰杀而死的禽畜。不喝酒、不抽烟，已婚妇女不吃鸡蛋。

阿尔及利亚

常用礼节。阿尔及利亚人十分慷慨、好客，注意礼节。他们见面时，通常要用右手按住胸口，互相问候，并口中念着：“愿真主保佑您”，显得彬彬有礼。在街上，男女不可过于亲热，连牵手也不行。交往中，在没喝咖啡或茶之前，客人照例是不能告辞的。上层人士一般喜欢吃欧洲式西餐，也爱吃四川菜。他们认为，握手时的用力程度跟对方友好的程度是成正比的，最好握得他们的手都感到麻痛。

习俗忌讳。注意不要拍摄戴头罩的女人。女人不可去电影院。阿尔及利亚人不吃猪肉、海味、虾、动物内脏和其他奇形怪状的食品，如鱿鱼、海参等，也不吃自死的动物。忌用猪和熊猫等作广告图案。

小提示大道理

各民族、国家的风俗习惯大不相同，礼仪规范也纷繁复杂。“不为先”的原则，是保守但很保险的礼仪法则。当不知道怎样做才好时，最明智的选择是不要急于抢先，而是先静观周围人的所作所为后加以模仿，或和当时的绝大多数在场者在行动上保持一致。